"十三五"国家重点图书出版规划项目

丛书主编　钟秉林

中国教育改革40年

民办教育

周海涛 等／著

科学出版社

北京

内 容 简 介

　　40年砥砺奋进，40年春华秋实，伴随改革开放的不断推进和市场经济的蓬勃发展，我国民办教育迅速复苏并不断跃升，已成为整个教育事业的重要组成部分。本书以民办教育40年历程为主线，以民办教育法律法规为依据，坚持改革导向、问题导向、政策导向，客观分析民办教育总体概况、民办教育发展数据变化、民办教育法律制度变迁、民办教育规范和管理、民办教育扶持和服务、民办学校办学体制机制、民办学校育人特色、民办教育未来展望等内容，总结改革成效，剖析突出问题，提出具体建议，努力为民办教育改革发展提供一定的理论支持和实践参考。

　　本书的主要读者对象是民办教育领域的研究者、民办教育政策法规的制定者，以及民办高校的举办者、管理者、教师和学生。

图书在版编目（CIP）数据

民办教育 / 周海涛等著 . —北京：科学出版社，2018.12

（中国教育改革40年 / 钟秉林主编）

ISBN 978-7-03-060083-7

Ⅰ.①民…　Ⅱ.①周…　Ⅲ.①民办学校–教育改革–研究–中国–1978-2018　Ⅳ.①G522.74

中国版本图书馆CIP数据核字（2018）第281557号

责任编辑：乔宇尚　柴江霞 / 责任校对：王晓茜

责任印制：张克忠 / 封面设计：黄华斌

编辑部电话：010-64033934

E-mail：edu_psy@mail.sciencep.com

科 学 出 版 社 出版

北京东黄城根北街16号
邮政编码：100717
http://www.sciencep.com

天津市新科印刷有限公司 印刷
科学出版社发行　各地新华书店经销

＊

2018年12月第 一 版　　开本：720×1000　1/16
2018年12月第一次印刷　　印张：15 3/4
字数：252 000

定价：99.00元

（如有印装质量问题，我社负责调换）

编 委 会

丛 书 序

（一）

　　1978 年，恢复高考后第一批学子走进大学。1978 年，党的十一届三中全会做出改革开放这一关乎当代中国命运的关键抉择。改革开放 40 年来，中国缔造了震撼世界的奇迹，解决了 13 亿多人口的温饱问题，实现了最大规模的经济和社会转型，正在实现从人口大国向人力资源强国的历史性转变。

　　改革开放 40 年来，中国教育事业迅速发展，成就显著。1978 年，我国小学升入初中的比例只有 60.5%，高校在校生只有 85.6 万人；2017 年，全国各级各类学校 51.38 万所，学历教育在校生 2.70 亿人，专任教师 1626.89 万人。[①]教育普及程度不断提高，在规模上成为名副其实的教育大国。教育投入平稳增加，教育结构不断优化，教育体制改革不断深化，办学效益逐步提高，人才培养质量不断提升，服务国家、服务人民和参与国际竞争的能力显著增强。

　　目前，虽然我国教育在结构、质量、体制、管理等方面仍存在这样那样的问题，如人才培养质量与经济社会发展需求还有差距、教育国际竞争力还不够强等，但不可否认的是，40 年来教育改革发展取得了举世瞩目的成就，为建设教育强国和

---

　　① 教育部. 2017 年全国教育事业发展统计公报.（2018-07-19）[2018-12-07]. http://www.moe.edu.cn/jyb_sjzl/sjzl_fztjgb/201807/t20180719_343508.html.

人力资源强国奠定了坚实的基础。

（二）

改革开放 40 年来，我国教育的功能从社会本位向以人为本转变。40 年前，党和国家的工作重心转向经济建设，急需提高全民素质，教育承担了重要的社会功能。40 年来，教育逐渐强调以人为本，重视学生的全面健康发展。20 世纪 80 年代以来声势浩大的素质教育热潮，21 世纪以来倡导"一切为了学生的发展"的课程改革，教育部发布多道"减负令"减轻学生过重的课业负担，国家启动新一轮高考改革等，都是为了改变不科学的教育评价指挥棒，将立德树人作为教育的根本任务。进入新时代，我们期待教育为实现学生全面发展奠基，注重学生批判性思维、创新精神与实践能力的养成，致力于学生全面而有个性的发展，培养德智体美劳全面发展的社会主义事业建设者和接班人。

改革开放 40 年来，我国教育的战略地位从战略重点逐步上升为优先发展。40 年前，教育经费严重短缺，教育发展水平比较低下。40 年来，教育的战略地位稳步提升，逐步由经济发展、科技进步、人力资源开发的战略重点上升为优先发展的战略地位。国家财政性教育经费占全国教育经费投入的比例平稳增加，国家财政性教育经费占 GDP 的比例从 2012 年起实现了超过 4% 的既定目标，2017 年为 4.14%。[①] 习近平在全国教育大会上强调，"教育是国之大计、党之大计"[②]。教育的基础性、先导性、全局性地位更加凸显。党和国家高度重视职业教育，提出大力发展职业教育、加快发展现代职业教育，构建现代职业教育体系，提升国民素质；高度重视创新型人才培养，加快建设一流大学和一流学科，提升我国高等教育的综合实力和国际竞争力；高度重视教师队伍建设，提高教师政治地位、社会地位、职业地位。进入新时代，我们期待教育引领经济社会发展，致力于为实现"两个一百年"的奋斗目标，实现中华民族伟大复兴的中国梦做出新贡献。

改革开放 40 年来，我国教育发展的目标已经从规模扩张转向质量提升。40 年前，中国教育发展的任务是"两基"攻坚：基本普及义务教育，基本扫除青

---

① 中央政府门户网站. 国家财政性教育经费占 GDP 比例连续 6 年超 4%.（2018-10-17）[2018-12-07]. http://www.gov.cn/shuju/2018/10/17/content_5331510.htm.

② 中央政府门户网站. 习近平出席全国教育大会并发表重要讲话.（2018-09-10）[2018-12-07]. http://www.gov.cn/xinwen/2018/09/10/content_5320835.htm.

壮年文盲。40 年来，我国教育的普及化程度全面提高，学前三年教育加快普及，毛入园率达到 79.6%；九年免费义务教育全面实施，巩固率为 93.8%；高中阶段教育基本实现普及，毛入学率为 88.3%；高等教育正在快速从大众化阶段迈向普及化阶段，毛入学率达到 45.7%；中等职业教育和高等职业教育已经成为高中阶段教育和高等教育的"半壁江山"。[①] 教育领域的主要矛盾已经突出表现为人民群众对优质教育的急迫期盼与优质教育供给不充分、不平衡的冲突，教育公平与质量问题凸显。择校、进城务工人员随迁子女受教育、大学生就业等已经成为社会广泛关注的热点问题。我国教育的发展方式正面临根本性转变，从以规模扩张和空间拓展为主要特征的外延式发展，转变为以提高质量和优化结构为核心的内涵式发展。具体表现在：学前教育要坚持抓好普及与提高保教质量并重；义务教育要兼顾提高巩固率与优质均衡发展；高中阶段教育要坚持多样化发展和特色发展；职业教育要主动适应科技进步和产业革命的需要；高等教育要加快"双一流"建设，实现内涵式发展；民办教育要严格规范和大力扶持，利用市场机制推动教育可持续发展。进入新时代，我们期待更加公平、优质、多样的教育，致力于拓展优质教育资源覆盖面，合理配置有限的优质教育资源，全面提升教育整体水平。

改革开放 40 年来，中国教育信息化发展从无到有，由弱到强。当今世界，信息技术发展日新月异，给世界带来了翻天覆地的变化。我国先后颁布了《新一代人工智能发展规划》《教育信息化 2.0 行动计划》等教育信息化发展战略，教育发展面临着前所未有的机遇与挑战：互联网、大数据、虚拟现实、人工智能等先进信息技术与教育教学深度融合，正在改变着传统的教育教学观念、教学组织形态、教学管理机制、教学方式与学习方式。知识传播方式从传统的单向传递转变为多向互动，教师的角色从知识的传播者转变为学生学习活动的设计者和指导者，学校中的师生关系正在转变为新型的学习伙伴关系。教育界对此要保持敏锐的目光，密切跟踪发展趋势，主动、理性地面对挑战；中小学校和高等学校在为信息科技革命提供人力和智力支撑的同时，要主动适应信息科技与教育融合带来的教育形态和就业市场的变革。进入新时代，我们期待构建信息革命驱动下的教育现代化新形态，同时也呼唤回归生命养成的教育，让学生学会学习，迎接充满

---

① 教育部. 2017 年全国教育事业发展统计公报.（2018-07-19）[2018-12-07]. http://www.moe.edu.cn/jyb_sjzl/sjzl_fztjgb/201807/t20180719_343508.html.

挑战的未来社会。

改革开放 40 年来，我国教育体制机制改革逐步深化，现代教育体系和能力建设取得突破。40 年前，教育领域改革的迫切任务是拨乱反正，1977 年恢复高考成为我国恢复与重建教育新秩序的开端。40 年来，我国教育体制机制改革的重心是简政放权、扩大学校办学自主权，创建现代学校制度，建立与社会主义市场经济体制相适应的教育管理体制；特别是 21 世纪以来，我国进入深化教育领域综合改革、推进教育治理体系与教育治理能力现代化的新阶段。40 年来，我国逐步完善义务教育管理体制，举办农村义务教育的责任主要由政府承担，以县为主，将农村义务教育全面纳入公共财政保障范围，建立中央和地方分项目、按比例分担的农村义务教育经费保障机制。40 年来，我国逐步探索高校招生制度改革，更加注重科学性、自主性、选择性与公平性，人才选拔的标准从知识本位转向能力本位，考试科目从零散分科走向文理融合，考试方式从单一走向多元，招生录取从效率优先转向更加注重公平，强调对弱势群体的补偿。40 年来，我国多渠道拓展经费投入，逐步引入市场机制，民办教育迅速发展，形成了从学前教育到高等教育、从学历教育到非学历教育，层次类型多样、充满生机活力的发展局面，有效增加了教育服务供给。进入新时代，我们期待建立政府主导、多元参与的中国特色现代化教育治理体系，不断深化教育领域综合改革，实现教育治理能力的现代化。

改革开放 40 年来，我国教育发展的模式从照搬模仿转向自主探索。1978 年，我国掀起了"实践是检验真理的唯一标准"的大讨论，教育也开始在照搬、模仿国外经验的基础上，探索中国特色发展道路。习近平同志在全国教育大会上的重要讲话中强调指出："在实践中，我们就教育改革发展提出一系列新理念新思想新观点，主要有以下几个方面，坚持党对教育事业的全面领导，坚持把立德树人作为根本任务，坚持优先发展教育事业，坚持社会主义办学方向，坚持扎根中国大地办教育，坚持以人民为中心发展教育，坚持深化教育改革创新，坚持把服务中华民族伟大复兴作为教育的重要使命，坚持把教师队伍建设作为基础工作。这是我们对我国教育事业规律性认识的深化，来之不易，要始终坚持并不断丰富发展。"[①]教育发展的模式要根据各国不同的历史传统、现实国情和发展方向来进行

---

① 中央政府门户网站. 习近平出席全国教育大会并发表重要讲话 .（2018-09-10）[2018-12-07]. http://www. gov.cn/xinwen/2018/09/10/content_5320835.htm.

抉择，不能走趋同的道路。进入新时代，我们期待培养具有中国灵魂、国际视野、国际理解力与参与能力的世界公民，探索教育发展的中国经验与中国方案，为教育国际化做出中国贡献。

《论语·为政》有云，"四十而不惑"。回首40年来我国波澜壮阔的教育改革发展历程，这是中国教育史上浓墨重彩的一笔，也必将引起国际社会的广泛关注。可以预见，中国教育在国际舞台上将扮演越来越重要的角色。

2018年教师节，党中央召开了具有历史意义的全国教育大会，习近平同志在大会上作了重要讲话。全国教育大会在新的历史起点上开启了教育事业新征程，对加快推进教育现代化、建设教育强国、办好人民满意的教育进行了总体部署，为未来我国教育改革发展指明了方向。展望新时代，就是要扎根中国大地办教育，坚持中国优良文化传统，拓展国际视野，追求质量卓越，促进教育公平，建设教育强国。

（三）

科学出版社乔宇尚编辑策划的"中国教育改革40年"丛书为"十三五"国家重点图书出版规划项目，聘请国内教育学界的权威专家和知名学者担任主编，丛书包括10卷：《学前教育》（虞永平 张斌）、《义务教育》（宋乃庆 陈婷 张辉蓉）、《高中教育》（朱益明）、《高等教育》（张应强）、《农村教育》（范先佐）、《教育信息化》（黄荣怀 王运武）、《民办教育》（周海涛）、《学校德育》（冯建军）、《高考改革》（郑若玲）、《职业教育》（石伟平 匡瑛），力图从不同层次、不同领域、多角度展示改革开放40年来中国教育的改革进程、发展成就、改革经验和最新进展。

《学前教育》分为三编，分别从社会事业、育人活动和学术关注的角度，对40年来我国学前教育在办园、管理、经费投入、师资队伍、基本理念、保教环境、课程建设、质量评价和学术研究等方面的改革发展进行了客观、理性的阐述与分析。该书旨在回顾40年来我国学前教育改革发展的历史，揭示成就，总结经验，破解问题，概括具有中国特色的学前教育发展模式，为未来我国和国际学前教育的发展提供专业智慧。

《义务教育》在《中国义务教育发展报告》《义务教育第三方评估报告》《中国基础教育改革与发展》等系列研究成果的基础上，坚持辩证唯物主义，定量与定性相结合，点面结合，尤其注重史料、数据、典型经验案例等支撑，回眸改革开放 40 年中国义务教育发展的伟大历程，总结改革开放 40 年中国义务教育改革的成就和经验，反思存在的问题和不足，并提出对策建议，凝练改革开放 40 年义务教育改革发展的中国模式。

《高中教育》从普通高中教育发展与制度体系、教育经费投入、课程改革、教师培养与培训、现代高中学校管理、现代高中学校制度、薄弱学校改进与普及攻坚等七大方面，系统介绍了普通高中改革与发展的政策轨迹与实践成效。面对新时代中国教育现代化发展要求，分析了当前中国普及高中教育面临的新形势，提出了改革与发展的行动策略和普通高中学校改革的逻辑建构。

《高等教育》遵循两条基本思路：一是全面反映 40 年来我国高等教育改革发展的历史进程和重要成就，从学术角度系统总结我国高等教育改革发展的成果、经验及面临的问题，概括高等教育改革发展的中国模式和中国道路。二是遵循"合—分—合"的逻辑，以主题或专题形式，抓住主要方面，对我国高等教育 40 年的改革发展做出准确概述和客观评价，体现研究性和学术性。专题包括：高等教育大众化、高等教育体制改革和结构调整、高等教育质量建设、世界一流大学建设、高等教育体系建设、学位与研究生教育、高等教育法治化建设、高等教育对外开放与国际合作等。各个专题研究在坚持全面和准确概述的基础上，力求突出核心问题，体现创新性。

《农村教育》将关注的重点放在农村教育财政体制、农村中小学布局调整、农村中小学教师队伍建设、流动人口子女教育、农村贫困地区教育发展、农村小规模学校与大规模学校建设、农村学生资助等涉及我国农村教育发展的重要方面，就 40 年来党和政府在这些方面所采取的举措、取得的成效、积累的经验进行深入分析和系统总结，力图概括农村教育发展的中国模式和中国道路，发出中国声音，为国际农村教育的发展贡献中国智慧。

《教育信息化》回顾与剖析中国教育信息化改革与发展 40 年历程，将教育信息化发展历程分为计算机教学起步、计算机教育发展、基础设施建设大发展、教育信息化应用水平大力提升、特色教育信息化发展五个阶段，并展望了教育信息化未来发展趋势。该书以教育信息化领域权威性、国际性、引领性和战略性为追求目标，以推动中国教育改革和发展为根本宗旨，助力实现中国伟大的"教育梦"。

《民办教育》以民办教育 40 年发展历程为主线，以民办教育法律法规为依据，坚持改革导向、问题导向和政策导向，针对民办教育总体概况、民办教育发展数据变化、民办教育法律制度变迁、民办教育规范和管理、民办教育扶持和服务、民办学校办学体制机制、民办学校育人特色、民办教育未来展望等重要问题进行客观分析，总结改革成效，剖析突出问题，提出具体建议，努力为民办教育改革发展提供一定的理论支持和实践参考。

《学校德育》以改革开放 40 年德育发展的历史为经，以学校德育要素为纬，依照"总—分—总"的思路，全面回顾总结了改革开放 40 年德育发展的阶段、特点与经验，并从德育方针与政策、德育价值与目标、德育内容与课程、德育教学与实施、师德与德育队伍、德育理论研究与德育模式探索等方面分析了 40 年的变革及发展趋向，最后以习近平新时代中国特色社会主义思想为指导，分析新时代我国德育面临的机遇与挑战以及未来的发展。

《高考改革》在概述高考制度发展的基础上，对高考的形式、科目、内容、录取等高考制度各主要方面的发展与改革进行细致梳理，对其中一些较为突出的问题进行深入分析，并对高考制度的最新改革进行追踪与反思。研究成果既是对高考制度发展与改革的学术加工与思考，可以丰富相关理论成果，又可为高考综合改革实践提供学理支持，平稳推进改革进程。

《职业教育》总括性地描述改革开放 40 年职业教育事业发展的基本阶段、主要成就、核心特征；在此基础上分别聚焦 8 个职业教育发展中的核心问题进行深入研究，涉及理念变迁、体系建构、办学模式嬗变、专业课程改革、师资培养培训、农村职教改革、德育改革和国际化发展；最后基于对新时代背景的分析，提出中国职业教育未来发展的路径。

综上所述，丛书力图展示 1978—2018 年我国教育改革与发展的历史进程和重要成就，梳理国内学者在各专业领域的研究和探索，系统总结我国教育改革与发展的成果、经验及面临的问题。丛书旨在讲述中国教育故事，增强文化自信；总结中国经验，提高文化软实力；探寻中国教育模式，扩大中国教育国际影响力。希望丛书的出版，能够为广大读者提供参考和借鉴。

（四）

教育是梦想和希望的载体，我们都在憧憬教育的未来，构筑教育现代化的中国梦。

未来的教育，将是体现"有教无类"教育理念的公平的教育，每个公民都可以在学习型社会框架下，随时、随地、随意地学习，不断丰富和完善自己；未来的教育，将是体现"因材施教"教育理念的多样化的教育，每个公民都可以接受适合自己的教育，彰显个性和特长；未来的中国教育，将是体现"人尽其才"教育理念的高质量的教育，每个公民都可以在学习中成长，在服务国家和社会的过程中实现自我价值。

当前，我国教育已经进入深化综合改革、加强内涵建设、优质均衡发展的新时代，现实与理想的距离在不断拉近。我们有充分的理由相信，只要认真学习贯彻落实党的十九大精神和习近平同志在全国教育大会上重要讲话的精神，坚定不移地走中国特色教育发展道路，坚持改革开放，励精图治、锐意创新、厚积薄发，中国教育一定能够取得更大的发展成就，建设教育强国和人力资源强国的战略目标一定能够早日实现。

对此，我们充满期待。

是为序。

钟秉林

2018 年 12 月 7 日

前　言

　　40 年砥砺奋进，40 年春华秋实，这既是中国民办教育与时代共同进步的历程，也是民办教育用创新不断自我提升的过程。40 年来，伴随改革开放的不断推进和市场经济的蓬勃发展，我国民办教育事业迅速发展，办学规模不断扩大，社会效益日益凸显，已成为我国教育事业的重要组成部分。在 40 年的时间长河中，我国民办教育从弥补机会不足到满足多样化需求，从"拾遗补阙"到不可或缺，展现出探索发展的绚丽图景和集腋成裘的强大活力。

　　40 年风云一薄书，《中国教育改革 40 年·民办教育》以民办教育 40 年历程为主线，总结改革成效，剖析突出问题，提出具体建议。全书共八章，各章内容要点如下。

一、民办教育总体概况

　　改革开放 40 年来，我国民办教育主要经历了恢复起步期（1978—1992 年）、快速发展期（1993—2002 年）、规范发展期（2003—2016 年）、内涵式发展期（2017 年至今）四个阶段。作为社会力量兴办教育的主要形式，民办教育不断发展壮大，形成了从学前教育到高等教育、从学历教育到非学历教育，层次类型多样、充满生机活力的发展局面，有效增加了教育服务供给，为推动教育现代化、促进经济社会发展、吸引社会资本做出了积极贡献，已经成为社会主义教育事业的重要组成部分。在改革发展过程中，我国民办教育呈现出坚持教育公益属性、教育资源配置灵活、制度体系日益完善、权益保障更被重视、综合改革有效推进的鲜明特征，形成了市场机制和政府管理相结合、实践探索和理论创新相结合、改革创新与依法治教相结合、先行先试和统筹协调相结合的独特经验和启示。

二、民办教育发展数据变化

第二章以数据勾勒 2003—2017 年民办教育发展变化的基本情况，主要包括历年民办学前教育、基础教育、高等教育机构的数量、在校生数量、专任教职工数量的发展变化情况。通过量化数据分析和图直观反映历年民办学校、民办学校学生、民办学校教师的情况，分析民办教育发展变化的趋势，概括各要素发展的主要特征和背后的动因。

三、民办教育法律制度变迁

第三章围绕民办教育法律制度变迁历程，梳理《暂行规定》[①] 时期、《社会力量办学条例》[②] 时期、《民办教育促进法》[③] 时期、新《民办教育促进法》[④] 时期各阶段的总体背景和主要内容。一方面，从国家层面回顾 40 年来民办教育的法律、行政法规等规范性文件的制定目标、主要特征、相关评析；另一方面，从地方层面回顾 40 年来各地关于民办教育的法律、行政法规等规范性文件的制定目标、主要特征、相关评析。第三章还从民办教育法律实施的视角分析制度变迁的得失，归纳中央和地方在相关立法互动中特有的经验与启示，探讨建立健全民小教育法律规范体系的路径。

---

① 1987 年，国家教育委员会出台《关于社会力量办学的若干暂行规定》（简称《暂行规定》）。

② 1997 年，国务院出台作为第一部民办教育行政法规的《社会力量办学条例》。

③ 2002 年，国家颁布《中华人民共和国民办教育促进法》（简称《民办教育促进法》），明确于 2003 年 9 月 1 日起正式实施，并配套颁行《中华人民共和国民办教育促进法实施条例》（简称《民办教育促进法实施条例》）等法规，同时废止 1997 年国务院颁布的《社会力量办学条例》，进一步夯实了民办教育发展的法律制度基础。根据 2013 年 6 月 29 日通过的《全国人民代表大会常务委员会关于修改〈中华人民共和国文物保护法〉等十二部法律的决定》第一次修正《民办教育促进法》。

④ 2016 年 11 月 7 日，第十二届全国人民代表大会常务委员会第二十四次会议第二次修正《民办教育促进法》，新《民办教育促进法》自 2017 年 9 月 1 日起施行。

四、民办教育规范和管理

第四章分析不同时期民办教育规范和管理的主要背景与动因，概括民办教育规范和管理的核心目标与内容，剖析民办教育规范和管理的主要手段与方式，总结民办教育规范和管理的基本经验与突出问题。第四章还基于民办教育自身发展特点与发展需要等内容，结合民办教育发展与政府行政职能转变等形势，探讨未来民办教育规范和管理的核心目标、基本原则和发展趋势。

五、民办教育扶持和服务

第五章梳理政府对民办教育提供扶持和服务的政策变迁与实践演变。首先，围绕改革开放 40 年来政府对民办学校的扶持制度和管理服务展开阐述，梳理政府扶持和服务民办教育的政策变迁，评析国家和地方扶持和服务政策的实施效果及成因，探析政府扶持制度和管理服务的理论依据及政策依据。其次，结合当前民办教育营利性和非营利性分类管理的大背景，归纳政府对不同类型民办教育实施差异化扶持和服务的动向。

六、民办学校办学体制机制

第六章从举办主体与原始出资类型相结合的视角，分析民办学校办学体制特征。从民办学校的角度出发，分析落实办学自主权过程中，收费趋向市场调节、招生自主权有效落实、课程专业设置权日益扩大等特点，总结治理机制改革过程中部门机构和人员组成、职责分工和权限划分、决策机制和运行流程的情况，归纳教师待遇权益保障、学生平等权益落实、师生参与学校管理的特征。在此基础上，探讨推行非营利性与营利性学校分类办学体制、完善现代民办学校制度机制、保障落实各类主体合法权益的路径和动向。

七、民办学校育人特色

第七章聚焦民办学校教育教学过程中教师和学生、人才培养模式和教学过程的特点及变化，如民办学校教师的专兼职结构、职称结构、学历结构和年龄结构,民办学校学生的综合素质、学习动机、创业就业、权益保障等问题,结合实证调查数据勾勒改革开放 40 年来我国民办幼儿园、中小学、高校的主体、育人模式和育人过程特点及变化情况,揭示民办学校育人特色。

八、民办教育未来展望

第八章立足以《民办教育促进法》和配套政策文件为标志的民办教育新征程和新的历史起点,分析民办教育面临的新形势和新任务,探索促进民办教育健康、可持续发展的新路径。通过考察西方私立教育发展经验和做法,立足我国国情和民办教育实际,尊重各地发展差异的实情,总结独有的特征和经验,提炼符合自身特点的道路和理论,助力完善中国特色民办教育发展模式。

本书是研究团队共同劳动和集体智慧的结晶。全书写作具体分工为:周海涛负责全书的结构和框架,提出研究思路和编写大纲,主持审稿、统稿和定稿工作。第一章民办教育总体概况由景安磊撰写,第二章民办教育发展数据变化由史少杰、周海涛撰写,第三章民办教育法律制度变迁由刘永林撰写,第四章民办教育规范和管理由丁秀棠撰写,第五章民办教育扶持和服务由方芳撰写,第六章民办学校办学体制机制由朱玉成撰写,第七章民办学校育人特色由胡万山撰写,第八章民办教育未来展望由闫丽雯、周海涛撰写。全书由周海涛进行了多轮调整后完成统稿,徐珊、郭二榕等参与了修订、校对工作,李彤、梁晶晶参与了前期材料的收集、整理工作。

本书定位于客观回顾我国民办教育改革发展历程和特点,分析民办教育当前所面临的重点、难点问题,准确而清晰地呈现民办教育整体概况和改革趋势,努力为民办教育改革发展提供理论依据和实践参考。这些目标若能达成一二,实为一大幸事。本书不足之处在所难免,敬请同仁和读者批评指教。

周海涛

2018 年 9 月

目　录

第一章
民办教育总体概况

    改革开放 40 年来，我国民办教育主要经历了恢复起步期、快速发展期、规范发展期、内涵式发展期四个发展阶段，形成了从学前教育到高等教育、从学历教育到非学历教育，层次类型多样、充满生机活力的发展局面，有效增加了教育服务供给，为推动教育现代化、促进经济社会发展、吸引社会资本参与教育作出了积极贡献，同时呈现出一些鲜明特征和积累了一些独特经验。

第一节　民办教育发展 40 年历程

我国民办教育的历史比较悠久，古代就有完全靠民间力量举办的私学和书院。春秋战国时期，诸侯争霸，各国统治者无暇顾及教育，官学日趋衰废，私人讲学兴起，出现"天子失官，学在四夷"[①] 的现象。私学冲破了西周以来"学在官府"的局面，打破了政教合一、官师一体的旧官学体制，使教育成为一种独立的活动，使学校从官府中解放出来。教师开始成为一种相对独立的社会职业，可以自由讲学，学生也可以自由择师。当时，私学间已出现竞争，相传，连孔子的私学也曾经历"三盈三虚"。之后，从齐国"稷下学宫"到唐代明文鼓励私人办学，再到宋代私塾（家馆、村学、族学、家塾等）、书院等私学机构的繁盛，私学和书院的兴起为国家教育事业的发展提供了不可小觑的推动力。[②]

近代以来，以西方的教会学校和私立学校为基础的私立教育日益发展。数据显示，1948 年，全国私立高校有 75 所。[③] 这些私立高校多由爱国志士兴建、爱国华侨投资或外国教会资助，校长亦是全国知名的教育家。私立学校构成了中国近代私立教育体系，为当时积贫积弱的中国培养了大批人才。中华人民共和国成立后，政府对已有的私立学校采取"积极维持，逐步改造，重点补助"[④] 的方针。随着 1956 年社会主义改造的完成，在教育领域，私立中小学和高校转为公立学校。

---

① 转引自：孙培青.中国教育史.上海：华东师范大学出版社，2000：26.
② 徐传德.南京教育史（第 2 版）.北京：商务印书馆，2012：366.
③ 教育部教育年鉴编纂委员会.第二次中国教育年鉴（第二编）.上海：商务印书馆，1948：125.
④ 刘林.新中国民办高等教育发展历程与基本特征.北京教育（高教版），2010（1）：72-74.

党的十一届三中全会后，我国教育事业进入全面恢复发展的新时期，民办教育事业也重新萌发。改革开放 40 年来，我国民办教育形成了从学前教育到高等教育、从非学历教育到学历教育，层次类型多样、充满生机活力的发展局面，从"拾遗补阙"到成为社会主义教育事业的重要组成部分。我国民办教育主要经历了四个发展阶段：1978—1992 年的恢复起步期、1993—2002 年的快速发展期、2003—2016 年的规范发展期、2017 年至今的内涵式发展期。

一、恢复起步期（1978—1992 年）

1978—1992 年，民办教育顺应时代潮流开始恢复起步，成为我国教育事业的组成部分，是国家办学的补充。党的十一届三中全会后，经过指导思想的"拨乱反正"，党中央对教育工作作出了一系列新的论断和决策。我国教育事业得到恢复，开始走上蓬勃发展的道路，民办教育事业也重新萌发。随着社会经济各领域的恢复发展，社会对专业人才的需求催生了在职人员、社会人员、备考学生等群体参与技术技能培训和文化课补习的热情，但当时的公办学校和企事业办学还不能完全适应现代化建设和广大青年学习科学技术的需要，一些热心教育的社会人士、离退休教师面向社会开办的各种类型的职业培训学校、文化课补习学校应运而生。这些民办学校绝大多数是实施非学历教育的非全日制学校，如以裁剪、烹饪、驾驶等为教学内容的技术技能培训学校，以及以外语和文化课程为教学内容的培训学校、进修学校、补习学校等。这些学校的师资队伍大多为兼职教师，来源比较复杂，既有离退休干部、公办学校在职教师和热心教育事业的知识分子，也有社会无业人员和具备一定工作经验、文化知识和业务专长的技术工人，如缝纫工、驾驶员、修理工、理发师、厨师等。

当时，出于恢复、发展教育和维护社会稳定的考虑，政府为民办教育提供了较为宽松的政策环境。1980 年，《中共中央、国务院关于普及小学教育若干问题的决定》中就提出，在人口众多、经济不发达的大国普及小学教育，不可能完全由国家包下来，"必须坚持'两条腿走路'的方针，以国家办学为主体，充分调动社队集体、厂矿企业等各方面办学的积极性。还要鼓励群众自筹经费办学"①。同时，该决定要求，应减轻农村社队办学的不合理负担，将厂矿企业办学所需的教职工单列编制，办学经费列为企业营业外项目开支，扩大企业自主权。这种以国家办学为主、以社会力量办学为辅的"两条腿走路"方针为我国尽快普及小学教育作出了重要贡献。1982年，第五届全国人民代表大会第五次会议通过的《中华人民共和国宪法》第十九条第四款规定："国家鼓励集体经济组织、国家企业事业组织和其他社会力量依照法律规定举办各种教育事业。"这是我国第一次以宪法形式肯定了社会力量办学的合法性和法律地位，明确了国家对民办教育的鼓励态度。1984年，党的十二届三中全会通过的《中共中央关于经济体制改革的决定》突破了过去"一大二公"、公有制程度越高越好的传统观念，明确肯定了集体经济是社会主义经济的重要组成部分，个体经济是社会主义经济必要的有益补充，这也为社会力量举办多种形式的教育扫除了障碍，创造了良好的政策环境。在经济体制和科技体制改革推进后，中共中央于1985年印发《中共中央关于教育体制改革的决定》，明确要求"地方要鼓励和指导国营企业、社会团体和个人办学，并在自愿的基础上，鼓励单位、集体和个人捐资助学"，"鼓励各民主党派、人民团体、社会组织、离休退休干部和知识分子、集体经济单位和个人，遵照党和政府的方针政策，采取多种形式和办法，积极地自愿地为发展教育贡献力量"②。该文件鼓励社会力量办学的导向更加明确，为民办教育改革奠定了政策基础。1986年颁布的《中华人民共和国义务教育法》重申国家鼓励企业、事业单位和其他社会力量举办各类学校，鼓励个人自愿捐资助学的相关规定，民办教育得以在法律框架下继续发展。1987年，国家教育委员会颁布的《关于社会力量办学的若干暂行规定》对社会力量的概念进行界定，并明确指出"社会力量办学是我国教育事业的组成部分，是国家办学的补充。各级人民政府及教育行政部门应鼓励和支持社会力量举办各种教育事业"③。这是我国首次以部门规章的形式将民办教育纳入国家教育体系，彰显了国家对社会力量办学的鼓励和支持导

---

① 中国网.中共中央、国务院关于普及小学教育若干问题的决定.（1980-12-03）[2018-11-10]. http://www.china.com.cn/guoqing/2012-09/07/content_26747610.htm.

② 中共中央.中共中央关于教育体制改革的决定.（1985-05-27）[2018-11-10]. http://www.moe.gov.cn/jyb_sjzl/moe_177/tnull_2482.html.

③ 国家教育委员会.关于社会力量办学的若干暂行规定.（1987-07-08）[2018-11-10]. http://www.law-lib.com/law/law_view.asp?id=4405.

向，进一步推动了民办教育的恢复和发展。

在此背景下，民办教育悄然萌发。一批以自考助学、文化补习、职业技能培训等为主要办学形式的民办教育机构率先在全国各地陆续出现。比如，1978年于湖南长沙成立的中山业余大学、1982年于北京成立的中华社会大学等，后者被视为我国民办高等教育复兴的标志。1984年，第一所国家承认学历的民办高校——北京海淀走读大学成立。1980—1986年，全国民办高等教育机构从30所迅速增加到370所[①]。在民办教育起步较早的省(自治区、直辖市)，民办学校恢复发展较快。根据相关资料，1989年，仅北京、上海、天津等十几个城市的民办学校就有2000多所，在校生达300多万人。以北京为例，1987年，北京有民办学校377所，在校学生10万人[②]；1991年，北京共有民办学校和民办教育机构750所，在校学生35万人[③]。截至1991年底，全国共有民办幼儿园12 091所，民办普通中学544所，民办普通小学655所[④]，民办高校及民办高等教育机构450余所[⑤]。进入20世纪90年代以后，我国民办学校举办重点向中、高职业教育和职业培训领域转移，一个多类型、多层次、多学科的民办教育体系初步形成。然而，这一时期的民办学校是以非学历教育为主的职业培训学校和业余进修学校，而且大多是以培训班的方式生存和发展，办学层次较低，还不能算是正规的学校教育。直到1992年，邓小平南方谈话以后，中国改革开放进入新阶段，民办教育在时代潮流中迎来快速发展的新机遇。

二、快速发展期（1993—2002 年）

20世纪80年代末90年代初期，中国的经济体制改革与对外开放实践面临严重的困境，改革开放在理论上遭遇诸多难题的困扰。1992年的邓小平南方谈话，澄清并解决了社会主义建设中的若干理论和实际问题，特别是关于姓"资"还是姓"社"的论述，推动改革开放进入了新阶段，同时也为教育体制改革指明

① 国家教育发展研究中心.2001年中国教育绿皮书.北京：教育科学出版社，2001：134.
② 房剑森.中国民办教育发展报告.北京：中国社会科学出版社，2003：28.
③ 吴畏.民办教育的改革与发展.北京：教育科学出版社，2002：14.
④ 房剑森.中国民办教育发展报告.北京：中国社会科学出版社，2003：29.
⑤ 刘莉莉.中国民办高等教育发展的研究.长春：吉林人民出版社，2002：29.

了方向，使民办教育进入了大胆试、大胆闯、大步走的快速发展期。

在加快改革开放和现代化建设的新形势下，国家鼓励民办教育发展的态度更加明确。1992年，党的十四大报告中明确指出，要改变国家包办教育的做法，鼓励多渠道、多形式社会集资办学和民间办学。为指导20世纪90年代乃至21世纪初教育的改革和发展，1993年，中共中央、国务院印发《中国教育改革和发展纲要》，要求改变政府包揽办学的格局，逐步建立以政府办学为主体、社会各界共同办学的体制，提出对民办教育要采取"积极鼓励、大力支持、正确引导、加强管理"的"十六字"方针。同时，对社会资金进入教育持积极态度，鼓励和提倡厂矿企业、事业单位、社会团体和个人根据自愿、量力的原则捐资助学、集资办学，不计征税。国家也欢迎港澳台同胞、海外侨胞、外籍团体和友好人士对教育提供资助和捐赠。[1]"十六字"方针的提出使民办教育得以快速发展。此前，国家严格控制社会力量举办高等教育机构，且民办高等学校只能举办非学历教育。随后，1995年的《中华人民共和国教育法》再次明确了国家鼓励企业事业组织、社会团体、其他社会组织及公民个人依法举办学校及其他教育机构的态度，但是要求任何组织和个人不得以营利为目的举办学校及其他教育机构。随着民办教育地位的提升和规模的扩大，迫切需要从国家层面对其进行统筹规划和顶层设计。

为进一步鼓励社会力量办学，保障相关群体的合法权益，促进民办教育事业的健康发展，国务院于1997年出台《社会力量办学条例》。作为我国第一个民办教育的行政法规，该条例系统详尽地明确了民办教育发展基本原则、机构设立、教学和行政管理、财产和财务管理、机构变更与解散、政府保障与扶持及法律责任等内容，重申社会力量办学事业是社会主义教育事业的组成部分，同时也强调，在义务教育阶段可作为国家实施义务教育的补充，且严格控制社会力量举办高等教育机构。[2]

1998年，教育部发布《面向21世纪教育振兴行动计划》，该计划是在贯彻

---

① 中共中央，国务院. 中国教育改革和发展纲要. (1993-02-13)[2018-11-10]. http://old.moe.gov.cn/publicfiles/business/htmlfiles/moe/s6986/200407/2484.html.

② 国务院. 社会力量办学条例. (1997-07-31) [2018-11-10]. http://www.people.com.cn/zgrdxw/faguiku/jy/F44-1010.html.

落实《中华人民共和国教育法》《中国教育改革和发展纲要》的基础上提出的跨世纪教育改革和发展的施工蓝图，明确提出要贯彻落实指导社会力量办学的"十六字"方针，在 3～5 年的时间内，基本形成以政府办学为主体、社会各界共同参与、公办学校和民办学校共同发展的办学体制。同时，该计划提出，要制定有利于吸纳社会资金办教育和民办学校发展的优惠政策，将社会力量办学纳入依法办学、依法管理的轨道，要保证民办学校的法人地位和办学自主权等。[①] 可以看到，该计划在鼓励和支持民办教育发展的同时，也重视民办教育的依法办学和依法管理问题。

1999 年，国务院总理朱镕基同志在全国教育工作会议上指出，教育改革的关键是要进一步解放思想。"一方面，要通过加快教育体制和结构改革，挖掘现有教育资源潜力，增强学校的活力与效率，充分发挥公办学校的主渠道作用。另一方面，积极鼓励和支持社会力量以多种形式办学，形成以政府办学为主体、公办学校和民办学校共同发展的格局。凡符合国家有关法律法规的办学形式，都可以大胆试验。在发展民办教育方面可以迈出更大的步伐。鼓励社会力量以各种方式举办高中阶段和高等职业教育，有条件的也可以举办民办普通高等学校。"[②] 当时，国家对民办教育的积极态度激发了社会力量兴办民办高校的积极性，受惠于"大学扩招"的有利政策，我国民办教育，尤其是民办高等教育迎来快速发展的良好机遇，出现了全新的"独立学院"[③]办学形式。1999 年，教育部批准试办的第一所独立学院——浙江大学城市学院正式成立，掀起了公办高校与社会力量合作举办独立学院的热潮。

在这一时期，"十六字"方针的提出和《社会力量办学条例》的颁布大大推动了民办教育的快速发展，国家在鼓励、支持民办教育的同时，也逐渐重视对民办教育的依法管理问题，民办教育发展逐步步入正轨。民办教育以空前的规模和速度获得长足发展，民办教育机构的数量、入学人数成倍增长。1993—2001 年，

---

① 教育部 . 面向 21 世纪教育振兴行动计划 .（2018-12-24）[2018-07-09]. http://old.moe.gov.cn/publicfiles/business/htmlfiles/moe/s6986/200407/2487.html.

② 中国共产党新闻网 . 全国教育工作会议 .（1999-06-15）[2018-07-09]. http://dangshi.people.com.cn/GB/151935/176588/176597/10556604.html.

③ 独立学院是指实施本科以上学历教育的普通高等学校与国家机构以外的社会组织或者个人合作，利用非国家财政性经费举办的实施本科学历教育的高等学校。

民办幼儿园从 16 990 所增至 44 526 所，在园幼儿从 72.4 万人增至 341.9 万人；民办小学从 4030 所增至 4846 所，在校生数从 64.9 万人增至 181.8 万人；民办中学从 851 所增至 1915 所，在校生数从 22.7 万人增至 232.9 万人。①

三、规范发展期（2003—2016 年）

在政策利好环境下，社会办学力量迅速发展，民办学校办学条件不断改善，民办教育规模不断扩大，继续呈现繁荣发展的景象。但是，由于相关法律法规还不健全，扶持政策还不完善，管理制度体系还不完整，民办教育在快速发展的同时也出现了许多问题。从本质属性看，多数举办者投资教育获取办学收益的客观行为普遍存在，教育的公益属性受到挑战。从社会地位看，民办教育虽然从公办教育的"补充"发展到社会主义教育的"组成部分"，但因办学质量参差不齐，政府对民办教育的认可度并不高，不少扶持政策没有落地，社会各界对民办教育多有歧视。从结构布局看，有些地方的民办学校和公办学校结构布局不合理、发展定位不清，导致公办、民办教育发展不均衡，有的会产生冲突。从规范办学看，有些民办学校产权不清、内部治理结构不完善、办学行为不规范，乱收费、乱招生、乱发文凭等行为普遍存在。从队伍建设看，有的民办学校教师队伍不够稳定，影响学校教学秩序的稳定和教学质量的提高，产权纠纷和劳资纠纷日益凸显，师生合法权益受损事件多次出现，有的引发广泛社会舆论。这些因民办教育发展阶段和外部法规政策环境而产生的各种问题亟待解决。

2002 年，《民办教育促进法》历经 4 次全国人民代表大会常务委员会讨论修改，由第九届全国人民代表大会常务委员会第三十一次会议审议通过。《民办教育促进法》明确了民办教育事业属于公益性事业，是社会主义教育事业的组成部分，将国家对民办教育的"十六字"方针上升为法律条文，将民办教育事业纳入国民经济和社会发展规划，规定民办学校与公办学校具有同等的法律地位。《民办教育促进法》共十章六十八条，从总则、民办学校的设立、学校的组织与活动、教师与受教育者、学校资产与财务管理、管理与监督、扶持与奖励、变更与终止、

---

① 刘松林.论新时期民办教育政策的变化及实践.中共中央党校硕士学位论文，2004：18.

法律责任等方面作了明确规定。2003年,我国第一部民办教育专门法——《民办教育促进法》正式实施。为进一步细化落实《民办教育促进法》,国务院第41次常务会议通过《民办教育促进法实施条例》。自此,我国民办教育领域法律法规框架基本建立,民办教育事业走上了优化发展环境、规范办学秩序的"快车道"。

此后,为贯彻落实《民办教育促进法》及《民办教育促进法实施条例》,国务院及相关部门出台了一系列的配套政策,整体上体现了大力支持和依法管理并重的发展思路。2003年,教育部印发《关于规范并加强普通高校以新的机制和模式试办独立学院管理的若干意见》,对独立学院问题进行重点治理,要求在贯彻"积极支持、规范管理"的原则上,继续有步骤、有计划地推进独立学院的试办工作,既要鼓励积极探索、大胆实践,又要切实加强管理,不断规范办学行为,注意并坚决反对一哄而起和"刮风"现象,确保独立学院稳妥、健康地发展。2003年,教育部对全国360多所民办二级学院的"校中校"、以二级学院名义"双轨收费"、产权不明晰、民办机制不健全、不独立发文凭等办学失范行为进行了清理整顿,独立学院经过大浪淘沙,被取消了100多所,重新备案最终确认了249所。2006年,针对一些民办高校办学指导思想不端正、内部管理体制不健全、法人财产权不落实、办学行为不规范,以及一些地方政府对民办高校监管不到位等问题,《国务院办公厅关于加强民办高校规范管理引导民办高等教育健康发展的通知》重点加强对民办高校贯彻国家教育方针、依规开展招生宣传、建立健全党团组织、健全内部管理体制、建立政府督导制度、落实法人财产权等领域的规范管理,同时,也强调要依法落实对民办高校的有关扶持政策。2007年施行的《民办高等学校办学管理若干规定》详细规定了民办高校招生、管理、教学等内容,加快推进了民办高等教育健康快速发展。2008年施行的《独立学院设置与管理办法》进一步明确了独立学院办学属性和学位授予权,为独立学院发展奠定了坚实基础。这一系列的政策文件构成了民办教育规范管理的主体框架,也为民办教育的改革发展提供了政策保障。

2010年,《国家中长期教育改革和发展规划纲要(2010—2020年)》开启了我国教育改革发展的新征程。该纲要将"办学体制改革"单独成章,明确提出要"坚持教育公益性原则,健全政府主导、社会参与、办学主体多元、办学形式多样、充满生机活力的办学体制，形成以政府办学为主体、全社会积极参与、公办教育和民办教育共同发展的格局。调动全社会参与的积极性，进一步激发教育活力，满足人民群众多层次、多样化的教育需求"①。该纲要明确了政府对民办教育"大力支持"和"依法管理"的导向，一方面强调民办教育已经成为我国教育事业发展的重要增长点和促进教育改革的重要力量，另一方面要求加强政府对民办教育的统筹、规划和管理责任，积极探索营利性和非营利性民办学校分类管理。"分类管理"的正式提出，为我国民办教育发展提供了改革思路。

2010 年，《国务院关于鼓励和引导民间投资健康发展的若干意见》要求积极推进医疗、教育等社会事业领域改革，将民办社会事业作为社会公共事业发展的重要补充，统筹规划，合理布局，加快培育形成政府投入为主、民间投资为辅的公共服务体系。其中，鼓励民间资本参与发展教育和社会培训事业成为重点内容之一。为落实国务院意见及《国家中长期教育改革和发展规划纲要（2010—2020 年）》，2012 年，《教育部关于鼓励和引导民间资金进入教育领域促进民办教育健康发展的实施意见》明确指出，民办教育是社会主义教育事业的重要组成部分，是教育事业发展的重要增长点和促进教育改革的重要力量，还在发挥民间资金作用、拓宽民间资金进入渠道、制定完善的促进政策、引导民办教育健康发展、健全管理与服务体系等方面作出了详细规定。民间资金进入教育领域的积极性更加强烈。国家统计局数据显示，2012 年教育领域中民间固定资产投资为1117 亿元，比 2011 年同期增长 42.8%。②

为消除对营利性和非营利性民办学校实行分类管理的法律阻碍，从法律层面破解民办教育发展面临的法人属性、产权归属、扶持政策、平等地位等方面的突出矛盾和关键问题，2012 年，教育部启动了《民办教育促进法》的修订工作。2012 年，教育部将《教育法律一揽子修订建议草案（送审稿）》报国务院审议。国务院法制办公室在广泛征求意见基础上，会同教育部等有关部门对该送审稿进行了反复研究修改，形成了《教育法律一揽子修正案（草案）》。该草案经国务院

---

① 教育部 . 国家中长期教育改革和发展规划纲要（2010—2020 年）.（2010-07-29）[2018-07-11]. http://old.moe.gov.cn/publicfiles/business/htmlfiles/moe/info_list/201407/xxgk_171904.html.

② 中央政府门户网站 . 2012 年 1—12 月份全国固定资产投资主要情况 .（2013-01-18）[2018-07-12]. http://www.gov.cn/gzdt/2013-01/18/content_2314893.htm.

第七十七次常务会议讨论通过后，于 2015 年提交全国人民代表大会常务委员会第十六次会议进行初次审议。2015 年，全国人民代表大会常务委员会第十八次会议审议通过了《中华人民共和国教育法》以及《中华人民共和国高等教育法》修正案。修改后的《中华人民共和国教育法》删除了"任何组织和个人不得以营利为目的举办学校及其他教育机构"的规定[①]，《中华人民共和国高等教育法》同时删除了"设立高等学校不得以营利为目的"的规定[②]，实现了民办教育的制度性突破，为分类管理背景下推进民办教育改革发展奠定了法源性基础。2016 年，第十二届全国人民代表大会常务委员会第二十四次会议审议通过《全国人民代表大会常务委员会关于修改〈中华人民共和国民办教育促进法〉的决定》。本次修法的最大亮点是确立了分类管理的法律依据，明确实行非营利性和营利性民办学校分类管理，允许举办实施学前教育、高中阶段教育、高等教育，以及非学历教育的营利性民办学校。民办教育改革进入分类管理新时代。

这一时期，在大力支持和依法管理的基本思路下，民办教育取得了历史性发展成就，成为社会主义教育事业的重要组成部分，也是教育事业发展的重要增长点和促进教育改革的重要力量。在《2003 年全国教育事业发展统计公报》中，"民办教育"首次单独出现。2003—2016 年，全国各级各类民办学校从 7.02 万所增加到 17.10 万所，在校生从 1416.16 万人增加到 4825.47 万人。其中，民办幼儿园 2003 年有 5.55 万所，在校生 480.23 万人，2016 年 15.42 万所，在校生 2437.66 万人；民办普通小学 2003 年 5676 所，在校生 274.93 万人，2016 年 5975 所，在校生 756.33 万人；民办普通初中 2003 年 3651 所，在校生 256.57 万人，2016 年 5085 所，在校生 532.82 万人；民办普通高中 2003 年 2679 所，在校生 141.37 万人，2016 年 2787 所，在校生 279.08 万人；民办中等职业学校 2003 年 1382 所，在校生 79.38 万人，2016 年 2115 所，在校生 184.14 万人；民办普通高校 2003 年 173 所，在校生 81 万人，2016 年 742 所（含独立学院 266 所），在校生 634.06 万人；其他民办高等教育机构 2003 年 1104 所，各类注册学生

---

① 教育部. 全国人大常委会关于修改《中华人民共和国高等教育法》的决定. (2015-12-27) [2018-07-12]. http://www.moe.gov.cn/s78/A02/zfs__left/s5911/moe_619/201601/t20160125_228815.html.

② 教育部. 全国人大常委会关于修改《中华人民共和国教育法》的决定. (2015-12-27) [2018-07-12]. http://www.moe.gov.cn/s78/A02/zfs__left/s5911/moe_619/201601/t20160125_228816.html.

100.40万人，2016年813所，各类注册学生75.56万人。[①]

四、内涵式发展期（2017年至今）

为推进民办教育分类管理及新《民办教育促进法》，国务院及相关部门颁布了配套法规政策，标志着我国民办教育全面进入分类管理的内涵式发展期，开启了民办教育发展的新征程。一方面，新《民办教育促进法》明确了分类管理的合法性，确定了营利性学校与非营利性学校的划分标准，以及营利性民办教育准入领域，初步构建了营利性与非营利性民办教育分类扶持、分类监管的政策体系，为彻底破解长期困扰民办学校发展的法人属性不清、财政扶持不足、税收优惠难以落实、办学自主权不到位等问题奠定了法源性基础。另一方面，新《民办教育促进法》要求民办学校进一步完善现代学校制度，建立健全信息公开制度，并且明确了民办学校的法律责任及对营利性民办学校的监管办法，促进了民办学校进一步完善内部治理结构，规范办学行为，注重提高办学质量。

2017年的《国务院关于鼓励社会力量兴办教育促进民办教育健康发展的若干意见》为新《民办教育促进法》的落地提供了改革行动方案。该意见再次强调，民办教育已经成为社会主义教育事业的重要组成部分。同时，该意见明确了"育人为本，德育为先""分类管理，公益导向""优化环境，综合施策""依法管理，规范办学""鼓励改革，上下联动"等5项基本原则，要求加强党对民办学校的领导、创新体制机制、完善扶持制度、加快现代学校制度建设、提高教育教学质量、提高管理服务水平。[②]此后，各省纷纷出台地方实施意见，推进本地民办教育改革发展。

为将新《民办教育促进法》中的部分内容、原则、规定体现为《民办教育促进法实施条例》中的法规、法条，教育部启动了《民办教育促进法实施条例》的修订工作。2018年，《中华人民共和国民办教育促进法实施条例（修订草案）》

---

① 教育部. 2003年全国教育事业发展统计公报.（2004-05-27）[2018-07-13]. http://www.moe.gov.cn/s78/A03/ghs_left/s182/moe_633/tnull_3570.html；教育部. 2016年全国教育事业发展统计公报.（2017-07-10）[2018-07-13]. http://www.moe.gov.cn/jyb_sjzl/sjzl_fztjgb/201707/t20170710_309042.html.

② 国务院. 国务院关于鼓励社会力量兴办教育促进民办教育健康发展的若干意见.（2017-01-18）[2018-07-13]. http://www.gov.cn/zhengce/content/2017/01/18/content_5160828.htm.

面向社会公开征求意见，该修订草案以强化支持政策、加强规范管理为主线，重点对加强民办学校党建、完善和明确支持措施、完善民办学校设立与审批制度、规范民办学校办学行为和内部治理、规范教育培训机构、维护举办者合法权益、强化教师权益保障、健全监督管理机制等八个方面进行修改。

至此，我国民办教育的重要领域和关键环节改革取得突破性进展，营利性和非营利性民办学校分类管理全面发力、多点布局、纵深推进，民办教育改革的系统性、整体性、协同性不断增强，改革广度和深度也不断拓展，正在进入"全面施工、内部装修"的内涵式发展期。2017年，全国共有民办幼儿园16.04万所，占全国幼儿园总数的62.9%，在园儿童2572.34万人，占全国在园儿童总数的55.9%；民办普通小学6107所，占全国小学总数的3.7%，在校生814.17万人，占全国小学在校生总数的8.1%；民办初中5277所，占全国初中总数的10.2%，在校生577.68万人，占全国初中在校生总数的13.0%；民办普通高中3002所，占全国普通高中总数的22.2%，在校生306.26万人，占全国高中在校生总数的12.9%；民办中等职业学校2069所，占全国中等职业学校总数的19.3%，在校生197.33万人，占全国中等职业学校在校生总数的12.4%；民办高校747所（含独立学院265所），占全国普通高校总数的28.4%，在校生628.46万人，占全国高校在校生总数的22.8%。[①]

第二节 民办教育发展的成就和贡献

改革开放40年来，作为社会力量兴办教育主要形式的民办教育不断发展壮大，改变了政府包揽教育的体制，充分利用社会力量和市场机制，汇聚各类资源，为坚定不移推进教育领域的改革开放提供了实践经验。

一、增加教育服务供给

改革开放初期，教育事业处在恢复发展阶段，由政府举办的单一形式的公

---

① 教育部.2017年全国教育事业发展统计公报.（2018-07-19）[2018-07-14]. http://www.moe.gov.cn/jyb_sjzl/sjzl_fztjgb/201807/t20180719_343508.html.

办学校在办学规模和培养周期上难以满足各行各业对各类人才的迫切需求，也很难适应经济社会发展形式多元化的状况，急需集聚多种力量举办多种形式的教育。党和政府也充分意识到加快教育发展需要积极调动各部门、各领域的力量，1978 年，邓小平同志在全国科学大会开幕式上的讲话中提出："教育事业，决不只是教育部门的事，各级党委要认真地作为大事来抓。各行各业都要来支持教育事业，大力兴办教育事业。"[①] 一些社会团体及个人响应国家号召举办了各级各类教育机构，为人民群众提供了除公办教育之外的另一种教育服务形式。

民办教育开创了"大国办大教育"的实践道路，改变了教育服务的提供方式，增加了全社会的教育资源供给。1999 年，国务院总理朱镕基同志在全国教育工作会议上指出："发展民间办学，吸引社会各方面力量共同办教育，才能实现大国办大教育。我国是穷国办大教育，不走多种形式办学的路子，别无选择。"[②] 现在，我国已建成了世界上最大规模的教育体系，同样也建成了世界上最大规模的民办教育体系。根据《2017 年全国教育事业发展统计公报》，全国共有各级各类学校 51.38 万所，其中民办学校 17.76 万所，约占全国学校总数的 1/3；各级各类学历教育在校生 2.70 亿人，其中民办教育在校生达 5120.47 万人，约占全国在校生总数的 1/5。[③]

民办教育深化了教育供给侧改革，满足了人民群众多层次、多样化的教育需求，缓解了教育资源短缺的矛盾。20 世纪 80—90 年代，教育资源的不足使得诸多弱势群体缺少受教育机会，此时的民办教育在相当程度上缓解了政府教育经费不足导致的学位紧张状况，增加了人民群众接受教育的机会。随着经济社会发展水平的提高，以及经济产业更新换代速度的加快，人民群众的教育诉求逐渐从"有学上"向"上好学"转变。与公办学校相比，民办学校具有入学条件、特色类型、服务对象多样化等特点，可以很好地满足不同群体的多样化、个性化教育需求，使得教育事业的改革发展成果惠及最广大的人民群众。目前，一些教育发达地区

---

① 人民网. 1978 年 3 月 18 日邓小平在全国科学大会开幕式上的讲话.（2006-01-05）[2018-07-15]. http://scitech.people.com.cn/GB/25509/56813/57267/57268/4001431.html.

② 中国共产党新闻网. 全国教育工作会议.（1999-06-15）[2018-07-09]. http://dangshi.people.com.cn/GB/151935/176588/176597/10556604.html.

③ 教育部. 2017 年全国教育事业发展统计公报.（2018-07-19）[2018-07-31]. http://www.moe.gov.cn/jyb_sjzl/sjzl_fztjgb/201807/t20180719_343508.html.

的学前教育、基础教育、国际教育及校外教育培训领域中出现了一批优质而有特色的民办教育机构，形成了社会信赖的品牌效应。这些发达地区的民办教育在一定程度上满足了人民群众"上好学"的需求，提高了人民群众的教育获得感。

二、推进办学体制改革

民办教育是我国教育事业发展的重要增长点，也是促进教育体制改革的重要推动力量。改革开放 40 年来，民办教育成为社会主义教育事业的重要组成部分，我国逐步健全"政府主导、社会参与、办学主体多元、办学形式多样、充满生机活力"[①]的办学体制，形成了以政府办学为主体、全社会积极参与、公办教育和民办教育共同发展的教育体系。

1）民办教育推进教育体制机制改革。从办学性质看，民办教育跳出了教育是"姓资"还是"姓社"的传统观念，研究者和办学者一致认为，无论营利与否，民办教育的公益性毋庸置疑，教育公益性不能简单等同于非营利性。从办学主体看，民办教育打破了政府包揽办学的局面，创新了独立举办、共同举办的办学形式，既有社会团体、民主党派参与办学，也有私营个体、企事业单位参与办学。从资金筹措来源看，民办教育改变了国家财政性教育经费投入的单一模式，建立了教育成本分担机制，既有出资捐资举办、民办公助、公有民办的模式，也有靠学费滚动发展、参股合作、教育储蓄金、中外合作办学等模式。从办学层次看，民办教育从无到有，从学前教育到高等教育，从学历教育到非学历教育，从业余进修培训到全日制教育，有的民办高校还有研究生教育，逐步成为我国教育事业的重要组成部分。

2）民办教育推进政府教育管理体制改革。从管理职责看，改革开放 40 年来，政府对民办教育的态度从默许、默认到支持和规范，逐渐将发展民办教育纳入经济社会发展和教育事业整体规划，将鼓励支持社会力量兴办教育作为考核各级政府改进公共服务方式的重要内容，发展与管理民办教育成为政府的重要职责。从管理政策看，政府在民办教育领域建立了以《民办教育促进法》及《民办教育促

---

① 教育部.国家中长期教育改革和发展规划纲要（2010—2020 年）.（2010-07-20）[2018-11-10]. http://old.moe. gov.cn/publicfiles/business/htmlfiles/moe/info_list/201407/xxgk_171904.html.

进法实施条例》为主体，以国务院法规政策和相关部委规章制度为辅助的"组合式"法律法规制度体系，在为民办教育改革发展营造良好氛围的同时，也建立了依法治理民办教育的主体框架。从管理方式看，民办教育促使政府不断简政放权，逐渐实现了民办学校的收费、招生、课程专业设置等办学自主权，政府服务意识不断强化，建立了以规范民办学校办学行为为主要内容的监督管理体系。

三、促进经济社会发展

改革开放40年来，民办教育培养了几千万不同层次的各类型人才，为我国经济社会发展作出了重要贡献。民办教育的快速发展，一方面可以减轻升学压力，满足广大学生和家长对教育的需求，另一方面可以增加教育消费，对拉动内需、促进经济持续增长、缓解就业压力有重要作用。如1999年，政府就实施了以"拉动内需、刺激消费、促进经济增长、缓解就业压力"[1]为目标的大学扩招计划。目前，我国教育事业总体发展水平已挺进世界中上行列。教育普及程度大幅提高，全国学前三年毛入园率达到中高收入国家平均水平，义务教育普及率超过高收入国家平均水平，高中阶段教育和高等教育毛入学率均超过中高收入国家平均水平。[2] 其中，民办教育承担了全国约1/5的学生培养任务。因此，这些成绩的取得离不开民办教育的贡献。

民办教育服务经济社会发展的能力不断增强。以高等教育为例，随着《教育部　国家发展改革委　财政部关于引导部分地方普通本科高校向应用型转变的指导意见》的落实，民办高校转型发展、助力区域经济发展的改革，孕育出星火燎原之势。民办高校以其灵活的机制体制优势，可以快速响应市场和区域经济发展对各种人才的需求，提高人才培养与社会需求的契合度，及时调整专业设置和人才培养结构，为地方经济及行业企业发展提供急需的高层次技能型人才。当前，一些民办高校以为当地经济社会发展服务为宗旨，加强面向地方高新技术产业和新兴第三产业的专业学科建设，为地方经济发展输送了大量高素质应用型人

① 李宁，韩浩. 中国高校扩招政策的多源流理论分析. 高教探索，2013（6）：23-27.

② 袁新文，董洪亮，赵婀娜，等. 向中国特色、世界水平的现代教育迈进（砥砺奋进的五年）. 人民日报，2017-09-09（1）.

才，这些技术技能型人才已经成为产业大军的重要来源。

2014 年以来，随着"大众创业，万众创新"政策的深入实施，民办高校创新创业优势日渐突出，越来越多的民办高校学生在与新兴产业领域相关的科技成果竞赛、创业大赛中脱颖而出，释放了巨大的创新潜力。在深化校地合作、校企合作、产教融合等方面，民办学校，尤其是民办高校具有反应快、成效显著的特点。一些学校把办学思路转到服务地方经济社会发展上，以产业需求及技术发展为导向，实施"订单式"培养模式，支持引导企业深度参与民办高校教育教学改革，以多种方式参与学校专业规划、教材开发、教学设计、课程设置、实习实训，促进企业需求融入人才培养环节，为"引企入教"和产教融合提供了丰富的实践经验。在优化人才培养层次类型结构方面，民办高校正在积极探索培养具有扎实理论基础、适应特定行业或职业实际工作需要的应用型高层次专门人才。"十二五"以来，政府批准 5 所民办高校开展硕士专业学位研究生培养试点[1]，为民办高校培养高端专业技术人才提供了有益探索。

四、吸引社会资本进入

改革开放 40 年来，非公有制经济实力不断增强，已成为中国国民经济最具活力的部分之一。2016 年，非公有制经济创造了 60% 左右的国内生产总值、80% 左右的社会就业，民间投资已占到全社会固定资产投资的 60% 以上。[2] 20 世纪 90 年代以来，政府鼓励和引导民间资金进入教育领域，既有利于当前又惠及长远，对促进民办教育健康发展具有重要意义。

民办教育为教育改革发展节约了大量的财政教育资金。办好公平优质的教育，必须要有雄厚的资金基础，完全依赖政府投入是不可能的。改革开放初期，财政经费不足是困扰我国教育事业发展的突出问题，民办学校由国家机构以外的社会组织或者个人利用非国家财政性经费举办，如学费收入、举办者投入、社会

---

① 中国网.推动教育事业科学发展 努力办好人民满意教育——《国家中长期教育改革和发展规划纲要（2010—2020 年）》颁布实施情况.（2012-09-06）[2018-08-02]. http://www.china.com.cn/zhibo/zhuanti/ch-xinwen/2012-09/06/content_26445397.htm.

② 新华网.国务院办公厅关于进一步做好民间投资有关工作的通知.（2016-07-04）[2018-08-02]. http://www.xinhuanet.com//politics/2016/07/04/c_129113323.htm.

捐赠等，利用民间资金和市场机制开发并高效配置各层次的教育资源，在较大程度上缓解了我国教育财政不足的局面，增加了公众的受教育机会，缓解了"没学上"的矛盾。

从教育领域固定资产投资规模看，民间固定资产投资规模不断扩大，占比不断提高。国家统计局数据显示，仅 2012—2017 年，我国教育领域的民间固定资产投资就从 1117 亿元增加到 2759 亿元，累计投资达 11 788 亿元。以 2017 年为例，在全国固定资产投资中，教育领域固定资产投资首次突破万亿元大关，达到 11 084 亿元，其中民间固定资产投资教育领域为 2759 亿元，约占全国固定资产投资教育领域总额的 1/4。从民办学校办学经费（表 1-1）看，举办者投入的民间资金总体上不断增长。国家统计局数据显示，2000—2017 年，民办学校办学经费不断增加，累计投入 3200 多亿元。[①]2017 年，新施行的《民办教育促进法》通过非营利性和营利性民办学校分类管理的办法，实现对民间投资实质性开放，社会资本进入民办教育的渠道正在不断变宽。

表 1-1 2000—2016 年民办学校办学经费情况　　　　单位：亿元

年份	办学经费	年份	办学经费（举办者投入）
2000	85.85	2007	80.93
2001	128.10	2008	69.85
2002	172.55	2009	74.98
2003	259.02	2010	105.43
2004	347.85	2011	111.93
2005	452.22	2012	128.18
2006	549.06	2013	147.41
		2014	131.35
		2015	187.66
		2016	203.27

注：资料来源于国家统计局网站。2007 年，国家对部分教育经费统计指标进行了修订。2000—2006 年"民办学校办学经费"是指社会团体和公民个人办学总经费，2007 年后的"民办学校办学经费"是指民办学校中举办者投入

① 国家统计局 . 2012 年 1—12 月份全国民间固定资产投资主要情况 .（2013-01-18）[2018-08-03]. http://www.stats.gov.cn/tjsj/zxfb/201301/t20130118_12927.html；国家统计局 . 2017 年民间固定资产投资增长 6.0%.（2018-01-18）[2018-08-03]. http://www.stats.gov.cn/tjsj/zxfb/201801/t20180118_1574945.html.

第三节　民办教育发展的总体特征

回顾改革开放 40 年的发展历程,剖析改革实践进展,我国民办教育的理论研究和实践经验日益丰富,在教育属性、教育体制、制度保障、权益保障、改革推进等方面呈现出鲜明的时代特征,同时也存在一些有待解决的关键问题。

一、坚持教育公益属性

坚持教育的公益属性始终是民办教育的正确办学取向。教育是公益性社会服务事业,教育的公益性源自人受教育而给社会发展带来的好处,它是教育活动的天然属性,民办教育也不例外。教育具有公益性,并不是只有提供公共产品的教育单位才具有公益性,而是无论提供什么产品形式的教育单位,其本质上和实际结果都给全社会带来巨大的公共社会利益,即无论其过程如何、是否营利,教育都是公益性产品。教育的公益性不是由教育投资资本决定的,而是由教育服务自身的性质和功能所决定的。[①] 尽管我国民办教育客观上存在"投资办学"的行为,但在特定时期,获取"合理回报"成为许多举办者的办学出发点和学校后续发展的动力。"合理回报"的制度设计尊重了我国民办教育发展的阶段性特征,同时也对吸引社会资本进入教育、调动举办者办学积极性、保障民办教育发展稳定性有重要作用。因此,获取"合理回报"的民办教育始终坚持教育的公益属性,在本质上仍然承担着教书育人的公共服务职能。

2016 年以来,随着民办教育分类管理政策的推进,非营利性民办学校的举办者不得取得办学收益,部分举办者考虑到已有投资成本仍未收回、办学管理控制权仍未确定、未来政策预期仍未明朗等因素,公益办学的初心有所动摇,真心办好教育事业、办出百年名校的情怀有所动摇。这些问题在举办者选择民办学校的分类登记时表现得尤为明显,需要给予积极正向的政策引导。总而言之,无论营利性还是非营利性民办教育,坚持教育的公益属性都是本质要求。

---

① 邬大光. 从民办教育看教育的公益性与营利性. 光明日报,2016-12-06(14).

二、教育资源配置灵活

体制灵活是民办教育改革发展的最大优势。改革开放40年来，市场经济要求市场在资源配置过程中起决定性作用，因此行政权力配置资源的行为和机制在逐渐退出历史舞台。对于教育体制改革而言，民办教育正是利用市场机制的灵活性，打破行政权力配置教育资源的传统体制，采取多元办学模式，紧跟经济社会发展要求，满足不同层次的教育需求。当前，新一轮改革正在探索最大限度减少政府对民办教育资源的直接配置，最大限度减少政府对民办教育活动的直接干预，最大限度减少民办教育领域管理审批事项，以期打造同等对待公办教育与民办教育、更具竞争力的办学环境，促进发展公平、有质量的开放型教育。

同时，优化教育资源配置任重道远。就目前而言，我国公办教育与民办教育共同发展的格局初步形成，但部分地区、部分学段中民办教育布局不均衡、发展不充分的问题依然存在；中央政府鼓励、支持民办教育发展的政策导向明显，但一些地区在公办教育不能满足教育需求的情况下，仍然有意或无意地压制民办教育的发展空间；还有些民办学校办学定位不准、发展方向不切实际，办学活力需要进一步激发。

三、制度体系日益完善

政府政策始终是影响我国民办教育改革发展的重要因素。改革开放初期，从经济社会发展大局出发，政府为民办教育提供了较为宽松的政策环境，鼓励集体经济组织、国家企业事业组织和其他社会力量依照法律规定举办各种教育事业。20世纪90年代，以政府办学为主体、社会各界共同办学的体制逐步建立，得益于"积极鼓励、大力支持、正确引导、加强管理"的"十六字"方针，民办教育迅速发展。21世纪初，《民办教育促进法》的施行为民办教育发展提供了良好的环境。实践证明，政府政策越是积极正向，民办教育发展速度就越快。目前，新一轮民办教育改革在党建工作、法人登记、财政扶持、税费优惠、分类收费、队伍建设、法人治理、资产财务管理、管理服务等领域建立了完备的制度保障体系。

当前，新修订的《民办教育促进法》涉及 17 多万所民办学校、5000 多万名在校生、200 多万名专任教师的切身利益，在实际工作中仍面临很大挑战，在法规政策落地、部门协调、优化服务、规范管理等方面存在一些"难点""堵点""痛点"。在一定程度上，新修订的《民办教育促进法》的积极效应还没有显现，对未来预期引导不够，一些法规政策没有落地落实。一系列的关键问题——如何打通影响改革向纵深推进的"娄山关""腊子口"，破除分类管理改革的多方阻力；如何通过完善补偿和奖励措施来破解部分举办者对于分类登记的"选择焦虑"；如何同步规范营利性和非营利性民办学校的办学行为，建立分类监督管理体系；如何落实财税优惠、用地政策、队伍建设等差异化扶持政策——都在考验着各级政府和民办学校的担当精神和实干本领。

四、重视合法权益保障

改革开放 40 年来，我国民办教育始终重视并保障举办者、民办学校、教师和学生的合法权益，其中以教师和举办者对民办教育发展的影响最大。

一方面，民办教育的发展关键在教师，教师队伍素质直接决定了民办学校的办学质量。加强教师队伍建设既是民办教育改革发展的内在需求，也是民办学校改革发展的根基。伴随民办教育规模的不断发展壮大，民办学校教师群体逐渐受到政府、民办学校及社会各界的重视，相关法律法规给予保障，民办学校教师的重要地位和专业化工作正在得到广泛认同。面对教育领域全面深化改革的新形势，中央政府及地方政府出台了有关教师发展的新政策、新措施，民办学校也在不断加大教师队伍建设投入力度。《中华人民共和国民办教育促进法实施条例（修订草案）（征求意见稿）》为提高民办学校教师的身份地位，把保障教师权益、督查和引导民办学校重视师资队伍建设作为重要内容，专设一章予以明确规定。完善待遇提升保障机制，畅通专业发展通道，让民办学校的专任教师获得同样的职业认同感、岗位幸福感、育人责任感、事业成就感、社会荣誉感，消除公办、民办学校教师职业差别的改革目标得到重视。2018 年颁布的《中共中央 国务院关于全面深化新时代教师队伍建设改革的意见》是中华人民共和国成立以来党中央出台的第一个专门面向教师队伍建设的里程碑式政策文件。该意见对民办学校教师队伍建设同样关注，专门就民办学校教师的社会保障、福利待遇、合法权利等提出明确要求。①

另一方面，举办者是我国民办学校的"掌舵者"和"一把手"，在民办学校的发展中发挥着不可替代的关键性作用，决定着我国民办学校的发展方向和发展模式。可以说，没有民办学校举办者群体，就没有我国当前蓬勃发展的民办教育。因此，在新一轮民办教育改革中，政府对举办者的合法权益也尤为重视，如2016年修订的《民办教育促进法》规定，现存民办学校登记为非营利的，可以在终止办学时，综合考虑出资、取得合理回报的情况，以及办学效益等因素，给予出资者相应的补偿或者奖励。②同时，《中华人民共和国民办教育促进法实施条例（修订草案）（征求意见稿）》允许现存民办学校以变更举办者的方式，将可获得的办学补偿和奖励作为变更收益，允许举办者与民办学校进行合法关联交易，鼓励各地设立民办教育发展基金会或专项基金，用于维护办学秩序，保护举办者和师生合法权益，进一步强调举办者通过章程规定的权限与程序参与或者委派代表参加学校决策机构，保障举办者"治权"。③

虽然政府在民办教育相关利益群体的权益保障方面取得了新进展，但部分地区和举办者对此仍有疑虑，各地对如何确定补偿和奖励标准及比例，什么时候兑现仍无定见，一些举办者担心财产权益和办学决策管理权益被削弱，产生"被剥夺感"。此外，有些地区在探索加大对民办学校教师队伍建设的支持力度，但因法律条例规定不清晰、责任主体不明确、相关部门态度不积极，一些扶持措施浅尝辄止，政策持续性和有效性大打折扣，民办学校教师社会地位不高、待遇保障不足、职称评聘不畅、参与管理不够等问题仍未从根本上得到解决，民办学校教师合法权益保障成为困扰队伍建设的关键难题。

① 中共中央，国务院.中共中央 国务院关于全面深化新时代教师队伍建设改革的意见.（2018-01-20）[2018-08-03]. http://www.moe.gov.cn/jyb_xwfb/moe_1946/fj_2018/201801/t20180131_326148.html.
② 中国人大网.全国人民代表大会常务委员会关于修改《中华人民共和国民办教育促进法》的决定.（2016-11-07）[2018-08-03]. http://www.npc.gov.cn/npc/xinwen/2016-11/07/content_2001583.htm?from=groupmessage&isappinstalled=0
③ 教育部.中华人民共和国民办教育促进法实施条例（修订草案）（征求意见稿）起草说明.（2018-04-20）[2018-08-03]. http://www.moe.gov.cn/jyb_xwfb/s248/201804/t20180420_333812.html.

五、坚持依法推进改革

依法推进改革是民办教育改革发展的前提与保障。民办教育改革发展的 40 年，也是民办教育法律法规和政策体系不断建立健全的 40 年。从《中华人民共和国宪法》《中华人民共和国教育法》到《民办教育促进法》，从《社会力量办学条例》到教育部门颁布的大量规章文件，民办教育始终坚持依法推进改革，构建了民办教育改革发展的法律框架和政策体系。2016 年底以来，全国人民代表大会常务委员会作出关于修改《民办教育促进法》的决定，《国务院关于鼓励社会力量兴办教育促进民办教育健康发展的若干意见》《民办学校分类登记实施细则》《营利性民办学校监督管理实施细则》等政策文件的出台，体现了党中央、国务院对民办教育的形势新判断、发展新定位、制度新安排，明确了实施营利性和非营利性分类管理的改革导向，直指当前民办教育存在的瓶颈问题。改革发展的法律法规和政策框架基本形成，对助推实现教育现代化、吸引社会资本进入教育、促进民办学校发展具有重要影响，民办教育迎来新的里程碑。

目前，民办教育综合改革已进入深水区、攻坚期，经过 40 年的发展历程，民办教育领域容易改的问题都已经改了，留下来的都是比较难啃的硬骨头，而这些硬骨头不是仅仅来自教育自身，而是来自教育内外部各个方面。同时，有改革就有风险。如何研判不同利益群体对民办教育新法新政的认同程度和接受水平，寻找利益结合点，引导和应对改革舆情？如何综合考量新法新政可能产生的政策实施风险、市场行业风险、办学行为风险、财务管理风险？如何健全风险评估和防范机制，提出利益整合方案？这些问题都需在推进新法新政过程中给予同步考虑。

第四节 民办教育发展的经验和启示

改革开放 40 年来，民办教育发展与中国特色社会主义建设一脉相承，民办教育的改革创新就是坚持中国特色教育发展道路的实践探索。这条道路既不是对旧中国传统私学的简单恢复，也不是对外国私立教育模式的盲目借鉴，而是立足不同阶段的国情、教情，尊重各地发展差异实情，保护社会力量办学热情，形成了独特经验和启示。

一、市场机制和政府管理相结合

实现教育现代化，既离不开政府在教育服务供给中的主导地位，又离不开社会力量的积极参与。调动社会力量参与办学的积极性，需要进一步发挥市场机制在民办教育资源配置中的重要作用。20 世纪 90 年代以来，政府在增强社会投资信心、健全民办学校融资机制、创新办学模式等方面逐渐重视市场机制的作用。在党的十八大以后，政府一方面积极鼓励新增教育服务和产品由社会力量提供，鼓励社会力量参与境外办学，另一方面积极扩大教育对外开放，分领域逐步减少和放宽对外资的限制。当前，民办学校分类收费政策正在推进，引导非营利性民办学校收费，通过市场化改革试点，逐步实行市场调节价，而营利性民办学校收费可以实行市场调节价。

民办教育的规模较大，如果在办学方向和办学行为方面出现问题，将对我国教育事业及经济社会发展产生重大影响。因此，民办教育改革在发挥市场机制作用的同时，也需要政府管理这只"有形的手"。从改革实践看，我国民办教育发展始终是在政府主导下进行的，"鼓励支持"和"规范管理"是民办教育管理的主线。在法规政策更加倾向于"鼓励支持"的时期，民办教育的作用备受重视，发展规模的扩张和速度的提升十分明显；在法规政策更加倾向于"规范管理"的时期，政府对民办学校办学行为的监督管理更加严格，发展规模和速度也受到影响。

总体来看，民办教育改革发展需要稳定社会力量对教育未来发展前景的积极预期，最大限度减少政府对教育资源的直接配置，通过实现产权有效激励、要素自由流动、学费反应灵活、竞争公平有序、学校优胜劣汰，让各类办学主体有更强活力和更大空间去发展教育，推动教育资源配置依据教育规律、行业规则、市场价格、公平竞争实现效益最大化和效率最优化。对于非营利性民办学校，政府应发挥宏观调控作用，保障教育供给的公平公正；对于营利性民办学校等适宜由市场配置的教育资源，要让市场机制有效发挥作用，提高教育资源配置效率和效益。

二、实践探索和理论创新相结合

20 世纪 80 年代初，我国的改革开放道路既没有可以借鉴的实践经验，又没有现成的理论可供参照，只能"摸着石头过河"，在改革实践和理论上遭遇诸多困扰。同样，教育体制机制改革在大环境影响下也没有取得关键性突破，对于民办教育的性质尚未形成定论，民办教育一直在政策默许、默认的状态下发展。1987 年，《关于社会力量办学的若干暂行规定》首次明确了社会力量办学是我国教育事业的组成部分，是国家办学的补充。1992 年，邓小平南方谈话澄清并解决了社会主义建设中的若干理论和实际问题，特别是关于姓"资"还是姓"社"的论述，推动了改革开放进入新阶段。我国于 1997 年发布的第一个民办教育行政法规《社会力量办学条例》、于 2002 年发布的第一部民办教育专门法《民办教育促进法》均明确了民办教育事业属于公益性事业，是社会主义教育事业的组成部分。至此，民办教育改革理论在概念、性质和地位等方面形成了初步体系。

我国民办教育改革理论对改革实践有诸多创新设计。例如，为了不违反《中华人民共和国教育法》关于"任何组织和个人不得以营利为目的举办学校及其他教育机构"的规定，同时也尊重民办学校大部分举办者获取办学收益的客观事实，《民办教育促进法》在"扶持和奖励"一章专门作出创新性规定，"民办学校在扣除办学成本、预留发展基金以及按照国家有关规定提取其他的必需的费用后，出资人可以从办学结余中取得合理回报"①。从推动改革层面看，关于"合理回报"的创新性理论既保障了教育的公益属性，又尊重了我国民办教育发展的阶段性特征，对调动社会力量兴办教育作出了重要历史贡献。

我国民办教育改革理论始终与民办教育实践紧密结合。2003 年后，民办教育进入规范发展期，但对"合理回报"的经济性质认识不一，导致民办学校法律

---

① 中华人民共和国民办教育促进法（2002 年 12 月 28 日第九届全国人民代表大会常务委员会第三十一次会议通过）. 职业技术教育研究，2003（1）：31-34.

属性不明确、产权归属不清晰，这给民办教育政策法规落实带来了很大挑战。为解决这一问题，经过 10 多年的研究探索，同时也借鉴国际通行做法，我国删除教育相关法律法规中关于"合理回报"的规定，实行"分类管理"，并指导设计了分类登记、差异化扶持、分类监管等一系列的政策体系，再次创新了我国民办教育改革发展理论。

民办教育改革实践和理论创新是辩证统一的，丰富生动的改革实践为理论创新提供了坚实基础，民办教育改革理论在来自实践的基础上，努力指导新的民办教育改革实践。我国民办教育改革基本建立了以丰富生动的民办教育实践为基础、以民办教育发展的特点和规律为核心的理论体系，产生了一些有价值的理论观点，形成了一个专业研究领域。

三、改革创新与依法治教相结合

改革创新是培育和释放民办教育主体活力、推动民办教育健康发展的强大动力。改革开放以来，民办教育充分发挥体制机制的优势，不断解放思想，创新民办教育发展模式与治理机制，探索建立中国特色民办教育发展道路，形成了公办、民办教育共同发展的格局。

民办教育改革创新注重顶层设计与基层创新相结合。一方面，政府不断从加强领导、创新体制机制、加大扶持力度、加快现代学校制度建设、提高教育教学质量等方面创新民办教育管理方式，同时鼓励各地政府结合本地实际制定民办教育相关法规政策。另一方面，政府鼓励民办学校举办者与管理者不断更新教育理念，创新办学形式，激发了民办教育的活力和竞争力。有些民办学校举办者提出的"企业的行销理念与行为""校无大小，教无高下，学无长幼，育无国界"[①]等新办学理念与思想，有效扩大了民办学校的招生与就业市场，使得学校在公办、民办学校竞争，以及民办学校之间的竞争中占据优势位置。还有些民办学校结合经济社会发展趋势，不断探索、更新学校办学定位，充分把握发展时机。

民办教育依法治教，注重法律法规和配套政策相结合。不可否认，改革开

---

① 黄藤 . 校无大小 教无高下 学无长幼 育无国界——发展民办高等教育的基本思路 . 黄河科技大学学报，2001（4）：5-8.

放初期，民办教育一直遵循边改革、边发展、边规范的治理模式，不少改革举措是以红头文件的形式部署落实的，没有上升到法律层面，预期效果不理想。但是，随着民办教育改革发展不断向纵深推进，民办学校依法自主办学和进行体制机制创新，迫切需要扩大法律法规的统筹范围，不仅包括教育领域内中央和地方性法规，而且涉及教育外部法律法规。目前，民办教育领域已经建立了一整套的法律法规和政策体系，成为依法治教的典范。2012—2016年，《教育法律一揽子修正案（草案）》为新一轮民办教育改革奠定了法源性基础。2016年以来，新修订的《民办教育促进法》颁布后，我国民办教育改革的重要领域和关键环节取得突破性进展，分类管理、差异化扶持落实到法律条文中，民办教育改革目标得到法律认可，政府支持民办教育改革发展责任和义务更加有法有据，民办教育改革创新正在法律化、体系化、制度化的框架下依次推进。

四、先行先试和统筹协调相结合

我国改革发展的典型特征是采取先行试点、总结推广的方式，这种由点而面、先易后难的改革推进方式，既控制了风险，又通过有效的推广机制使成功经验迅速普及，成为渐进式改革战略的重要经验，也是新时期推进改革开放、探索新的发展模式和体制模式的重要途径。[①] 我国民办教育改革思路也不例外，始终坚持重点突破和整体推进相结合。例如，按照《国家中长期教育改革和发展规划纲要（2010—2020年）》的部署，经国务院批准，我国在上海市、浙江省、广东省深圳市、吉林华桥外国语学院，启动实施了营利性和非营利性民办学校分类指导、分类支持、分类管理的国家教育体制改革试点。这些试点在探索中创新，在创新中推进，积累了分类发展的实践经验。到2016年启动新一轮民办教育改革时，分类改革可能存在的困难、问题和风险都有了比较丰富的"试水"经历和整体把握。

从改革推进方式看，民办教育改革同样注重统筹协调。民办教育领域的许多政策涉及多个部门的职责，长期以来，因各部门站位和着眼点不同，政策依据

---

① 高尚全.中国改革开放40年的回顾与思考.同舟共进，2018（1）：4-8.

不一，存在多头管理、条块分割的现象；在具体问题上，各地各部门容易发生分歧，对民办教育的支持政策执行和落地效果不够明显。新一轮民办教育改革在方向和原则上达成了共识，但在具体操作和细节问题上仍存在分歧。因此，民办教育分类管理改革需要跳出教育领域，更加注重部门之间的协同配合及政策配套，尽可能寻找部门之间的最大"公约数"，增强民办教育"获得感"。当前，改革的主体正在由教育行政部门的一元推动向强化部门协调转变，注重加强民办教育制度建设、标准制定、政策实施等领域的统筹协调工作。2017 年，为统筹协调推进民办教育改革发展工作，凝聚国务院各部门改革合力，加强部门之间的协调配合，共同破解民办教育发展中的重点、难点问题，国务院在工作推进层面上建立了由教育部牵头的"民办教育工作部际联席会议制度"。2018 年，民办教育工作部际联席会议以分类管理、内涵发展为主线，印发了《民办教育部际联席会议2018 年工作要点》，要求加快构建配套制度体系，积极健全扶持和监管机制，推动分类管理改革平稳有序推进，促进民办教育持续健康发展。

第二章
民办教育发展数据变化

　　本章收集 2003 年《民办教育促进法》实施以来全面列入教育统计数据范围的民办教育发展变化状况（部分年份数据缺失），通过量化数据分析和图直观反映历年民办学校、民办学校学生、民办学校教师的情况，概括各方面的发展特征和主要趋势。

第一节　民办学校概况

本节根据可得的统计数据资料（《中国教育统计年鉴》、教育部提供的数据等），收集、梳理涵盖历年民办高等教育（民办高等本科学校、民办高职高专学校）、民办中等教育（民办普通高中、民办普通初中、民办中等职业学校）、民办初等教育（民办普通小学），以及民办学前教育（民办幼儿园）等四个教育学段的数据，概括各阶段的发展情况和主要趋势。

一、民办普通高校数及所占比例

2003—2017 年，全国民办普通高校数持续增长，从 175 所增至 746 所。其中，2003—2007 年，民办普通高校数一直处于平稳增长阶段；2008 年，民办普通高校数呈现突破性增长，增加了 343 所；2009—2017 年，民办普通高校数再次处于平稳增长阶段。2003—2011 年，民办普通高校数占全国普通高校总数的比例增长与民办普通高校数的增长趋势相同；2012—2017 年，比例略有下降（图 2-1）。

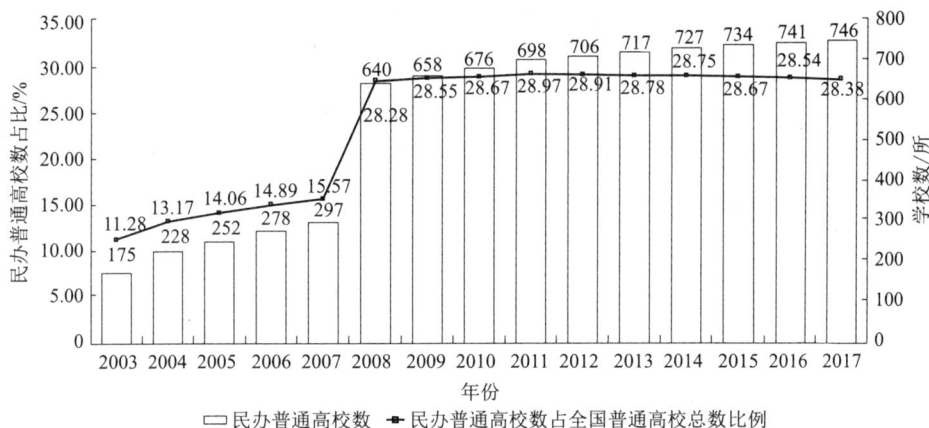

图 2-1 2003—2017 年全国民办普通高校数及所占比例变化情况
资料来源：根据 2003—2017 年《中国教育统计年鉴》、教育部数据整理而成

二、民办普通高中数及所占比例

2003—2017 年，民办普通高中数呈波浪式的变化趋势：2003—2006 年，从 2679 所增加至 3246 所；2007—2012 年，呈缓慢的递减趋势，从 3101 所递减至 2371 所；2013—2017 年，从 2375 所增加至 3002 所。民办普通高中数占全国普通高中总数的比例也呈现类似趋势：2003—2006 年、2011—2017 年呈上升趋势；2006—2011 年呈下降趋势（图 2-2）。

图 2-2 2003—2017 年全国民办普通高中数及所占比例变化情况
资料来源：根据 2003—2017 年《中国教育统计年鉴》、教育部数据整理而成

三、民办中等职业学校数及所占比例

2003—2017 年，民办中等职业学校数呈现先增后减的发展趋势：2003—2008 年呈现平稳的增长趋势，从 1382 所增加至 3234 所；2008 年后开始递减；2017 年减少至 2069 所。民办中等职业学校数占全国中等职业学校总数的比例，在 2003—2010 年一直呈上升趋势；2011 年后有所下降；2017 年降至 19.34%（图 2-3）。

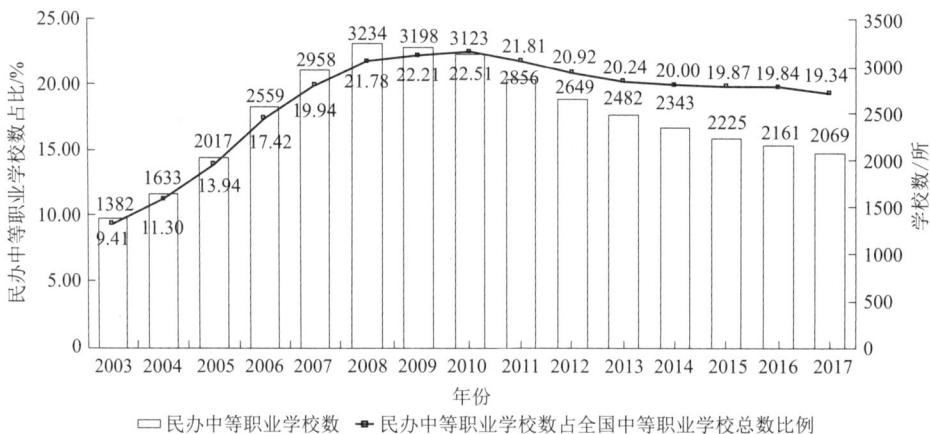

图 2-3　2003—2017 年全国民办中等职业学校数及所占比例情况
资料来源：根据 2003—2017 年《中国教育统计年鉴》、教育部数据整理而成

四、民办普通初中数及所占比例

2003—2017 年，全国民办普通初中数呈波浪式变化：2003—2005 年快速增长；2006—2010 年缓慢递减；2011—2017 年则逐年增加。民办普通初中数占全国普通初中总数的比例在 2003—2017 年一直处于上升趋势，从 5.73% 上升至 10.17%（图 2-4）。

五、民办普通小学数及所占比例

2003—2005 年，民办普通小学数量平稳增长，从 5676 所增加至 6242 所；

2006—2011 年平稳递减，从 6161 所递减至 5186 所；2012—2017 年又呈现增长趋势，从 5213 所增至 6107 所。民办普通小学数占全国普通小学总数的比例，2003—2017 年呈现明显的递增趋势，2017 年达到 3.66%（图 2-5）。

图 2-4　2003—2017 年全国民办普通初中数及所占比例变化情况
资料来源：根据 2003—2017 年《中国教育统计年鉴》、教育部数据整理而成

图 2-5　2003—2017 年全国民办普通小学数及所占比例变化情况
资料来源：根据 2003—2017 年《中国教育统计年鉴》、教育部数据整理而成

六、民办幼儿园数及所占比例

2003—2017 年，全国民办幼儿园数呈现明显的递增趋势，从 55 536 所增

加至 160 400 所。民办幼儿园数占全国幼儿园总数的比例呈先升后降的趋势：2003—2011 年平稳上升，从 47.72% 上升到 69.21%；2012—2017 年缓慢下降，从 68.77% 降至 62.90%（图 2-6）。

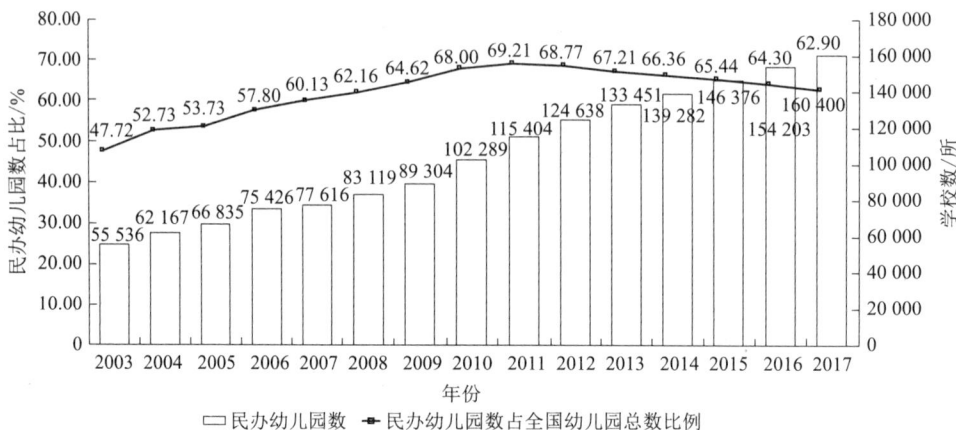

图 2-6　2003—2017 年全国民办幼儿园数及所占比例变化情况
资料来源：根据 2003—2017 年《中国教育统计年鉴》、教育部数据整理而成

七、民办学校发展的阶段性特征

2003 年以来，民办学校发展在办学取向、办学逻辑、办学环境方面显现出一些阶段性特征。

（一）举办者的营利取向淡化，教育情怀彰显

回顾改革开放以来我国民办教育的发展历程，不难发现，民办教育制度的种种创新都难离投融资制度，都与市场机制息息相关，投资办学是我国民办教育的基本特征。[①] 从发展的眼光来看，这既是民办教育应对特定时期资金不足的现实之举，也是民办教育因国家财政资助不到位作出的被动选择。在早期办学资本有限、经费来源单一的内外交困之下，取得教育收益成为许多举办者的办学着力

---

① 邬大光 . 我国民办教育的特殊性与基本特征 . 教育研究，2007（1）：3-8.

点，享有资产所有权也成为多数民办学校的强烈诉求。不可否认，追求教育营利在一定时期内保障了民办教育资金链的连续与稳定，为早期学校规模扩张奠定了足够的物质基础，而借助投融资方式积攒的大量资本也使民办教育较好地适应了后期资本市场的融入，催生了一大批新兴学校的崛起和多种办学模式的产生。

2003年以来，随着民办学校早期资本积累的完成与稳固，一些学校的办学取向发生了潜移默化的改变，尤其是不少非营利性学校的举办者不再把取得收益置于办学首位，而开始更多地考虑人才培养质量、学生学习满意度、教师权益保障等问题。从访谈结果看，当前诸多举办者渐渐超越既往的利益导向思维，自觉摒弃单一的投资理念和发展思路，更倾向于全心付出和无畏投入，秉持着与学校同生死、共命运的教育情怀，更专注于教育质量的提升、社会责任的担当及师生合法权益的保障，这无疑给我国民办教育带来更大动力，推动民办教育永续发展。

（二）传统的办学逻辑难以为继，遵循教育内在规律已成趋势

从历史看，不少民办学校的第一代举办者是拥有一定社会资本的企业家或具有教育情怀的社会人士，受企业家经济逻辑的影响，举办者一开始很难分清学校与企业组织特性的差异，习惯直接用企业理念管理民办教育，这就催生出一大批规模较大、管理效率较高的民办学校，经济逻辑、企业管理成为民办教育发展初期的显著特征之一。尽管举办教育的满腔热情毋庸置疑，但受管理逻辑、用地不足、资金困难、生源不足等多重制约，举办者往往是心有余而力不足，无法严格遵循教育基本规律办学。

在发展初期，传统办学逻辑较好地适应了"打桩基"、求生存的需求，有力推动了民办教育事业的发展壮大。随着国家对公办教育的投入持续加大，日趋强大的公办教育对民办教育发展不断产生冲击，加剧了民办教育的深层次矛盾，也使民办教育系统内部的潜在问题浮出水面，外部的经济逻辑、企业思维已抵"天花板"，民办教育的科学发展俨然成为其抵抗外界压力的不二之选。为了探寻民办学校的持久发展之道，诸多举办者日渐立足于我国教育发展战略需要和民办学

校独特的运行机制，转变外部逻辑主导的办学思路，开始注重按教育发展和育人规律办学，既保证学校依法依规办学，又尊重学校内在的运行规律。

（三）办学自主权有所扩大，"放管服"需要同步升级

目前，政府简政放权改革取得了阶段性成果，有力地激发了社会力量的办学热情和兴教活力。各地区针对如何落实、扩大民办学校办学自主权开展了丰富的探索和实践：逐渐放开价格管制、增大学校收费定价权，允许符合条件的民办学校在政府指导价限度内自主确定学费收取标准或进行一定比例的浮动；有条件地扩大民办高校的招生计划编制、招生范围和招生方式的自主权；民办高校专业设置权得到适度扩大，鼓励学校自主开展教育教学。

不可否认，我国民办学校办学自主权在实践探索中得以扩大，但就当前我国民办教育的实际发展需求和各利益主体的广泛呼吁来看，有些部门基本沿袭了传统管理方式，民办学校办学自主权的有限性、无序性特征依然明显，民办教育的系列改革还未能跨越政府权力集中、学校权力有限的现实桎梏，落实民办学校办学自主权任重而道远。就民办教育系统内部而言，一些民办学校尚未具备自我约束能力，缺乏民主科学的权力制衡机制，由此出现诸多不同程度的办学失范、失序行为，极大地影响了民办学校的社会公信力，也直接限制了办学自主权的持续扩大。为进一步真正落实和扩大民办学校的办学自主权，政府需秉持分类管理的改革思路，给予营利性民办学校更大的自主权，使其充分发挥市场机制的灵活性，支持和规范非营利性民办学校发展，激发多方力量兴教办学的积极性。

第二节　民办学校学生分析

一、民办高校学生数及所占比例

（一）民办普通高校在校生数及所占比例

2004—2017年，民办普通高校本科、专科在校生数持续增长。民办普通本科

在校生数呈现明显的递增趋势，从 76 420 人增加至 4 016 810 人，增加了约 52 倍。民办普通本科在校生数占全国普通本科在校生总数的比例大体上呈现明显上升趋势，其中，2004—2007 年比例不足 2.1%；2008 年比例急速上升，2008 年是 2007 年的 10 倍多；2009—2017 年大体上缓慢上升，2017 年则达到 24.36%（图 2-7）。

图 2-7 2004—2017 年全国民办普通本科在校生数及所占比例变化情况
资料来源：根据 2004—2017 年《中国教育统计年鉴》、教育部数据整理而成

2004—2017 年，民办普通专科在校生总数呈波动变化。2004—2010 年，民办普通专科在校生数呈平稳增长趋势，从 633 216 人增加至 1 956 961 人，增加了 2 倍多；2010—2013 年，民办普通专科在校生数保持平稳状态；2013—2015 年呈增长趋势，增至 2 275 188 人；2016—2017 年缓慢下降。民办普通专科在校生数占全国普通专科在校生总数的比例，2004—2011 年上升速度较为平缓；2012 年略有下降；2013—2015 年缓慢上升；2016—2017 年呈现下降趋势（图 2-8）。

（二）民办普通高校招生数及所占比例

2004—2017 年，民办普通本科招生数呈现较大的波动性变化：2004—2007 年，呈现平稳的增长趋势；2008—2010 年，呈现突破性增长趋势；2011—2017 年，增减交替，2011 年为 883 191 人，2012 年猛增至 945 174 人，2013 年下降至 921 391 人，2017 年又增至 1 016 329 人。民办普通本科招生数占全国普通本科招生总数的比例也呈现波动性变化趋势：2004—2007 年，比例较低，不足3%；2008—2012 年有了突破性增长，2012 年达 25.27%，2013—2017 年增减交替但总体稳定（图 2-9）。

图 2-8　2004—2017 年全国民办普通专科在校生数及所占比例变化情况
资料来源：根据 2004—2017 年《中国教育统计年鉴》、教育部数据整理而成

图 2-9　2004—2017 年全国民办普通本科招生数及所占比例变化情况
资料来源：根据 2004—2017 年《中国教育统计年鉴》、教育部数据整理而成

2004—2017 年，民办普通专科招生数也呈现波动性变化趋势：2004—2008 年呈现快速增长趋势；2008—2017 年呈现增减交替趋势，2015 年达最高值（812 912 人），2017 年民办普通专科招生数为 737 371 人。民办普通专科招生数占全国普通专科招生总数的比例，2004—2008 年一直呈现平稳的增长趋势；2009—

2011 年逐渐下降；2012—2014 年有所回升，2015—2017 年呈下降趋势（图 2-10）。

（三）民办普通高校毕业生数及所占比例

2004—2017 年，民办普通高校毕业生数整体呈现快速增长的趋势：2004—2008 年处于快速增长阶段，民办普通高校毕业生 2008 年达到 819 921 人；

图 2-10 2004—2017 年全国民办普通专科招生数及所占比例变化情况
资料来源：根据 2004—2017 年《中国教育统计年鉴》、教育部数据整理而成

2009—2017 年呈持续增长趋势，2017 年达到 1 631 582 人，是 2004 年民办普通高校毕业生的 18 倍多。2004—2012 年，民办普通高校毕业生数占全国本科毕业生总数的比例从 3.68% 猛增长至 20.90%，2013—2017 年呈较平稳趋势（图 2-11）。

二、民办普通高中学生数及所占比例

（一）民办普通高中在校生数及所占比例

民办普通高中在校生数在 2003—2006 年处于快速增长阶段，2006 年达到 2 477 160 人；2007—2014 年增减变动不大；2015—2017 年从 2 569 644 人增至 3 062 608 人。民办普通高中在校生数占全国普通高中在校生总数比例呈现平缓的波动趋势，2003—2006 年快速上升；2007—2013 年一直维持在 9.5% 左右；

2014 年之后逐年上升，2017 年达到 12.90%（图 2-12）。

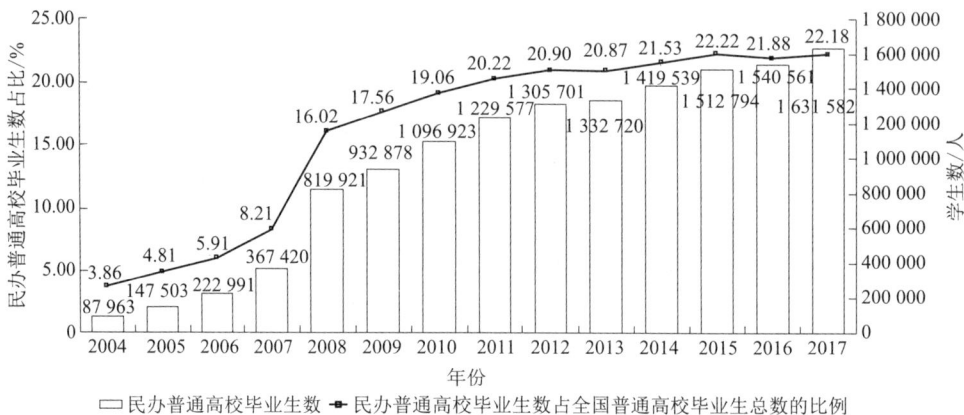

图 2-11   2004—2017 年全国民办普通高校毕业生数及所占比例变化情况

资料来源：根据 2004—2017 年《中国教育统计年鉴》、教育部数据整理而成

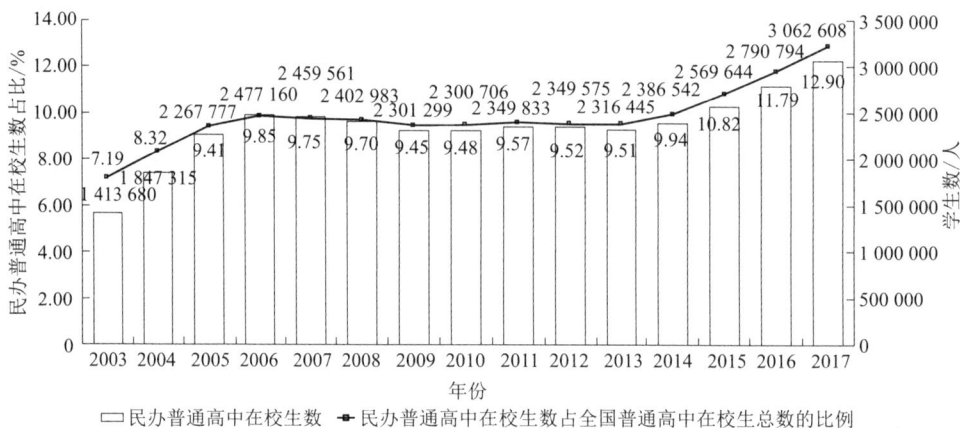

图 2-12   2003—2017 年全国民办普通高中在校生数及所占比例变化情况

资料来源：根据 2003—2017 年《中国教育统计年鉴》、教育部数据整理而成

（二）民办普通高中招生数及所占比例

民办普通高中招生数在 2003—2005 年呈现快速增长趋势；2006—2013 年变化不大；2014—2017 年快速增长。民办普通高中招生数占全国普通高中招生总数比例在 2003—2006 年呈现平稳的增长趋势；2007—2013 年变化不大，基本维持在 9.6% ～ 10%；2014—2017 年快速增长，2017 年达到 13.93%（图 2-13）。

（三）民办普通高中毕业生数及所占比例

2003—2017 年，民办普通高中毕业生数呈现波动性变化趋势：2003—2008 年快速增长；2009—2011 年持续递减；2012—2013 年有所回升；2014 年短暂下降后又开始增长。民办普通高中毕业生数占全国普通高中毕业生总数比例基本上呈现波浪式的发展趋势：2003—2009 年呈现增长趋势；2010 年、2011 年连续缓慢下降；2012 年、2013 年有所回升；2014 年暂时性下降，之后又开始递增（图2-14）。

图 2-13 2003—2017 年全国民办普通高中招生数及所占比例变化情况

资料来源：根据 2003—2017 年《中国教育统计年鉴》、教育部数据整理而成

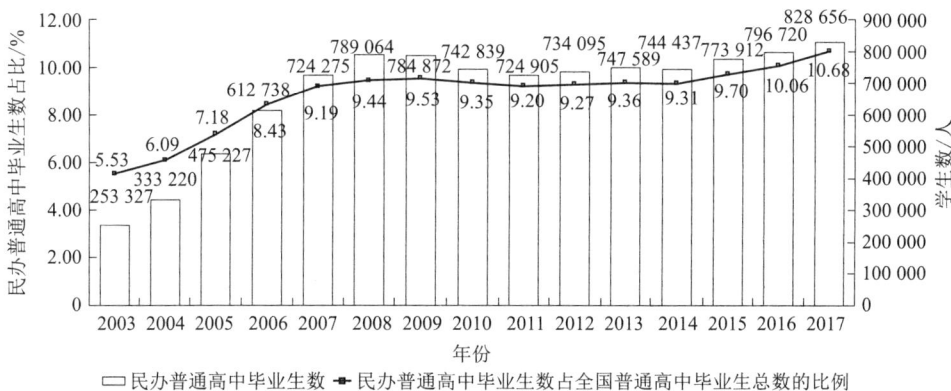

图 2-14 2003—2017 年全国民办普通高中毕业生数及所占比例变化情况

资料来源：根据 2003—2017 年《中国教育统计年鉴》、教育部数据整理而成

三、民办中等职业学校学生数及所占比例

（一）民办中等职业学校在校生数及所占比例

2003—2015 年，民办中等职业学校在校生数呈现先增后减的变化趋势：2003—2009 年逐步增长，2009 年达到 3 180 957 人；2009—2015 年逐年递减。民办中等职业学校在校生数占全国中等职业学校在校生总数比例呈现波动性变化趋势：2003—2009 年呈持续增长的趋势；2010—2014 年持续递减；2015 年有所回升。2009 年是民办中等职业学校在校生数占全国中等职业学校在校生总数比例从上升变为下降的转折点（图 2-15）。

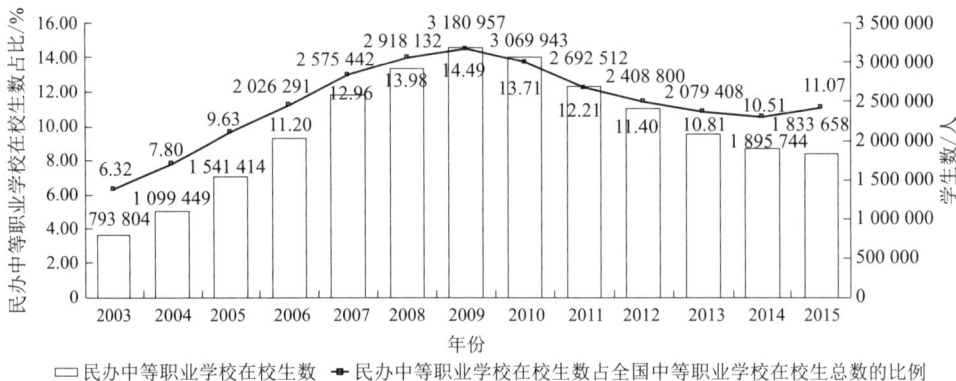

图 2-15　2003—2015 年全国民办中等职业学校在校生数及所占比例变化情况

资料来源：根据 2003—2015 年《中国教育统计年鉴》、教育部数据整理而成

（二）民办中等职业学校招生数及所占比例

2003—2015 年，民办中等职业学校招生数基本呈现先增后减的变化趋势：2003—2009 年处于明显的递增阶段；2010—2015 年处于明显的递减阶段。民办中等职业学校招生数占全国中等职业学校招生总数的比例，2003—2008 年呈逐步上升趋势，2008 年达到最高值 15.05%；2009—2013 年逐步下降，2013 年降至 10.84%；2014—2015 年有所回升（图 2-16）。

（三）民办中等职业学校毕业生数及所占比例

2003—2017 年，民办中等职业学校毕业生数及其占全国中等职业学校毕业生总数的比例均大体上呈先增后减的趋势。2003—2010 年，民办中等职业学校毕业生数明显递增，2010 年达到 967 147 人；2011—2017 年逐步减少。2003—2010 年，民办中等职业学校毕业生数占全国中等职业学校毕业生总数的比例呈现明显的上升趋势，2010 年所占比例达到 14.67%；2010—2017 年先逐步下降，后渐呈平稳趋势（图 2-17）。

图 2-16　2003—2015 年全国民办中等职业学校招生数及所占比例变化情况
资料来源：根据 2003—2015 年《中国教育统计年鉴》、教育部数据整理而成

图 2-17　2003—2017 年全国民办中等职业学校毕业生数及所占比例变化情况
资料来源：根据 2003—2017 年《中国教育统计年鉴》、教育部数据整理而成

四、民办普通初中学生数及所占比例

（一）民办普通初中在校生数及所占比例

2003—2017 年，民办普通初中在校生数呈现平稳的递增趋势，从 2 565 747 人增加至 5 776 835 人。2003—2017 年，民办普通初中在校生数占全国普通初中在校生总数的比例呈现明显的上升趋势，从 3.88% 上升至 13.00%（图 2-18）。

图 2-18　2003—2017 年全国民办普通初中在校生数及所占比例变化情况
资料来源：根据 2003—2017 年《中国教育统计年鉴》、教育部数据整理而成

（二）民办普通初中招生数及所占比例

2003—2017 年，民办普通初中招生数呈现明显的递增趋势，从 938 817 人增加至 2 090 925 人。2003—2017 年，民办普通初中招生数占全国普通初中招生总数比例呈现明显的递增趋势，从 4.28% 上升至 13.51%（图 2-19）。

图 2-19 2003—2017 年全国民办普通初中招生数及所占比例变化情况
资料来源：根据 2003—2017 年《中国教育统计年鉴》、教育部数据整理而成

（三）民办普通初中毕业生数及所占比例

2003—2017 年，民办普通初中毕业生数呈现明显的递增趋势，从 534 789 人增加至 1 676 066 人，2003—2008 年增幅最为明显。2003—2017 年，民办普通初中毕业生数占全国普通初中毕业生总数的比例呈现明显的上升趋势，从 2.68% 升至 11.99%（图 2-20）。

图 2-20 2003—2017 年全国民办普通初中毕业生数及所占比例变化情况
资料来源：根据 2003—2017 年《中国教育统计年鉴》、教育部数据整理而成

五、民办普通小学学生数及所占比例

（一）民办普通小学在校生数及所占比例

2003—2017 年，民办普通小学在校生数呈现明显的递增趋势，从 2 749 341 人增加至 8 141 720 人。民办普通小学在校生数占全国普通小学在校生总数比例呈现明显的上升趋势，从 2.35% 升至 8.07%（图 2-21）。

（二）民办普通小学招生数及所占比例

2003—2017 年，民办普通小学招生数呈现明显的递增趋势，从 474 421 人增加至 1 376 977 人。2003—2017 年，民办普通小学招生数占全国普通小学招生总数比例呈现明显的上升趋势，从 2.59% 升至 7.79%（图 2-22）。

（三）民办普通小学毕业生数及所占比例

2003—2017 年，民办普通小学毕业生数及其占全国普通小学毕业生总数的比例均呈现明显的递增趋势。民办普通小学毕业生数从 374 728 人增加至 1 267 129 人，其占全国普通小学毕业生总数比例从 1.65% 增长至 8.09%（图 2-23）。

图 2-21　2003—2017 年全国民办普通小学在校生数及所占比例变化情况
资料来源：根据 2003—2017 年《中国教育统计年鉴》、教育部数据整理而成

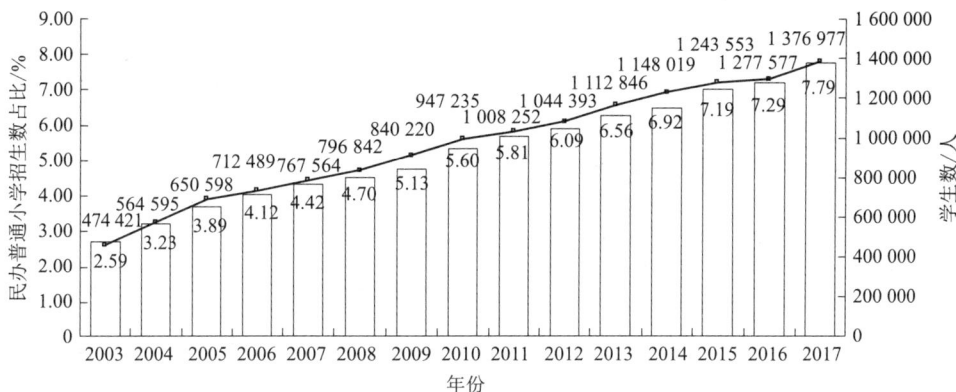

图 2-22 2003—2017 年全国民办普通小学招生数及所占比例变化情况

资料来源：根据 2003—2017 年《中国教育统计年鉴》、教育部数据整理而成

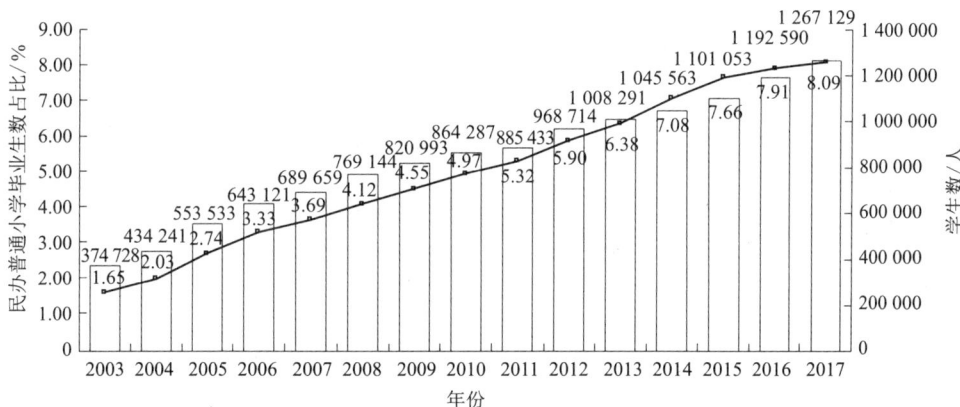

图 2-23 2003—2017 年全国民办普通小学毕业生数及所占比例变化情况

资料来源：根据 2003—2017 年《中国教育统计年鉴》、教育部数据整理而成

六、民办幼儿园在园幼儿数及所占比例

（一）民办幼儿园在园幼儿数及所占比例

2003—2017 年，民办幼儿园在园幼儿数呈现明显的递增趋势。民办幼儿园在园幼儿数占全国幼儿园在园幼儿总数的比例也呈现明显的持续上升趋势，2012年所占比例突破 50%，达到 50.27%（图 2-24）。

图 2-24　2003—2017 年全国民办幼儿园在园幼儿数及所占比例变化情况

资料来源：根据 2003—2017 年《中国教育统计年鉴》、教育部数据整理而成

（二）民办幼儿园招生数及所占比例

民办幼儿园招生数在 2003—2015 年呈现明显的递增趋势，2016 年略有下降，2017 年有所回升。民办幼儿园招生数占全国幼儿园招生总数比例呈现明显的上升趋势，2017 年达到 51.57%（图 2-25）。

图 2-25　2003—2017 年全国民办幼儿园招生数及所占比例变化情况

资料来源：根据 2003—2017 年《中国教育统计年鉴》、教育部数据整理而成

（三）民办幼儿园毕业生数及所占比例

2003—2017 年，民办幼儿园毕业生数呈现明显的递增趋势，从 1 784 947 人

增加至 8 295 846 人。2003—2017 年，民办幼儿园毕业生数占全国幼儿园毕业生总数比例呈现明显的上升趋势，从 16.65% 升至 50.20%（图 2-26）。

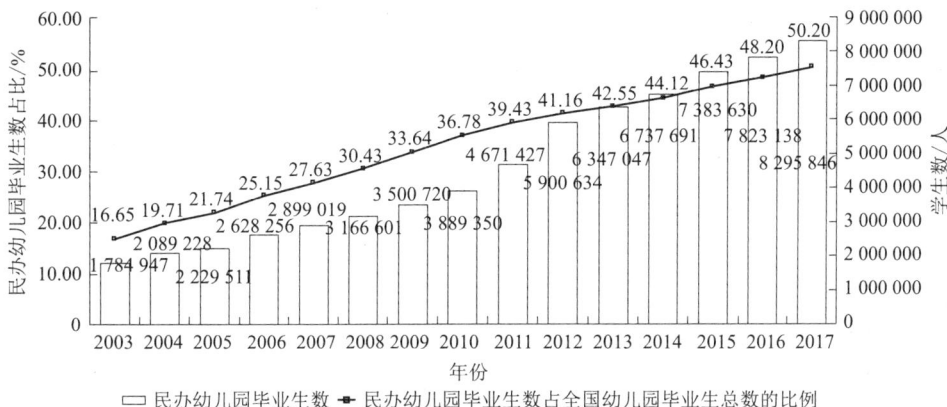

图 2-26　2003—2017 年全国民办幼儿园毕业生数及所占比例变化情况
资料来源：根据 2003—2017 年《中国教育统计年鉴》、教育部数据整理而成

七、民办学校学生发展的阶段性特征

2003 年以来，民办学校学生发展在规模变化、教育模式、政府资助方面显现出一些阶段性特征。

（一）学生规模分阶段波浪式变化，多因素促成稳态发展

作为规范、促进民办教育发展的专门法律，2002 年颁布、2003 年生效的《民办教育促进法》及 2004 年通过的《民办教育促进法实施条例》对民办教育的发展有着重要影响。从整体上看，2003 年以来，民办学校学生数经历了由快速增长到平稳增长的过程。2003—2006 年是民办教育的快速发展期，在当时急需民办教育"拾遗补阙"的背景下，伴随《民办教育促进法》等相关条文对投资民办学校"允许取得合理回报"等一系列优惠和扶持政策的规定，社会力量兴办教育的积极性空前高涨。民办学校的数量、在校生数、经费投入等方面都呈现快速增长的趋势。

2006 年以来，民办教育逐渐进入平稳发展期。一方面，旧版的《民办教育促进法》等政策利好影响逐渐消退，相关优惠和扶持政策并未有效落实；另一方

面，公共财政对教育投入，特别是对公办学校的支持力度不断加大，公办学校的持续快速发展对民办学校产生冲击，加上我国适龄入学人口不断减少、生源萎缩等因素的影响，民办学校的数量、在校生数、经费投入等增速明显放缓，甚至个别教育阶段出现持续下降的趋势。2016年以来，随着新修订的《民办教育促进法》的逐步实施，民办学校学生数渐趋稳定。

（二）教育模式由"有学上"的硬实力求存向"学得好"的软实力增强过渡

长期以来，我国民办教育一直处于国民教育事业中的"拾遗补阙"地位，导致多数民办学校处于力求做到"有学上"的硬实力追赶阶段，突出表现为致力于优化校园设施、增加专业门类等，地理位置是否优越、学校规模是否宏大、设施装备是否齐全成为各类民办学校优势比较的主要标准。在民办学校初创期，优越的住宿条件和一流的校园设施确实吸引了一大批收入颇丰但无暇顾及子女教育的家长，但多数家长也常以公办学校的软实力标准衡量民办学校的办学质量；而且，随着民办学校完成大建大修的阶段性任务，一些家长期望过高和师生总体素质不高的矛盾日渐凸显，硬、软件条件的落差让民办学校的社会形象对冲、打折。

随着对公办教育投入的大幅增加、计划生育政策带来的生源总量的减少，以及中外合作办学等多种办学模式的涌现，民办教育的办学空间和利益格局骤然发生变化，不管是巨大的社会压力、多样化的利益诉求还是民办学校的安身立命需求，都倒逼民办学校必须作出改变。诸多民办学校把忧患和危机意识转化为脚踏实地的行动，更加专注于学生发展诉求的满足、内部治理效能的优化和教育教学质量的提升，通过聘请专家、增加科研投入、打造学校特色等方式锻造软实力，日渐由过去过多关注学生数量增长的粗放式发展向提升办学品质的精致化发展转变，由过去"大而全"的同质化办学模式向"适而精"的特色办学模式转变，由力图"有学上"向追求"学得好"转变。

（三）政府资助力度有所加大，权益保障有待拓展

已有学者认为，公共财政的公共性决定了以满足社会公共需要为主要职责的政府应当给予民办学校财政扶持。无论是从学理分析还是从现实需要来看，对民办教育予以合理扶持是政府的基本义务。中央和地方政府在加大民办教育扶持方面亦积极有为，政府扶持的相关政策陆续出台，对民办学校的补贴和奖励面逐渐加大，政府购买服务方式不断创新，学生助学贷款政策全面推开。当前，以学生为对象的公共财政扶持形式主要包括生均补助、奖助学金和助学贷款三种，这三种资助形式的整体资助发展态势良好，各地通过出台民办教育补助办法等多元形式积极保障学生资助到位。一系列公共财政扶持举措的陆续提出，彰显出国家对民办教育的责任担当，也表明国家站在整个国民教育发展的战略高度长远考虑我国民办教育的独特作用。

同时，政府对民办教育的扶持总量依然有限，非营利性民办学校学生依然难以享受与公办学校学生完全同等的扶持待遇，民办教育资金不足的状态并未得到根本缓解。此外，由于社会经济和教育发展水平的地区差异，各地对民办教育的财政扶持导向性不尽相同，东部经济发达地区民办学校所享受到的财政优待明显高于中西部偏远地区，各地财政扶持力度不均衡的问题暴露无遗。可以说，民办学校学生资助政策在遵循公共财政的公益性、公平性的运行规则方面略显不足，非营利性民办学校学生无法享受与公办学校学生同等额度的助学贷款、奖助学金等国家资助政策，社会上直接或变相歧视仍是民办学校学生就业、创业的重要壁垒，较低的社会认可度又会反过来影响民办学校的招生，打破这一恶性循环已刻不容缓。

第三节 民办学校教师分析

一、民办普通高校专任教师数及所占比例

民办普通高校专任教师数在 2004 年出现小幅度减少；2005—2007 年增长趋

势较为平缓；2008 年增长趋势发生急剧的变化，首次突破 200 000 人，达到 202 562 人；2008—2017 年逐步增长，2017 年达到 316 174 人。2003—2017 年，民办普通高校专任教师数占全国普通高校专任教师总数比例呈现波动性变化趋势：2004 年小幅度下降；2004—2007 年平稳上升；2008 年出现突破性上升；2008—2016 年上升较为平缓，达到 19.45%，2017 年略降至 19.36%（图 2-27）。

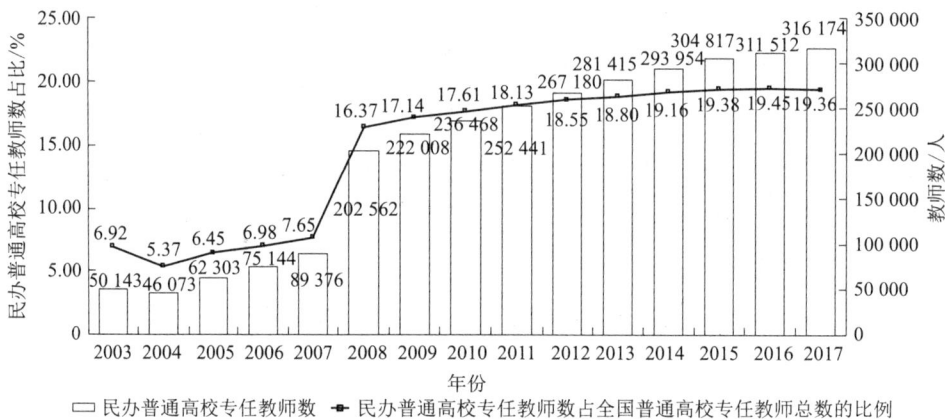

图 2-27　2003—2017 年全国民办普通高校专任教师数及所占比例情况

资料来源：根据 2003—2017 年《中国教育统计年鉴》、教育部数据整理而成

二、民办普通高中专任教师数及所占比例

2003—2017 年，民办普通高中专任教师数及其占全国普通高中专任教师总数比例呈现波动式发展趋势。2003—2011 年，民办普通高中专任教师数呈逐步增长趋势，从 201 421 人增加至 452 249 人，所占比例从 18.71% 上升至 28.94%。2012 年，两项指标均急剧下降，民办普通高中专任教师数及其占全国普通高中专任教师总数比例分别降至 234 048 人和 14.62%；2013—2014 年有所回升；2015 年又迅猛下降；2016—2017 年缓慢回升（图 2-28）。

图 2-28　2003—2017 年全国民办普通高中专任教师数及所占比例情况

资料来源：根据 2003—2017 年《中国教育统计年鉴》、教育部数据整理而成

三、民办中等职业学校专任教师数及所占比例

2003—2017 年，民办中等职业学校专任教师数及其占全国中等职业学校专任教师总数比例大体呈先增后减的趋势。2003—2009 年，民办中等职业学校专任教师数从 36 585 人增至 107 355 人，所占比例从 5.13% 升至 11.89%。从 2010 年开始，民办中等职业学校专任教师数及其占全国中等职业学校专任教师总数比例均开始下降。2017 年，两项指标有小幅回升（图 2-29）。

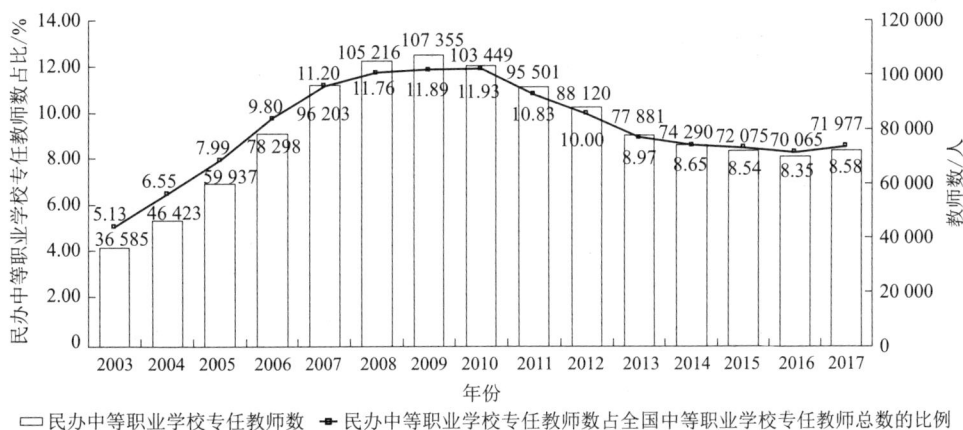

图 2-29　2003—2017 年全国民办中等职业学校专任教师数及所占比例情况

资料来源：根据 2003—2017 年《中国教育统计年鉴》、教育部数据整理而成

四、民办普通小学专任教师数及所占比例

2003—2017 年，民办普通小学专任教师数及其占全国普通小学专任教师总数比例呈现先增后减再增的变化趋势。2003—2010 年处于平稳的增长阶段，专任教师数量达到 229 480 人，所占比例达到 4.09%；2011 年出现急剧递减，之后开始上升；2012—2014 年增长较为平缓；2015 年增长迅猛；之后逐年增长，2017 年民办普通小学专任教师数达 420 099 人，占全国普通小学专任教师总数的7.07%（图 2-30）。

图 2-30　2003—2017 年全国民办普通小学专任教师数及所占比例情况
资料来源：根据 2003—2017 年《中国教育统计年鉴》、教育部数据整理而成

五、民办幼儿园专任教师数及所占比例

2003—2017 年，民办幼儿园专任教师数呈现明显的递增趋势，从 228 791 人递增至 1 510 277 人。2003—2012 年，民办幼儿园专任教师数占全国幼儿园专任教师总数比例总体呈现平稳的递增趋势，从 37.33% 递增至 61.75%，之后呈现出相对稳定的状态（图 2-31）。

图 2-31　2003—2017 年全国民办幼儿园专任教师数及所占比例情况
资料来源：根据 2003—2017 年《中国教育统计年鉴》、教育部数据整理而成

六、民办学校教师发展的阶段性特征

2003 年以来，民办学校教师发展在待遇保障、参与治理、专业发展方面显现出一些阶段性特征。

（一）教师待遇得到一定保障，保障机制仍有待健全

随着我国民办教育的稳步发展和民办教育分类管理政策的试点、出台，教师的法定权益日益受到重视，教师的身份地位、待遇保障、基本权利、发展空间得到一定保障。当前，在民办学校教师权益保障方面，各地主要鼓励引导、重点支持非营利性民办学校，譬如，多地制定民办学校教师工资指导标准，各地持续探索建立稳定的人才引进机制，不少学校探索建立更加完备的教职工社会保险缴纳方案等。

在具体实践中，从现有政策文本和实际考察来看，民办学校教师权益保障措施不力、落实力度不够、配套制度不全、政策推进方式不当等根本性问题仍然存在，民办学校教师的生存发展需求亟须得到有效充分的满足。

（二）内部规范意识强化，教师参与治理步伐有望加速

从实地走访和考察来看，教师参与民办学校法人治理结构建设越来越受到各方的重视。在外部治理方面，随着依法治校进程的加快，政府依法扮演好外部监管者角色，大力促使民办学校既遵循教育管理的基本规律，又参照市场经济的法律法规，保证我国民办教育的发展活力和改革动力。在内部治理方面，民办学校，特别是民办高校自觉寻求治理方式变革的决心愈发明显，一些举办者正摒弃专断思维，转而采用新理念治理学校，不少举办者开始觉察到遵循教育规律、遵守治理规则、尊重群体意志的重要性，逐渐把教师参与治理、民主决策、科学管理提上学校改革发展日程，这突出表现在决策机制不断健全、权责划分更加清晰、教师参与权利得到更多保障等方面。

值得注意的是，我国一些投资性特别是独资性民办学校，为"家长式""家族式"的管理模式提供了土壤；加之法人属性不清造成的学校所有者缺位，以及内外部监督机制普遍缺失导致的运行失范，民办学校董事会被利益团体控制的现象依然常见，家族式经营治理的弊病依然存在，如民办学校的出资人控制问题、校长权力集中化问题、董事会权力过于膨胀问题等依然消耗着我国民办教育可持续发展的正能量。当前，我国急需完善现代法人治理结构，凝聚举办者、管理者、教师及其他利益相关者的广泛共识，把共同治理理念落到实处。

（三）专业发展已成共识，环境条件有待改善

专业发展是加强民办学校教师队伍建设的基础。培养培训、科研项目申请、交流访学等专业发展过程已经成为民办学校教师队伍建设的重要内容。《民办教育促进法》明确规定："民办学校教职工在业务培训、职务聘任、教龄和工龄计算、表彰奖励、社会活动等方面依法享有与公办学校教职工同等权利。"[①]《国务院关于鼓励社会力量兴办教育促进民办教育健康发展的若干意见》再次强调，民办学校教师在资格认定、职务评聘、培养培训、评优表彰等方面与公办学校教师

---

① 中华人民共和国民办教育促进法（2002年12月28日第九届全国人民代表大会常务委员会第三十一次会议通过）. 职业技术教育研究，2003（1）：31-34.

享有同等权利，各地要将民办学校教师队伍建设纳入教师队伍建设整体规划。

促进民办学校教师专业发展是民办教育改革发展的必然要求，但由于历史和发展的客观原因，多数民办学校专任教师的学历和职称严重偏低，中高级职称比例较低，教师专业发展空间严重受限，环境条件有待改善。与公办学校教师相比，民办学校教师在职称职务评聘、表彰奖励、科研项目申请、交流培训等方面，存在渠道不畅或者受到明显歧视的情况。很多民办学校的校长及教师获得培训的机会较少，教师专业知识和教学理念得不到及时更新，学校管理及教学水平跟不上社会发展的需求，在很大程度上限制了民办学校的发展。教师培养培训、科研项目申请、交流访学等专业发展过程是民办学校教师职称评聘的基础，没有这些辅助教师专业发展的条件，职称评聘就无法实现。但现实中针对民办学校教师专业发展的歧视性现象时有发生。[①] 从政策结果看，相对于公办学校教师，民办学校教师职称评聘难度更大。此外，民办学校师资培训经费普遍有限，仅靠一校之力，难以为教师专业发展提供充足条件。当前，新修订的《民办教育促进法》更加强调教师队伍建设及专业发展，因此政府需要构建教育系统内部和外部多部门组成的综合协调机制，严格落实并完善支持政策，严格落实学校在学费收入中安排一定比例资金用于教师发展和培训的规定。民办学校应切实履行办学主体责任，为教师交流培训、科学研究、职称评聘和专业发展提供平台。

---

① 周海涛，景安磊．民办学校教师队伍建设面临的问题及其成因．当代教师教育，2015（3）：7-11.

第三章
民办教育法律制度变迁

　　制度变迁是新制度产生、替代或改变旧制度的动态过程，主要包括两种模式：①基层的微观主体为追求潜在利润，推动制度创新的诱致性制度变迁模式；②国家在追求租金最大化和产出最大化的目标下，通过自上而下推行政策、法律进行改革的强制性制度变迁模式。[①]我国民办教育事业的发展与民办教育法律制度的创新密切相关。民办教育法律制度变迁既有在社会转型期市场经济利益驱动下的诱致性制度变迁[②]，也有通过依靠行政权力和国家立法等手段推行的强制性制度变迁[③]。民办教育法律制度变迁是民办教育发展过程中法律制度的替代、转换与更新的过程，改革开放 40 年来，民办学校自身的发展、地方政策的变迁等多重因素促使民办教育法律制度不断完善，逐步形成了稳定的民办教育法律制度体系。

① 邓大才.论当前我国制度供给现状及制度变迁方式的转换.江苏社会科学，2002（6）：67-72.
② 姜华.中国民办高等教育组织的变迁及其特性——组织社会学的视角.北京大学博士学位论文，2007：29.
③ 王一涛.民办教育分类管理需要解决好五大关系.华中师范大学学报(人文社会科学版)，2018，57(4)：164-171.

第一节 民办教育法律制度的发展历程

一、恢复起步期（1978—1992 年）

随着党的十一届三中全会确立解放思想、实事求是的思想路线，教育学界再次探讨教育本质问题，纠正了教育是上层建筑的错误认识，把教育从阶级斗争功能的禁锢中解放出来，奠定了我国 20 世纪 80 年代教育方针转变的基础，完善了民办教育法律法规的理论依据。

1982 年，第五届全国人民代表大会第五次会议《关于中华人民共和国宪法修改草案的报告》提出"两条腿"办教育的方针，同时在修改通过的《中华人民共和国宪法》第十九条第四款中规定，"国家鼓励集体经济组织、国家企业事业组织和其他社会力量依照法律规定举办各种教育事业"，第一次从国家层面以法律的形式赋予社会力量发展国家教育事业的主体资格，并对社会力量办学作了原则性规定，确立了民办教育的法律地位，实现了自中华人民共和国成立以来民办教育由取消到恢复的转变。[①]

在宪法规定的基础上，我国在法律法规层面逐步落实落细，包括教育一般法律和民办教育专门规章的颁布，奠定了民办教育法律制度的坚实基础。1986年，全国人民代表大会颁布实施的《中华人民共和国义务教育法》规定："国家鼓励企业、事业单位和其他社会力量，在当地人民政府统一管理下，按照国家规定的基本要求，举办本法规定的各类学校。"同年，国务院办公厅转发《关于实

[①] 陈桂生.中国民办教育问题.北京：教育科学出版社，2001：14.

施〈义务教育法〉若干问题的意见》，其中进一步明确"对于个人依法举办学校，目前各地可进行试办"，标志着国家正式确定社会力量办学的合法性。1987年，国家教育委员会出台的《关于社会力量办学的若干暂行规定》，作为我国民办教育第一个专门规章，首次全面地对"社会力量"的含义、地位等作出规定，明确了社会力量办学是国家办学的补充，是我国教育事业的组成部分，进一步鼓励和引导了社会力量办学。同年，国家教育委员会和财政部联合颁布《社会力量办学财务管理暂行规定》，要求各级人民政府及教育行政部门鼓励和支持社会力量举办各种教育事业。

在邓小平南方谈话和党的十四大召开后，我国由计划经济体制向社会主义市场经济体制转变，教育改革也突破了"姓资"还是"姓社"的难题，民办教育开始灵敏回应市场需求，其地位也开始从公办教育的补充、国家教育事业的组成部分发展为国家教育事业的重要组成部分。此外，各地方政府依据国家法律法规，结合自身实际制定并实施的关于支持和规范社会力量办学的法律法规，也为民办教育发展营造了良好的法律制度环境。在这一阶段，民办教育法律制度性文件次第出台，在质量和数量上都有较大的突破，但总体上仍不系统和不集中，相关主要规定散落于不同的法律规定之中，系统规范民办教育法律关系的专门性法律法规尚未出台。

二、快速发展期（1993—2002年）

1993年后，伴随着国家经济体制和教育体制改革的步伐，民办教育法律制度建设步入快速发展期。在这一阶段，教育相关法律明确规定国家鼓励并支持民办教育发展，同时国家还颁布了第一部专门规范民办教育发展的行政法规，民办教育的合法地位再次得以巩固，制约民办教育发展的一些不规范问题逐步得到有效解决，民办教育办学质量与水平进一步提升，民办教育整体发展从此步入正轨。

《中华人民共和国教师法》《中华人民共和国教育法》《中华人民共和国高等教育法》等一系列教育法律法规，以及作为民办教育行政法规的《社会力量办学条例》陆续出台，全面夯实了民办教育法律法规体系。1993年颁布的《中华人民共和国教师法》第三十二条明确规定，"社会力量所办学校的教师的待遇，由举办者自行确定并予以保障"。1995 年颁布的《中华人民共和国教育法》第四十六条规定，"国家鼓励企业事业组织、社会团体及其他社会组织同高等学校、中等职业学校在教学、科研、技术开发和推广等方面进行多种形式的合作。企业事业组织、社会团体及其他社会组织和个人，可以通过适当形式，支持学校的建设，参与学校管理"。这两部法律均对民办学校的地位、性质作出了规定，并提出了我国民办教育的基本原则。1995 年，国家教育委员会颁布的《中外合作办学暂行规定》将中外合作办学机构确定为我国教育事业的补充，为中外合作办学创造了良好的制度环境。1998 年颁布的《中华人民共和国高等教育法》明确了民办高校的地位，促进了以政府办学为主体、公办与民办学校共同发展格局的形成，推动了民办高等教育的改革和发展。1997 年，国务院出台作为第一部民办教育行政法规的《社会力量办学条例》，明确了民办教育发展基本原则、机构设立、教学和行政管理、财产和财务管理、机构变更与解散、政府保障与扶持及法律责任等内容，标志着我国民办教育进入依法办学、依法管理的新时期。

尤需强调的是，《社会力量办学条例》作为第一部专项规定民办教育发展的行政法规，是加快我国民办教育事业发展的一项重大举措，为民办教育的健康发展和权益保护提供了法律依据，为民办教育法律制度的形成奠定了基础，但民办教育发展问题尚未上升到国家法律层面，立法级别相对较低，民办教育法律制度亟待完善。

三、规范发展期（2003—2016 年）

这一阶段是规范民办教育发展的时期，也是民办教育法律制度基本形成的关键时期。《民办教育促进法》及《民办教育促进法实施条例》等法律法规的颁布实施，逐步构建起了相对完善的民办教育法律制度体系，全面保障了民办教育观念、办学体制和教育体制等方面的改革与发展。

2002 年，国家颁布《民办教育促进法》，明确于 2003 年 9 月 1 日起正式实施，并配套颁行《民办教育促进法实施条例》等法规，同时废止 1997 年国务院颁布的《社会力量办学条例》，进一步夯实了民办教育发展的法律制度基础。首次制定的《民办教育促进法》对保障民办学校与公办学校同等法律地位，保障民办学校举办者、校长、教职工和受教育者的合法权益，以及民办学校享受国家税收优惠政策等重要内容作出了全面的规定，在支持与规范民办教育发展方面形成了框架性法律制度设计。2004年，国务院颁布实施的《民办教育促进法实施条例》从民办学校的举办者、设立、组织与活动、资产与财务管理、扶持与奖励、法律责任等方面作出了详尽的规定。此外，2003—2005年，国家还围绕《民办教育促进法》出台了多项相关配套法规政策，比如国务院颁布的《中华人民共和国中外合作办学条例》，教育部印发的《关于规范并加强普通高校以新的机制和模式试办独立学院管理的若干意见》，财政部、国家税务总局发布的《财政部 国家税务总局关于教育税收政策的通知》，教育部办公厅发布的《教育部办公厅关于启用〈民办学校办学许可证〉有关问题的通知》，国家发展和改革委员会、教育部、劳动和社会保障部印发的《民办教育收费管理暂行办法》等。2006—2017年，我国相继出台一系列的民办教育法律法规与政策，全面落实和优化《民办教育促进法》及其配套规章形成的框架制度设计，并在探索中不断推进民办教育的稳步发展。2007年施行的《民办高等学校办学管理若干规定》详细规定了民办高校招生、管理、教学等内容，加快推进民办高等教育健康快速发展。2008年施行的《独立学院设置与管理办法》进一步明确了独立学院办学属性和学位授予权，为独立学院的发展提供了制度保障。

2015年，《中华人民共和国教育法》《中华人民共和国高等教育法》修正案获得表决通过，《民办教育促进法》暂时未予以审议通过。其中，此次修订的《中华人民共和国教育法》中明确指出不再禁止举办营利性学校。2016年，第十二届全国人民代表大会常务委员会第二十四次会议再次审议《关于修改〈中华人民共和国民办教育促进法〉的决定》并通过，对非营利性与营利性民办学校分类管理、加强民办学校党的建设、义务教育阶段不得设立营利性民办学校、民办学校信息公开制度等16项内容作出修订，并明确于2017年9月1日开始实施。

本次修订秉持对民办教育支持与扶持并举的精神，以法律的形式明确了民办教育分类管理改革的顶层设计，同时对现有民办学校如何过渡的问题进行了妥善处理。民办教育分类管理的宏伟蓝图已经绘好，具体的贯彻落实仍需依靠各相关负责部门及地方政府出台相关实施条例及细则将法律制度予以细化，切实为民办教育分类管理营造良好的制度环境。

四、内涵式发展期（2017年至今）

2017年，党的十九大召开并在报告中明确提出"支持和规范社会力量兴办教育"[①]，党的十九届三中全会强调进一步推动教育等公共服务提供主体多元化、提供方式多样化。《民办教育促进法》的修订和实施是我国改革开放不断深化、市场化竞争日益激烈的必然结果，是尊重资本运行规律、顺应社会发展的选择，给予了民办学校更大的选择空间，有利于吸纳更多社会力量涌入民办教育领域，促进民办教育事业的发展。

新修订的《民办教育促进法》系统深化了民办教育的法律法规体系，达成了实现国内制度性突破和与国际接轨的双重目标。2017年，伴随着《民办教育促进法》及其配套政策的正式实施，新时期民办教育分类管理拉开帷幕，将民办教育改革和发展推向新的高潮，从此民办教育发展进入分类管理的新时代。此次《民办教育促进法》的修订主要涉及以下几方面：①明确民办学校可以按照非营利性和营利性分类管理，从法律上解决了一直以来困扰民办教育发展的财产归属不明、法人属性不清等问题，为民办教育发展创造了更大的制度空间，优化了民办学校发展的外部环境；②加强对民办学校举办者的权益保障，包括民办学校举办者可以依据学校章程，参与民办学校办学和管理、学校终止时可以依法获得相应补偿或奖励等权利；③完善扶持政策，包括在财政补助、税收土地优惠等方面实行分类扶持制度；④加强权益保障，包括民办学校教职工福利待遇、工资和其他合法权利，鼓励民办学校为教职工办理补充养老保险；⑤完善民办学校法人治理结构，规范民办学校的章程、理事会、董事会、监事会及其他的监督机制，强化党组织参与治理，加强社会监督管理；⑥明确鼓励县级以上政府采取购买服务、助学贷

---

① 中央政府门户网站. 习近平：决胜全面建成小康社会 夺取新时代中国特色社会主义伟大胜利——在中国共产党第十九次全国代表大会上的报告.(2017-10-27)[2018-10-08]. http://www.gov.cn/zhuanti/2017-10-27/content_5234876.htm.

款、奖助学金等措施保障民办学校学生与公办学校学生享受同等资助政策。

在《民办教育促进法》的民办教育分类管理顶层设计之下，更紧迫、更关键的任务在于后续相关行政法规、部门规章、地方政府规章的进一步落地落细，从而形成新时代民办教育法律法规体系。国务院相关部门出台了《关于加强民办学校党的建设工作的意见（试行）》《民办学校分类登记实施细则》《营利性民办学校监督管理实施细则》等配套政策。与此同时，各省级政府为落实新修订的《民办教育促进法》及其配套政策，纷纷出台地方性实施意见及配套政策。据不完全统计，截止到 2018 年 9 月，已有辽宁省、安徽省、甘肃省、浙江省、湖北省、上海市、内蒙古自治区、海南省、宁夏回族自治区等 24 个省（自治区、直辖市）出台了相关具体法律法规，以贯彻落实新修订的《民办教育促进法》及相关配套政策，这些地方政策可为其他省级区域制定民办教育地方条例或规章提供探索性、创新性的经验。在中央层面，教育部开展了《民办教育促进法实施条例》的修订工作，并已于 2018 年 4 月 20 日向全社会发布和全面征求意见。

第二节 民办教育法律制度的立法互动

一、民办教育法律制度的框架设计

变迁中的民办教育法律制度框架设计，对民办教育改革和发展产生了关键性影响。自 20 世纪 90 年代末期民办教育立法到现在，民办教育中的同等法律地位、法人属性、合理回报、独立学院和分类管理等问题，已成为完善我国民办教育法律制度体系不开的问题，一直颇受热议且延续至今。

（一）同等法律地位问题

自民办教育复苏以来，其就一直在积极争取获得与公办教育同等的法律地位。经过几十年的发展，民办教育在法律认可和社会接受层面都取得了重大进展，获得了与公办教育同等的法律地位。20 世纪 80 年代，由于公办教育服务供给不足，吸纳社会力量办学的民办教育便应运而生，并被认为具有"拾遗补阙"的作用，在事实上获得认可。1982年颁布的《中华人民共和国宪法》中有关社会力量办学的条款，一般被认为是对恢复民办教育的肯定。随后，国家教育委员会颁布了《关于社会力量办学的若干暂行规定》，民办教育开始被认为是我国教育事业的组成部分，成为国家办学的补充，这个时期的民办学校以非学历教育为主的职业学校和业余学校的方式生存和发展，办学层次较低。

1997年，《社会力量办学条例》首次专门明确了民办教育的法律地位。2003年实施的《民办教育促进法》总则第五条规定公办学校与民办学校具有同等法律地位，同时在分则第二十七条、第三十一条、第三十三条分别规定公办学校与民办学校的教师、受教育者具有同等法律地位、同等权利和同等待遇等内容。2004年，国务院颁布的《民办教育促进法实施条例》对"同等"作了细化和补充，主要是：第二十七条规定民办学校享有与同级同类公办学校同等的招生权；第二十九条对民办学校及其教师、职员、受教育者同等的具体权利进一步细化。2010年，《国家中长期教育改革和发展规划纲要（2010—2020年）》明确强调要大力支持民办教育，要依法落实公办与民办学校、学生、教师同等法律地位。国务院于2017年印发的《国务院关于鼓励社会力量兴办教育促进民办教育健康发展的若干意见》规定："落实同等资助政策。民办学校学生与公办学校学生按规定同等享受助学贷款、奖助学金等国家资助政策。"①总之，随着民办学校从法律之外的"非制度化"的存在，到法规和政策层面的"承认"鼓励，再到法律法规确立"同等"法律地位，公办与民办学校平等竞争、共同发展的格局得以形成。

（二）法人属性问题

法人属性是民办学校社会地位的决定性因素，与民办学校的财产来源、税收种类、职工福利待遇等内容息息相关。1997年颁布并实施的《社会力量办学条例》对民办学校法人属性未作规定。1998年国务院出台的《民办非企业单位登记管理暂行条例》规定，民办非企业单位是指企业事业单位、社会团体和其他

① 中央政府门户网站. 国务院关于鼓励社会力量兴办教育促进民办教育健康发展的若干意见.(2017-01-18)[2018-07-13]. http://www.gov.cn/zhengce/content/2017-01/18/content_5160828.htm.

社会力量以及公民个人利用非国有资产举办的，从事非营利性社会服务活动的社会组织。自此之后，不以营利为目的且具备法人设立条件的民办学校可以登记为民办非企业单位，具有法人主体资格。

2002 年通过、2003 年实施的《民办教育促进法》确认了民办学校的法人地位，2004 年出台的《民办教育促进法实施条例》对民办学校的立法规范进一步细化，但是对民办学校法人属性划定的问题仍未进行详细规定，在实践中民办学校一直被界定为民办非企业单位。而根据《中华人民共和国民法通则》的相关规定，法人属性分为企业法人、机关法人、事业单位法人和社会团体法人四种。[①] 民办非企业单位并不属于四种法人属性中的一种，导致该类型企业无上位法支撑，造成理论和体系上的混乱。尤其在 2002 年通过的《民办教育促进法》首次提出"法人财产权"后，民办学校主体性质不清、法人属性不明的问题更加明显。2016 年通过的《民办教育促进法》聚焦法人属性不清的问题，在分类管理问题上一同作出了框架性的设计，从法律层面明确了营利性与非营利性民办学校的分类标准，对法人属性作出了清晰的界定。2017 年，第十二届全国人民代表大会第五次会议通过的《中华人民共和国民法总则》将法人分为营利法人和非营利法人，为民办学校法人属性、分类管理问题提供了法律依据。此后，民办教育进入部分民办学校选择营利法人或非营利法人的重新登记阶段，由法人属性不清所导致的问题将在分类管理中得到解决。

（三）合理回报问题

民办教育的合理回报制度是我国民办教育发展史上颇具特色的一项制度，也是饱受争议的制度，如何理性看待合理回报制度的历史价值是一个值得思考的重要问题。1995 年颁布的《中华人民共和国教育法》规定学校不得以营利为目的，保证教育活动的公益性，主要体现在《中华人民共和国教育法》第八条规定"教育活动必须符合国家和社会公共利益"，第二十五条规定"任何组织和个人不得以营利为目的举办学校及其他教育机构"。1997 年，《社会力量办学条例》再次

---

① 周云. 民办高校的基本法律问题. 学术探索，2012（8）：25-27.

重申教育不得以营利为目的，其中第六条、第三十七条进一步说明将办学经营所得的收入用于个人分配或校外投资就属于以营利为目的，同时第四十三条规定教育机构清算后，除返还最初投入的剩余财产必须用于社会力量办学事业。在实践中，民办学校办学多属于投资办学，将其作为营利性产业经营，逐利是资本的本质属性，这与相关法律规定的教育不得以营利为目的之间存在现实与法律之间的差距。

随后，《民办教育促进法》和《民办教育促进法实施条例》中规定了合理回报制度，在国家层面从实际出发，试图找到一条既能真正维护教育公益性，又能把民办学校举办者的投资寻利性目的纳入法律轨道中的协调之道。《民办教育促进法》避开《中华人民共和国教育法》关于不得以营利为目的的规定，从合理回报的角度重新作了阐释，"民办学校在扣除办学成本、预留发展基金以及按照国家有关规定提取其他必需的费用后，出资人可以从办学结余中取得合理回报"。这一制度尽管在此后的很长一段时间内饱受争议，但在一定程度上体现了对民办学校举办者收益权的承认和尊重。合理回报制度之所以受到部分批评，一方面是因为它在一段时间内让诸多民办学校举办者陷入选择"困境"，另一方面则是因为其在一定程度上让政府财政对民办教育投入踟蹰不前。但不可否认的是，民办教育合理回报制度是政府和立法者在结合当时实际国情的前提下，为维护社会公共利益，在坚持教育公益性的同时，尊重、承认并试图兼顾民办学校举办者个人权益的一次尝试，体现了我国民办教育法律制度在协调集体利益、个人利益和公共利益上的努力。

（四）独立学院问题

独立学院由国有民办二级学院发展而来，是在我国高等教育大众化背景下，在扩招、拉动内需、推迟就业等政策刺激下的产物。为了解决公办高等教育资源紧张的难题，多地尝试利用现有普通高校的资源及社会资金办学，开始了举办国有民办二级学院的探索。[1]江苏省率先开启高等教育界办学模式多样化的改革探

---

[1] 胡坚达. 浅论高等教育大众化形势下的民营化趋势——独立学院迅猛发展的启示. 高等理科教育，2005（4）：109-111.

索，并批准多个普通高校举办国有民办二级学院的办学申请。2003 年，教育部出台了《关于规范并加强普通高校以新的机制和模式试办独立学院的若干意见》，对原有的国有民办二级学院提出了规范意见和设置要求，明确提出了"独立学院"的新概念，即"本文所称独立学院，是专指由普通本科高校按新机制、新模式举办的本科层次的二级学院"①，并对投资主体、产权关系作出了清晰的界定。

2008 年，教育部颁布了《独立学院设置与管理办法》，第二条对独立学院作出了进一步的明确表述——本办法所称独立学院，是指实施本科以上学历教育的普通高等学校与国家机构以外的社会组织或者个人合作，利用非国家财政性经费举办的实施本科学历教育的高等学校，使独立学院的内涵更加明晰。2009 年，教育部办公厅下发《教育部办公厅关于编报省级〈独立学院五年过渡期工作方案〉的通知》。2015 年，独立学院过渡期已经结束，步入"后过渡期"，即经教育部考察验收合格后可继续以独立学院形式办学；符合本科高等学校设置标准的可以转设为民办本科高校，也可以转设为相应层次的民办学校、终止办学、合并或者并入公办高校或民办高校。②自 2009 年以来，独立学院数呈逐年下降趋势，2016 年，独立学院总数为 266 所，有 57 所已经转设为民办本科高校。③随着新修订的《民办教育促进法》对民办教育实行营利性、非营利性分类管理，独立学院作为民办高等教育的重要组成部分，在"后过渡期"将进一步走向分化，呈现多元化发展格局，但转设民办本科高校艰难、部分独立学院整改规范进展缓慢等问题仍亟待解决。

（五）分类管理问题

我国民办教育法律制度框架设计的基础问题之一，便是民办教育是否实行营利性与非营利性分类管理。随着新修订的《民办教育促进法》的颁布实施，民办教育开始正式步入分类管理时代，从分类管理制度的提出到立法的过程，充分反映了各方利益之间的博弈。早在 2002 年《民办教育促进法》立法过程中，针

① 教育部. 关于规范并加强普通高校以新的机制和模式试办独立学院管理的若干意见.（2003-04-23）[2018-07-13]. http://old.moe.gov.cn/publicfiles/business/htmlfiles/moe/s3014/201206/138410.html.
② 刘智芳，阙明坤. 独立学院发展现状、困难及"后过渡期"发展路径分析. 教育与职业，2016（24）：29-31.
③ 刘鸣韬. 我国独立学院的演进、问题及对策. 河南科技学院学报，2018（4）：14-17.

对民办学校分类管理问题的讨论便广泛开展，其中，行政管理机关和部分学者主张实行分类管理，借鉴国际惯例，而民办教育实践领域和多数学者反对创建营利性学校，主张结合中国国情建立具有中国特色的奖励回报制度，鼓励和扶持社会力量办学。

2010 年，《国家中长期教育改革和发展规划纲要（2010—2020 年）》明确提出，"积极探索营利性和非营利性民办学校分类管理""开展对营利性和非营利性民办学校分类管理试点"。上海、浙江、深圳和吉林华侨外国语学院作为国家民办教育分类管理改革专项试点项目的主要承担者，提供了诸多分类管理经验。此外，其他一些非试点地区也在积极实践，如陕西、山东、浙江等省出台了基于分类管理思路的相关实施意见或办法，形成了若干探索分类管理综合改革的区域集群，如以温州为代表的浙江集群、以潍坊为代表的山东集群等。在探索实践中，温州的分类管理改革取得了实质性的进展。温州相继出台了以营利性和非营利性分类管理为基础的民办教育综合改革政策文件（简称"1+14"文件），在两类学校的法人登记、产权制度、合理回报、土地税收优惠、收费机制、公共财政资助、投融资体制、教师队伍建设、会计核算和办学体制改革等方面均有重大变革，取得了较大突破。[①] 2015 年，国家对教育法律进行一揽子修改，删除了《中华人民共和国教育法》和《中华人民共和国高等教育法》中规定的不得以营利为目的举办学校及其他教育机构的相关内容。2016 年，中央全面深化改革领导小组第二十三次会议审议通过了《民办学校分类登记实施细则》《营利性民办学校监督管理实施细则》。根据中共中央对民办学校实施分类管理改革的精神，2016 年通过的《民办教育促进法》从法律层面明确了营利性与非营利性民办学校的分类标准，确立了两类学校各自适用的规范体系。随后，《国务院关于鼓励社会力量兴办教育促进民办教育健康发展的若干意见》以政策的形式进一步全面、系统地细化了分类支持与规范的制度体系。至此，国家层面对民办学校实施分类管理的大局落定，方向更加明确，路径逐步清晰。[②]

---

① 章露红 . 中国地方民办教育制度创新研究 . 浙江大学博士学位论文，2016：111.
② 董圣足 . 我国民办教育治理制度：变革与创新 . 华东师范大学学报（教育科学版），2017（6）：18-26，152-153.

二、民办教育法律制度的地方创新

我国地方教育立法权肇始于 1979 年[①]，地方教育创新立法是地方立法的特色和核心内容。地方教育立法创新主要是指地方政府在立法过程中，根据《民办教育促进法》的立法宗旨和精神，借鉴国内外先进的立法理念，密切结合本地民办教育发展的实际，尽可能地增加一些具有前瞻性、创造性和新颖性的立法条款，充分发挥地方创新性立法对地方民办教育快速发展的推动作用。[②]

（一）《社会力量办学条例》时期地方教育立法探索

在国务院颁布和实施《社会力量办学条例》期间，在相关配套政策的强力支持下，民办教育发展迅速。在这个时期，民办教育的发展更多的是在恢复与壮大，地方教育立法创新有限，但是在政策方面出现了一些新的探索。比如，在师生权益保护方面，2001 年周口市人民政府出台的《周口市人民政府关于鼓励社会力量办学加快教育产业发展的意见》中明确规定："民办学校的教师享有与公办学校教师相同的权益，公办学校教师应聘到民办学校任教，其工龄可连续计算，正常晋升档案工资，养老保险、医疗保险、住房公积金由聘用学校按国家有关法律、法规进行交纳，符合退休条件的，由人事部门办理退休手续，享受退休后的有关待遇。"在办学模式探索方面，全国许多地方进行了"公办民助"的探索，最具代表性的是上海自 1994 年起启动的公立中小学转制，即把一些公立学校交由企事业单位、社会团体或公民个人举办，并且明确规定承办者的权利和义务。参照国家对民办学校的政策，赋予承办者较大的自主权，实行所有权和经营权分离，被称为"国有民营"。这种转制试验摸出了一条途径，对转制中的许多政策和实践问题作出了较为系统的回答，已经成为改造薄弱学校的重要手段。[③]

---

① 黄华均，刘玉屏.民办教育地方立法的"政策替代现象"管窥.辽宁教育研究，2007（3）：59-62.

② 尹晓敏.民办教育地方立法特色论——以《陕西省民办教育促进条例》为例.中国教育学刊，2007（2）：18-20，39.

③ 孙成城.关于社会力量办学若干问题的探析.教育研究，1999（3）：25-29.

（二）《民办教育促进法》时期地方教育立法探索

1. 财政扶持问题

财政投入和国有资产能否支持民办学校发展一直存在争议，在实践中，各地方性法规和政府规章，以及其他规范性文件，通过立法对民办教育发展的专项资金问题进行规制。比如，《陕西省民办教育促进条例》第二十二条、第二十三条，《北京市实施〈中华人民共和国民办教育促进法〉办法》第七条、第八条等地方法规都有类似规定。[①] 2006 年，上海市政府出台《上海市促进民办教育发展专项资金管理办法》，专门对民办教育政府专项资金使用管理予以规定。其他一些规范性文件也作出了相应的规定，比如，2011 年湖南省教育厅印发的《湖南省民办教育发展专项资金管理办法（试行）》提出，专项资金使用采取"以奖代补"方式，设立"优质民办教育资源建设奖励""规范民办学校建设奖励""民办教育发展突出贡献奖励"项目。随后，云南省、河南省、内蒙古自治区和浙江省等地方的规范性文件对民办教育专项资金进行管理规范。

2. 融资扶持问题

因政府财政支持非常有限，难以覆盖民办学校自身发展经费需要，一直以来，民办学校融资问题成为影响其改革发展的关键因素，民办学校作为从事公益事业的单位，在实践中面临诸多融资难题，亟待在地方层面获得创新与突破。2002 年，在《民办教育促进法》颁布后，有关地方专门制定了相关政策。比如，《宁波市民办教育促进条例》规定，可以用教育设施以外的财产设定抵押；《湖南省实施〈中华人民共和国民办教育促进法〉办法》提出，鼓励国有资产经营公司、国有投资公司以及其他企业和社会财团为民办学校提供贷款担保；《内蒙古自治区实施〈中华人民共和国民办教育促进法〉办法》第二十七条、《辽宁省民办教育促进条例》第二十七条等也有类似规定。与此同时，还有一些省（自治区、直辖市）探索建立专门的资本融资机构，为民办学校发展提供资金支持，拓宽了民办学校的融资渠道。

---

① 刘建银. 论我国当前民办教育地方立法的突破与问题领域. 黄河科技大学学报，2008（6）：13-17.

3. 税收优惠问题

中央层面出台的法律和相关政策法规中均写明民办学校享有与公办学校同等的税收优惠，但是具体如何操作，并未形成完善的体系。在实践中，一些地方在出台的法规中进一步创新和细化，在税收支持方面作出了一些有益的探索。比如，《江西省民办教育促进条例》规定，捐资举办的民办学校和出资人不要求取得合理回报的民办学校，在耕地占用税、契税、技术性服务收入等方面享受与公办学校同等的税收优惠政策，同时还规定了企业或个人用税后利润出资办学的政府退税政策。《内蒙古自治区实施〈中华人民共和国民办教育促进法〉办法》规定："民办学校进行技术转让和与之相关的知识产权服务，所得收入按照有关规定享受税收优惠。"[①]

4. 师生同等法律地位问题

为落实民办学校师生与公办学校师生享有同等的法律地位的规定，各地在立法实践中作出了诸多具体规定。在教师法律地位方面，上海市教育委员会将民办高校人事管理统一纳入全市高校人事管理范畴，民办高校教师在职称评定、科研项目申报、奖励表彰、教师培训等方面享有与公办高校教师同等的待遇；《江西省民办教育促进条例》《宁波市民办教育促进条例》规定了建立民办学校教职工人事代理制度、允许教职工在公办和民办学校之间合理流动、义务教育阶段的民办学校学生免除学杂费等内容。《湖南省人民政府关于促进民办教育发展的决定》将民办学校认定为"民办事业单位"，使民办学校由"民办非企业单位"回归到"事业单位"，从而为真正落实公办、民办学校教师同等法律地位提供了解决难题的突破口和制定相关配套政策的接入口。[②]

5. 办学风险防范问题

2003年实施的《民办教育促进法》和2004年实施的《民办教育促进法实施条例》在规范民办学校办学风险防范方面并未进行明确规定，但地方立法及相关政策在这方面制定了一些颇具创新性的规范，比如，建立民办学校办学风险基金

① 吴开华. 民办教育地方立法：实践与反思. 教育发展研究，2007（12）：36-41.

② 吴开华. 民办学校教师权益保障的地方政策创新及反思. 教育发展研究，2009（Z2）：35-39.

制度。山西省早在 2006 年就通过地方立法形式提出了建立民办学校风险保证金制度，并于 2009 年出台了《山西省民办学校风险保证金提取及管理办法》，在全省范围推行。[①] 此外，《黑龙江省人民政府关于促进民办教育发展的若干意见》《宁波市民办教育促进条例》《深圳市民办教育管理若干规定》明确要建立相关制度。

（三）新《民办教育促进法》时期地方教育立法探索

2016 年，新修订的《民办教育促进法》颁布实施，因未对分类管理后不同类型的民办学校在登记管理程序、土地税收优惠政策、政府扶持奖励等方面进行详细规定，给予了地方较大的制度创新空间。在实行差异化政策方向的指引下，各地纷纷制定出台相关实施细则，推动民办教育分类管理政策落地落细。值得注意的是，本阶段各省级区域以出台综合性的政策为主，对下一阶段的民办教育地方立法具有重要的试验性和探索性的作用，一些创新性制度在未来立法中有较大的借鉴价值。

1. 分类管理过渡规定

新修订的《民办教育促进法》为地方民办学校过渡方案设计留出了巨大的自主探索创新空间。根据国家关于确保民办学校分类管理改革平稳有序推进的要求，各地方政府在相关配套实施细则中纷纷作出详细规定。已出台的规定大多设置了 1 ～ 5 年的过渡期。比如，河北省、浙江省要求民办学校在 2022 年底前完成分类登记，云南省、湖北省分别要求在 2021 年和 2020 年前实现分类登记等。内蒙古自治区明确规定 2017 年 9 月 1 日前获批设立的民办学校，原则上由举办者在 2023 年 8 月 31 日前自愿作出选择，在过渡期内没有作出选择的，默认为非营利性学校。上海市要求举办者应当在 2018 年 12 月 31 日前，向主管部门提交关于学校办学属性选择的书面材料，未按期提交材料的学校不得转设为营利性民办学校。在民办学校登记属性及变更方面，天津市规定：非营利性民办学校符合社会服务机构登记有关规定的，登记为社会服务机构；符合《事业单位登记管理暂行条例》等事业单位登记管理相关规定的，登记为事业单位。辽宁省规定：非

---

① 董圣足．温州新政：区域民办教育制度创新的典范．教育发展研究，2011（22）：1-6.

营利性民办学校可以登记为民办非企业单位。江苏省规定："同时实施义务教育与非义务教育的民办学校，非义务教育阶段登记为营利性法人的，必须与义务教育阶段分设，分别登记为不同类型的独立法人，财务资产独立核算。"① 云南省规定：民办学校一经完成非营利性或营利性登记，无特殊情况在学校一个办学周期内不得变更登记。湖北省规定：已选择登记为非营利性民办学校的不得变更登记为营利性民办学校，由财政性经费参与举办的民办学校不得选择登记为营利性民办学校。

2. 现代学校制度

广东省、上海市正在探索从教育行政部门和公办学校遴选党务经验丰富的在职干部，派往民办学校担任党组织书记，兼任民办学校的督导员，工资待遇由原单位发放。党组织负责人通过法定程序进入民办学校董事会、监事会等决策机构，从而推动党组织和党的工作在各级各类民办学校中开展，定期监督检查民办学校党组织建设、党对民办学校的领导、党组织开展工作的情况，将检查结果作为民办学校年检和评选表彰的重要内容。青海省明确建立"五会"管理制度，即董事会、监事会、教职工代表大会、家长委员会、学生代表大会。在资产管理和财务会计制度方面，辽宁省、云南省、湖北省、青海省在各省政府关于鼓励社会力量兴办教育促进民办教育健康发展的实施意见中均提出，登记为事业单位法人的民办学校适用《事业单位会计制度》，登记为民办非企业单位（法人）的民办学校执行《民办非营利组织会计制度》，登记为企业法人的民办学校适用《企业会计制度》。在安全管理责任方面，内蒙古规定按"党政同责、一岗双责"要求，落实法人安全管理主体责任。

3. 土地税收等优惠

践行新修订的《民办教育促进法》对民办学校土地用地和税收优惠实行差异化政策的精神原则，各地方制定了详细的相关实施政策。河北省规定，对从事学历教育和保育教育服务的民办学校提供教育服务免征增值税；湖北省规定，"社

---

① 江苏省人民政府. 省政府关于鼓励社会力量兴办教育促进民办教育健康发展的实施意见.（2018-03-22）[2018-11-09]. http://www.jiangsu.gov.cn/art/2018/3/22/art_61330_7542087.html.

会力量投资教育建设项目，利用闲置的厂房、医院、学校、商业设施等存量土地和用房资源进行整合改造后用于办学的，五年内可暂不办理土地用途和使用权人变更手续"，"对企业办的各类学校、幼儿园自用的房产、土地，免征房产税、城镇土地使用税"①。在新修订的《民办教育促进法》颁布后，各地方对于拓宽民办学校办学筹资渠道进行了制度创新。安徽省规定，支持利用 BT（建设－移交）、BOT（建设－经营－移交）、企业债券、项目收益债、中期票据等融资工具投入学校项目建设，允许营利性民办学校发行专项债券。辽宁省、湖北省探索民办学校固定资产抵押和学费收费权、未来经营收入质押及担保中心信用担保等贷款业务。

4.学校退出机制

安徽省规定，"捐资举办的民办学校终止时，清偿后剩余财产统筹用于教育等社会事业"，"建立民办学校产权流转制度，规范举办者股权转让行为。除捐资举办的民办学校外，其他民办学校存续期间，出资或投资者对所有者权益（股权）可以增设、释股、转让、继承、赠予"，"民办学校举办者退出办学、转让举办者权益或者内部治理结构发生重大变化的，应事先公告，按规定程序变更后报审批机关核准或者备案"②。此外，上海、天津、浙江、湖北、广东、江苏等省（自治区、直辖市）规定，现有民办学校选择登记为非营利性民办学校的，终止时给予出资举办者相应的补偿及奖励。此类规定进一步完善了学校退出机制。

三、中央与地方之间民办教育立法互动的经验与启示

纵观改革开放以来我国民办教育的发展历程，诱致性法律制度变迁是我国民办教育法律制度变迁的主要模式，并将长期主导民办教育法律制度变迁。中央与地方民办教育法律制度互动的经验与启示，可以为进一步完善民办教育法律制度奠定坚实基础。

---

① 湖北省人民政府.省人民政府关于鼓励社会力量兴办教育促进民办教育健康发展的实施意见.（2017-12-20）[2018-11-09]. http://www.hbe.gov.cn/content.php?id=20174.

② 安徽省人民政府.安徽省人民政府关于鼓励社会力量兴办教育促进民办教育健康发展的实施意见.(2017-10-30)[2018-11-09]. http://www.ahedu.gov.cn/30/view/357295.shtml.

（一）明晰地方立法的目标任务

地方立法主要是结合本行政区域的实际情况，对国家法律作出补充性和完善性的规定，使法的内容更加具体化，更加具有可行性、操作性。地方立法的内容只有密切结合当地民办教育的实际，突出地方特色，才能真正发挥作用。① 我国民办教育的产生和发展具有自身的特殊性，民办教育法律制度的框架设计安排缺乏现成的可直接借鉴的经验，亦难以找到可套用的成功模式，因此地方实践显得尤为重要。民办教育地方立法除了具有推动地方民办教育发展的功能外，还可发挥完善国家现有立法"试验田"的作用。实践表明，地方教育立法的主要目标和任务就在于充分发挥其立法的灵活性，与区域实际相结合，充分反映社会需求，及时解决实践问题。

（二）畅通基层创新的推广渠道

我国社会主义现代化建设和改革开放的历史经验表明，地方对国家经济和社会各项事业发展具有推动作用，地方既是中央顶层制度设计的信息提供者、制度创新的实践者，也是顶层框架设计的贯彻落实者。畅通中央与地方沟通渠道，形成中央与地方双向沟通机制，能为我国民办教育地方基层创新制度上升为顶层制度提供渠道，有利于推动各地方民办教育优秀的制度创新经验向全国范围推广，为民办教育发展营造良好的法律制度外部环境。比如，正在修改中的《民办教育促进法实施条例》，通过重点难点课题研究、调研走访和座谈、面向全社会征求意见等方式，最大程度上吸收了全国各地民办教育政策实施所积累的创新做法和有益经验。

（三）预留地方立法创新空间

我国坚持"既要承认中央与地方利益一致性，也要承认中央与地方利益独立性"②的原则，允许地方在民办教育相关制度上进行创新，走在中央制度前列，

---

① 赵一枫. 地方民办教育立法遇到了什么，期待着什么. 中国教育报, 2006-05-19（7）.
② 谭波. 论我国中央与地方权限争议立法解决机制之完善. 河南工业大学学报（社会科学版），2009, 5（3）: 46-50.

并积极为地方创新立法提供支持。中央要为地方立法创新打破利益格局的阻力，全方位支持地方制度创新。自 2003 年《民办教育促进法》实施以来，我国民办教育发展的主导模式由中央主导变为地方主导。当民办学校分类管理的精神在立法程序上尚未完全实现时，各个地方的改革实践已经在积极推进，如陕西、上海、温州、深圳等地。2016 年修订的《民办教育促进法》取消了二审稿中拟规定的三年的转设过渡期，在民办学校分类管理的具体过渡方面为各地方留下了足够的创新立法空间，由各个省（自治区、直辖市）结合自身的实际情况制定不同的过渡期。

（四）增强地方制度创新的稳定性

实践证明，一些民办教育发展较快、较好的地方，具有较强的制度创新的基础和资源，推动民办教育制度持续创新。但是，通过对一些地方制度创新的梳理发现，仅有部分省级区域和地市级区域的制度创新采用的是地方立法的形式，比如，宁波市采用地方性法规的形式将民办教育制度创新固定下来，形成对创新的制度保障。而其他地区多采用地方政府文件形式，由此，推动创新的政府官员的去留往往成为该创新文件能否持续的关键因素，难以固定制度创新的实效，形成稳定的制度效应。当前，结合《中华人民共和国立法法》扩大地市级政府部门立法权的相关规定，各地市应当充分发挥自身享有的立法权限，将成熟的制度上升为地方立法，为制度创新提供法律保障，推动创新的不断升级。

第三节　民办教育法律制度的典型实践

一、从民办教育法律实施的视角看制度变迁的得与失

法律制度只有在法律实践中才能彰显其生命力。一个有效率的制度必须使人们最大限度地努力从事生产性活动，能够为人们提供尽可能大的选择空间。民办教育法律制度变迁与法律实践有着密切的关系，民办教育行政执法、司法领域

暴露出的民办教育法律制度的缺失，可以为民办教育法律制度的完善提供动力。

（一）民办教育执法实践

1. 违法办学执法中的次生社会问题

在实践中，一些民办教育的监管部门在查处不合规的民办学校时，仅考虑执法问题，忽略被吊销办学许可证后，学生安置、教师就业等关乎社会稳定的问题，以至于造成严重的社会影响。此外，农民工子弟学校监管问题亦是执法部门的难题。一方面，这些学校的硬件设施、师资力量、课程安排、教学理念等方面难以符合民办学校的办学要求；另一方面，我国城乡二元分割的户籍制度增加了农民工子女入学的难度。学生的学习具有不可逆性，虚度的时间难以通过其他形式弥补回来，因此单纯查处违法农民工子弟学校容易引发社会问题。

2. 过程监管不严所致的教学事故问题

一些地方政府缺乏对民办学校的监管执行资源，各部门鞭长莫及，以至于与民办学校相关的恶性事件不断发生。比如，2002 年河南省洛宁县某民办中学学生宿舍倒塌造成学生伤亡事件，2010 年广西壮族自治区南宁市某民办学校校长殴打学生事件，2011 年甘肃省正宁县某民办幼儿园校车事故事件，2016 年甘肃省天水市某补习学校校长失踪事件，2017 年北京市朝阳区某民办幼儿园虐童事件等，该类事件一定程度上反映出对民办学校监管不严、执法不力的问题。

3. 学校终止程序中的学生安置问题

《民办教育促进法》第五十七条规定："民办学校终止时，应当妥善安置在校学生。实施义务教育的民办学校终止时，审批机关应当协助学校安排学生继续就学。"由此，民办学校终止后，审批机关具有协助学校安置学生的义务，法律并未强制规定审批机关不履行协助安置学生职责的相关处罚措施，往往导致实践中审批机关怠于履行职责。此外，审批机关心有余而力不足的情况比较普遍。比如，2014 年，海南三亚江南学校因学校所在地被三亚市国有资产管理公司划转给其他企业而被要求搬迁，由于其他学校学位有限，难以接收分流的学生，全校

1000多名学生的安置问题令审批机关头疼不已^①。

（二）民办教育司法实践

1.民办学校的税收问题

在实行分类管理之前，民办学校的组织性质不确定，有关民办学校的法律法规之间也存在相互矛盾或空白之处，带来不少有关民办学校税收的问题，民办学校是否应当缴纳企业所得税便是其中之一。这类问题的一个典型代表是福建民办学校第一税案，即福建省平潭岚华中学与当地国税局因征收税款引发的案件。平潭岚华中学是福州市教育委员会于1998年批准设立的，2003年该校注册登记为"民办非企业单位法人"。2003年，平潭县国税局发出了一份《限期缴纳税款通知书》，要求学校以33%的税率缴纳2002年度企业所得税47万余元。平潭岚华中学按要求缴清税款后，不服平潭县国税局的处罚，在提起税务行政复议和随后起诉到平潭县人民法院未果后，上诉到福州市中级人民法院，终审判决撤销平潭县人民法院一审判决和平潭县国税局对平潭岚华中学的《限期缴纳税款通知书》，理由为"国税局《限期缴纳税款通知书》所指定的纳税期间是在岚华中学取得民办非企业单位法人资格之前，所以属于认定事实不清，适用法律错误"^②。但是，针对"要求合理回报"的民办学校是否属于企业所得税的纳税主体，其他类型的民办学校在企业所得税问题上并未直接给予回应。

2.民办学校的财产问题

在实践中，一些早期创立的民办学校为夫妻共同投资、共同经营，而一旦夫妻感情破裂诉求离婚，因法律对财产权的规定不明，对共同创办的民办学校的财产分割就会陷入困境。比如，刘某与赵某夫妇于1993年创建一所民办学校，赵某于1995年向沈阳市中级人民法院提出离婚诉讼，要求双方分割民办学校的财产，此案历经一审、二审、最高人民检察院审查和辽宁省高级人民法院再审，

---

① 人民网.三亚一民办学校夹缝中生存　教育局较劲国企.（2014-04-23）[2018-12-06]. http://hi.people.com.cn/n/2014/0423/c231190-21064337.html.

② 刘建银.我国民办学校企业所得税问题分析——从福建省民办学校第一税案谈起.重庆师范大学学报(哲学社会科学版)，2007（5）：102-109.

至 2003 年最高人民法院对再审适用法律进行答复，耗时 8 年终有结果。[①]此案的争议焦点是举办者对民办学校的投入及对学校自身积累形成的财产应享有何种权利。再如，1999 年，山东省鄄城县的高某因与赵某离婚而要求与丈夫分割民办学校财产或对其分开管理，案件经历鄄城县人民法院一审、鄄城县人民法院重审、菏泽市中级人民法院二审和山东省高级人民法院发回再审，耗时 7 年。此案涉及的核心问题是由高某、赵某甚至其家族投入前期资本，然后不断滚动形成的民办学校是不是举办者的私人财产而能被继承和分割。

3. 民办学校的举办者变更问题

2002 年颁布的《民办教育促进法》第五十四条对民办学校举办者变更进行了规定，但是仍然存在变更程序混乱、资产交易不规范、新举办者商业营利性明显、新举办者资质不符合法定要求和相关规定等问题。而由这些问题引发的纠纷通过诉讼程序由法院进行裁决的，在司法实践中也存在诸多问题。比如，2011年，最高人民法院针对安徽省黄山市歙州学校举办者变更、出资纠纷一案答复安徽省高级人民法院："依据《中华人民共和国民事诉讼法》第一百零八条、《中华人民共和国民办教育促进法》第五十四条及《民办非企业单位登记管理暂行条例》第十五条之规定，确认或否定（变更）民办学校举办者纠纷包含有对举办者身份（资格）行政许可的内容，该纠纷不属于人民法院民事诉讼受理的范围。依据《民办教育促进法》第三条、第五十一条之规定，民办学校举办者对民办学校的出资不能继承，但因该出资形成的财产权益，可以依据《民办教育促进法》和《继承法》的规定依法继承。"[②]

4. 民办学校的退出问题

由于民办学校特殊的地位和作用，其退出问题与一般企业不同，门槛更高，程序更复杂，审批更严格。在实践中，自 20 世纪 80 年代以来，民办学校经历了创立、成长、发展、调整、转型等几个时期；随着市场竞争日趋激烈及国家教育发展战略和相关政策的调整，不少民办学校因资金匮乏、办学条件欠缺、办学质

① 北大法宝.最高人民法院关于刘立民与赵淑华因离婚诉讼涉及民办私立学校校产分割一案的复函.（2003-08-07）[2018-12-06]. http://www.pkulaw.cn/fulltext_form.aspx?Db=chl&Gid=22477fb6f750a836bdfb&keyword==最高人民法院关于刘立民与赵淑华因离婚诉讼&EncodingName=&Search_Mode=accurate&Search_IsTitle=0.
② 北大法宝.洪某琴等诉安徽省黄山市歙州学校等确认民办学校举办者、出资者纠纷案.[2018-11-10]. http://www.pkulaw.cn/case_es/payz_123615777.html?match=Exact.

量不高、管理经营不善、生源不足等问题陷入困境，甚至一些学校因繁重的债务
危机而倒闭，退出市场。《民办教育促进法》第五十八条规定，民办学校"因资
不抵债无法继续办学而被终止的，由人民法院组织清算"。但人民法院组织清算
具体适用何种程序并没有相关法律法规进行详细规定。因此，司法实践中存在相
关法律法规不齐全的问题。比如，在贵州省遵义中山中学破产清算案中，贵州省
高级人民法院因程序法律缺失向最高人民法院请示，《最高人民法院关于对因资
不抵债无法继续办学被终止的民办学校如何组织清算问题的批复》中指出，参照
适用《中华人民共和国企业破产法》规定的程序，并依照《中华人民共和国民办
教育促进法》第五十九条规定的顺序清偿。

5.民办学校的师生权益问题

与民办学校师生权益保障相关的诉讼案件比较多，凸显出我国民办学校师
生权益保障现状与立法初衷存在较大差距，民办学校师生的合法权益亟待切实有
效的保护。教师权益方面主要涉及的问题有：原公办学校教师响应国家政策去
民办学校教学，但工龄续接、社保等福利待遇遭受侵犯；民办学校教师编制不
清，权益易受损且维权难度大；教师与民办学校劳动报酬纠纷普遍存在，比如朱
某与宜春某学校追索劳动报酬纠纷案、郭某与兰州某学校劳动争议案等案件。学
生权益方面主要涉及民办学校教学管理、违规收费等侵害学生合法权益的案件，
比如，2000年北京某民办学校被诉未尽管理监护职责案、2000年山西某民办学
校被诉返还义务教育保证金案、2001年湖南某民办学校被诉教学质量低劣案、
2002年河南某民办学校被诉退还考生北京学籍注册管理费并赔偿损失案、2003
年安徽某民办学校被诉非法办学案、2004年广东某民办学校被诉违反培训合同
案、2005年辽宁某民办学校被诉乱收费案等。①

6.民办学校领域的刑事违法问题

民办教育由于其性质和发展阶段的特殊性，在运行中也会出现一些刑事违
法问题。例如，由于民办学校生存环境相对较差，举办者自身筹集资金能力不

---

① 尹晓敏.构建民办学校学生合法权益的保障机制.浙江树人大学学报（人文社会科学版），2009（1）：
10-14.

足，政府扶持力度不够，为了获得更多的政府扶持资源，谋求生存与发展，一些举办者可能会铤而走险，通过利益输送等方式换取特殊政策支持。再如，由于政府部门对民办学校的监管相对不足，一些举办者在没有学历教育办学资质的情况下设置专业、擅自招生并收取学费，进行经营性办学活动，如钱某的非法经营案①。此外，随着民办学校市场化程度的不断加深，一些民办学校以出售教育券、教育储备金和投资助学等形式，向学生家长收取费用，变相吸收公众存款，如四川省成都市新津县华润学校非法吸收公众存款②，凤台县慧智学校以建校需要资金为名非法吸收公众存款③，西安华西专修大学因办学发展缺少资金，以投资助学、教育扶贫为名向社会公众非法募集资金④等。

民办学校被定性为"民办非企业单位"，虽然与公办学校的事业单位法人性质不同，但在对民办学校案件进行侦办和审判时，这种定位并不"恒定"。由于教育资源的公共性质及教育公益性的特征，侦办民办学校领域的刑事违法案件需要格外谨慎，如在对侵占学校财产型案件司法过程中，法院对学校及嫌疑人的身份定性往往不单独以现有身份（企业及企业法人）来判定，还需综合考虑该学校前身是否系事业单位改制合并而来，被告人是否系国家机关委派到民办学校从事监管工作，以及是否协助国家机关履行公职等多重因素，从而防止国有财产流失及保障国家和公众利益的最大化。

二、制度变迁中民办教育行政执法实践的困境与出路

教育行政执法是实现教育立法宗旨的基本途径和推进依法治教的关键。教育行政执法的实际效果则是衡量我国教育法治化程度的重要标准，是影响我国教育体制改革和发展进程的主要因素，它直接关系到教育部门乃至整个政府机构的行政效能和公信力。⑤

① 童康. 擅自开展经营性办学活动情节严重的构成非法经营罪. 人民司法, 2012（16）: 47-49.

② 王俊秀. "传奇校长"被捕之后. 政府法制, 2009（33）: 4-6.

③ 人民网. 非法吸收公众存款1600多万 凤台一私立学校校长被判刑.（2014-02-25）[2018-11-09]. http://ah.people.com.cn/n/2014/0225/c358266-20647269.html.

④ 凤凰网. 西安一民办高校非法集资案开审: 集资24亿, 6.8亿发提成.（2018-06-15）[2018-11-09]. http://news.ifeng.com/a/20180615/58734879_0.shtml.

⑤ 安杨, 王军. 论对民办教育行政执法的思考. 理论建设, 2014（4）: 60-64.

（一）民办教育行政执法实践困境

民办学校是我国公共部门改革的产物，其执法监管问题与国家政治经济体制改革和社会治理体制创新密切相关，民办教育行政执法实践困境主要涉及民办教育执法缺乏法律依据、民办教育联合执法缺乏常态化机制、民办学校年检定位不清等问题。

1.民办教育执法缺乏法律依据

民办教育相关的法律法规中存在大量的授权性条款，相关条款可操作性不强、可诉性不强。[①] 比如，与民办学校管理相关的法律法规中存在诸多立法空白，立法数量不多，行政执法中难以寻找到相关法律依据，极易引发法律纠纷。再如，关于民办学校举办者的义务及法律责任的相关规定语焉不详。[②] 义务教育阶段民办学校举办者退出后，行政部门协助安置在校学生的具体措施及相应法律责任亦没有详细规定。

2.民办教育联合执法缺乏常态化机制

民办教育领域所涉及的违法行为主要包括非法举办民办学校、幼儿园、中外合作办学机构、文化类培训机构等；民办学校违规招生、收费及实施教育教学活动等管理行为；教师体罚学生、校园欺凌等侵害学生合法权益的行为；教育机构非法集资、偷税漏税等行为及其他教育违法行为。民办教育领域存在的诸多违法现象，具有问题关涉的多面性、原因交错的复杂性、利益调整的广泛性等特点，处理这些违法行为并非教育行政部门一家力所能及的，需各个相关部门共同参与、联合执法。2014年，教育部在全国选取了上海、青岛等8个试点单位开展教育行政执法改革试点，在教育行政执法，包括部门联合执法方面进行了一些探索。[③] 但目前，教育行政执法部门联合执法仍然面临法律依据不足、执法主体职责不清、联合执法信息沟通渠道不畅等问题；此外，教育行政部门对民办教育

---

① 李明镜，刘凯.我国高等教育行政立法的失范与反思.现代教育管理，2015（11）：59-63.

② 王玉学，吴楠，凌子平.教育行政执法存在问题及法律风险防范的实证分析——以2014—2015年南方某省教育行政案件为例.现代教育论丛，2016（4）：90-96.

③ 顾勇革.教育行政执法联动协作机制研究.青岛职业技术学院学报，2017（1）：64-68.

进行"风暴式"行政检查现象普遍,亟待建立民办教育执法常态化机制。[①]

3. 民办学校年检定位不清

从行政法视角看,年检是一种由行政检查和行政处理两部分组成的复合型具体行政行为,既不是行政许可,也不是独立的行政检查。民办学校年检的主要内容为检查办学者是否具有办学资格和办学条件。目前,民办学校年检主要存在年检缺乏规范性、年检形式化,以及以检代罚、滥用年检等问题。在年检中,一些教育行政部门采用警告、没收非法所得、吊销办学许可证、责令停止招生等行政处罚,违背了年检设立的初衷,导致民办学校行政复议不断。

(二)民办教育行政执法优化路径

1. 强化民办教育行政执法法治

我国应进一步完善民办教育法律法规体系,为教育行政部门执法提供法律依据,在此基础上制定民办教育行政执法裁量规范等。加强法治理念教育,运用法治理念构建标本兼治的长效机制,做到行政执法合法合理合情、有理有利有节,明确行政执法部门执法权限和范围,遵守表明身份、说明理由、公开检查、提取证据、告知权利等基本程序,同时必须对不依法正确履行行政执法职责的行为,如行政不作为、滥用执法权、越权执法等予以督察,通过行政机关或司法机关监督违法行政执法行为等,依法追究其违法责任。[①]

2. 完善民办教育行政执法联动协作机制

我国应进一步完善民办教育行政执法联动协作机制相关法律规范,推动民办教育领域的联合执法符合依法行政原则,明确各部门职能划分和角色分工,联合执法目标、原则及违约责任等内容,保证联合执法协作机制顺利实施。探索建立高级别、权威性的教育行政执法联合执法协调机构,在地级市和县级层面建立教育行政执法联席会议制度,协调联合执法活动,在联席会议框架下成立联合执法组,建立快速响应机制。比如,人力资源和社会保障、教育等部门组成联合执

---

① 刘永林.校外教育治理,法治化是长久之计.光明日报,2018-04-02(2).

法组，加强对违法举办职业资格职业技能培训、侵害教师合法权益的学校的查处力度；公安、金融、物价、税务及教育等部门组成联合执法组，规范民办学校乱收费、偷逃税款、非法集资等违规办学行为。同时，建立部门间联合执法的信息联络共享机制，加强民办教育行政执法信息互联互通。

3.建立健全民办教育日常管理工作体系

民办教育具有举办者和投资渠道多元化的特点，在日常管理上与公办学校具有较大的区别，从中央到地方各级教育行政部门的机构设置和人员配备看，均存在与现有民办教育的改革和发展现状不匹配的现象，机构偏少，人员不足，难以应对民办学校当前的管理工作。因此，我国必须进一步探索由民办教育协会、学会等机构分担民办学校管理的事务性、服务性工作，形成完善的民办教育日常管理工作体系，对民办学校的招生、收费、教师队伍建设、教育教学质量、财务状况等事项进行检查评估，参与调查和处理民办学校集体上访事件、重大安全事故等，凸显行业协会的自身价值和管理优势，进一步改变民办教育的行政管理现状。

三、制度变迁中民办教育法律纠纷案例的经验与启示

随着我国民办教育法律体系日益完善，法律制度更加健全，民办教育法律纠纷案例在其发展过程中也呈现出不同的特点，为民办教育实践提供了民办教育法律纠纷化解的经验与启示。

（一）形成司法解决民办教育纠纷实践经验

在民办教育司法实践中，《民办教育促进法》是法院裁判的主要依据，由于其相关规定过于原则化、模糊化，操作性不强，加之民办学校与一般企业、事业单位的不同，法院在审理民办学校破产、清算、财产继承、举办者变更等类型的案件时，面临《民办教育促进法》提供的法律依据不足，又难以适用《中华人民共和国公司法》《中华人民共和国企业破产法》《中华人民共和国继承法》《中华

人民共和国婚姻法》等相关法律的困境。在司法实践中，在妥善处理诸多的民办教育法律纠纷案件过程中，法院通过抽象的司法解释和案例中的说理，形成了一些具有创新性、操作性、一般性的理论与观点，既可以为民办教育管理实践提供指导，也可以作为同类案件的审判依据，这在一定程度上弥补了民办教育相关法律法规的不足，并有效避免了同案不同判的尴尬境地，保障了民办学校各相关利益主体的合法权益。

（二）构建多元的民办教育纠纷解决机制

我国民办教育纠纷有其自身的特点，司法救济途径仅是其中一种渠道，结合几十年司法实践的经验教训，探索建立非诉讼救济机制在民办教育法律救济中亦十分重要和关键。比如，在民办教育行政机关内部设立专门救济机构，依照法定权限和程序受理民办教育申诉、民办教育行政复议等案件；建立教育司法仲裁机构，探索建立民办教育仲裁制度，对平等主体之间发生的民办教育合同争议或财产纠纷，根据《中华人民共和国仲裁法》在当事人双方自愿的前提下，可以通过仲裁进行裁决；建立健全民办学校校内纠纷处理机制，对学校与教师、学生，教师与学生，学生与学生之间的纠纷，民办学校依据《中华人民共和国教师法》《中华人民共和国教育法》等教育相关法律或学校内部规章制度予以处理；探索建立民办教育调解制度，结合人民调解制度的实践经验及基础建立教育调解制度，包括校外、校内调解制度等。探索多元化民办教育法律救济体系，有利于降低法院的司法诉累，缓解法官的办案压力，也能有力地推动多渠道保障民办学校相关利益主体的合法权益的进程，是民办教育法治化的重要内容和关键环节。

（三）探索建立专门的教育法庭制度

国家的教育司法权目的在于处理各种教育纠纷，保证法律规定的教育权利和义务的实施。在许多国家，法院对于调整各种教育关系的作用越来越重要。[①]当前，进一步完善教育法庭制度，必须明确教育法庭受案范围：①处理民事诉讼

---

① 劳凯声.试论教育的行政管理与法律管理.高等师范教育研究，1992（1）：52-57.

领域的教育纠纷：如学校与教师之间的劳动合同纠纷、社会保险纠纷、人事争议、福利待遇纠纷等，以及学校与学生之间、教师与学生之间的人格权纠纷、生命健康权纠纷等。②处理行政诉讼领域的教育纠纷，如教师与教育行政机关之间的职称评定纠纷、教师资格证纠纷等，以及高校与学生之间的学位授予纠纷、违纪处分纠纷等。③处理刑事诉讼领域的案件，如民办学校举办者涉嫌的犯罪行为、《中华人民共和国刑法修正案（九）》规定的与考试作弊相关的犯罪行为等。将民办教育纠纷纳入教育法庭审理的范畴，能够使民办教育司法审判更加高效、更加公平，进一步保障当事人的合法权益，缓解三大业务审判庭的压力，实现教育纠纷处理的专业性，节约诉讼成本和司法成本。

第四章

民办教育规范和管理

民办教育规范和管理,主要是指政府通过法律、政策等确立规范和管理制度来明确民办学校办学行为规则,通过审批、年检、评估、督导等行政手段对民办教育实施管理的行为。改革开放40年来,政府对民办教育规范和管理的制度不断完善,进而影响民办教育的实践,形成民办教育发展实践与管理制度相互促动、相互制约的互动关系。本章旨在探讨民办教育规范和管理制度与政策实践的变迁状况,梳理民办教育规范和管理的关键问题,并在总结40年规范和管理经验的基础上,探讨未来民办教育规范和管理的主要动向。

第一节　民办教育规范和管理的发展历程

一、民办教育规范和管理的制度变迁

民办教育是我国教育事业的组成部分，其发展应遵守我国的教育法规制度与政策。与此同时，民办教育在经费来源与内部管理体制等方面不同于公办教育，因此，对民办教育的规范和管理又有别于对公办教育的规范和管理。民办教育规范和管理的制度变迁，反映了从计划经济管理体制向社会主义市场经济管理体制的变迁过程，规范和管理的背景与内容也折射出民办教育地位和作用的不断变化，以及有关民办教育发展的社会观念与意识的转变。从内容来看，国家对民办教育的规范和管理从关注办学条件、办学行为到关注办学方向、办学内容和办学质量，经历了从"表层"到"实质"、从"物质"到"精神"的变迁过程。同时，民办教育在办学层次、办学类型、收费管理、资产财务等方面也发生了诸多变化。

（一）恢复起步期（1978—1992 年）

我国民办教育自 1978 年开始恢复，国家从默许到 1982 年通过修订《中华人民共和国宪法》给予民办教育法律承认，这段时期国家对民办教育实际上处于一种"放手发展"的状态。在教育需求的推动下，民办教育有了较大的发展，同时许多不规范的办学行为不断出现，规范和管理的需要便提上日程。在此背景下，国家教育委员会在 1987 年发布了《关于社会力量办学的若干暂行规定》，该规定首次对民办教育办学作出比较全面的规定，成为我国第一个针对民办教育的专门法规文件。此后，教育行政部门开始对民办教育严格规范，陆续针对各种不规范的办学行为出台相应的管理规定。1987 年，国家教育委员会、财政部发布《社会力量办学财务管理暂行规定》，指出民办教育领域盲目举办高层次学历教育的问题，对社会力量举办高等教育实行限制。《社会力量办学财务管理暂行规定》明确提出，民办学校的财产任何人不得借故侵占或挪用，并对学校剩余财产的处理作了规定："学校停办后，除将办学单位、个人投入的财产返还原办学单位、个人外，其结余部分（包括资金、物资、办学场所等），应当移交给当地批准该校办学的教育行政部门，以用于鼓励、支持社会力量办学。结余财产不得挪作他用。"1988 年，国家教育委员会发布了《社会力量办学教学管理暂行规定》《关于社会力量办学几个问题的通知》，对民办学校的管理体制、财务、教学、招生、文凭等作出了具体规定。[①] 随后，针对民办学校的一些具体问题，国家教育委员会又发布了《关于跨省、自治区、直辖市办学招生广告审批权限的通知》《社会力量办学印章管理暂行规定》，对招生、广告、印章等问题进行了专门规范和管理。认真分析这几个重要国家政策文件，可以发现，其出台时期往往是民办教育迅速发展但问题丛生，而相关法律法规缺位的时期。1991 年，国家物价局和财政部联合发布了《关于加强社会力量办学收费管理的通知》；1994 年，针对一些民办中小学"储备金"收费问题，国家教育委员会下发了《关于民办学校向社会筹集资金问题的通知》，及时制止了高收费现象的蔓延。在中央陆续出台社会力量办学相关政策和规定的背景下，各地也依据中央相关文件的规定，结合地方实际颁行了关于支持与规范社会力量办学的政策和规定，为民办学校快速发展提供了较好的制度环境。

政府作为规范和管理民办教育的主体，受宏观治理理念与法律政策环境等变化的影响比较明显。这一时期，我国民办教育处于恢复起步的阶段，相关法律法规还不健全，政府对民办教育的规范和管理稍显被动，主要采取"打补丁"的方式，即针对民办学校在办学过程中出现的典型问题和违法违规现象，出台相应的政策文件，规范和管理尚未实现常态化与法制化。

---

① 文东茅 . 走向公共教育——教育民营化的超越 . 北京：北京大学出版社，2008：45.

（二）快速发展期（1993—2002 年）

1993 年，《中华人民共和国宪法》第二次修正案明确提出，"国家实行社会主义市场经济"，我国经济由此正式向社会主义市场经济转型。在此背景之下，社会力量办学迅猛增加，且办学形式多样化。观念的开放和市场资源的增多，让民办教育发展迎来了新的机遇。伴随着民办教育发展规模的扩大，对民办教育规范和管理的要求再次加强。1993 年，国家教育委员会发布《民办高等学校设置暂行规定》，明确了设置民办高等学校应具备的基本条件，例如：设置的专业数一般在 3 个以上；在校学生规模应达到 500 人以上，其中高等学历教育在校学生规模应不少于 300 人；有固定、独立、相对集中的土地和校舍，校舍一般应包括教室、图书馆、实验室（含实习场所及附属用房）、校系行政用房及其他用房五项。同年，国家教育委员会向国务院法制局报送了《社会力量办学条例（草案）》，经过四年的调研、协调、征求意见和修改，国务院于 1997 年发布了《社会力量办学条例》，从更高层面对社会力量办学加以规范和管理，并指出："社会力量举办教育机构，不得以营利为目的。"在产权制度安排方面，《社会力量办学条例》与《社会力量办学财务管理暂行规定》一致，但取消了《社会力量办学财务管理暂行规定》里不合理的内容，如"学校停办后，如资不抵债时，其亏损部分由办学单位或个人承担"。同年，国家教育委员会发布《国家教育委员会关于实施〈社会力量办学条例〉若干问题的意见》，指出"教育机构的财产应当与举办者的财产相分离，在教育机构存续期间，由教育机构依法管理和使用。要分清教育机构中的国有资产、举办者投入到教育机构的资产和教育机构办学积累的资产，分别登记建账"。该意见实际上强调了民办学校法人财产权。

1998 年，《中华人民共和国高等教育法》规定："国家鼓励企业事业组织、社会团体及其他社会组织和公民等社会力量依法举办高等学校，参与和支持高等教育事业的改革和发展。"由此，国家对民办教育办学层次由限制举办到逐步放开管理。1999 年，《中华人民共和国宪法》第三次修正案规定"中华人民共和国实行依法治国，建设社会主义法治国家"，依法治国理念不断强化，对政府依法行政的要求也不断提高。1999 年，国务院发布《国务院关于全面推进依法行政的决定》，由此，政府对民办教育的规范和管理更加强调依法实施。在这样的背景下，随着民办教育规模的持续扩大，我国急需对民办教育进行立法，从国家法律层面对相关问题加以明确和界定。在此阶段，国家鼓励并支持发展民办教育，因此民办教育获得了合法地位，发展步入正轨，国家对民办教育的规范和管理也开始朝法制化方向转变。伴随着国家经济体制和教育体制改革的步伐，民办教育步入规范发展期。

（三）规范发展期（2003—2016 年）

2003 年，《民办教育促进法》开始实施，它明确了民办学校与公办学校享有同等法律地位，为民办学校享受国家税收优惠政策，保障民办学校举办者、校长、教职工和受教育者的合法权益等提供了法律依据，促使支持民办教育发展的框架性制度设计得以形成。2004 年，国务院颁布实施《民办教育促进法实施条例》，对民办学校的举办者、设立、组织与活动、资产与财务管理、扶持与奖励、法律责任等方面作出了详尽的规定，为民办教育的发展奠定了坚实的制度基础，从此民办教育获得了更加广泛的支持和认可。2005 年，国家发展和改革委员会联合教育部、劳动和社会保障部制定了《民办教育收费管理暂行办法》，对民办学校学费和住宿费标准的设定、审批流程、监督检查等都予以了明确。2006 年，《国务院办公厅关于加强民办高校规范管理引导民办高等教育健康发展的通知》规定，"有关部门对不按照国家规定收费、退费的民办高校，进行查处并追究有关责任人的责任"。教育部于 2007 年和 2008 年又分别出台了《民办高等学校办学管理若干规定》（教育部令第 25 号）与《独立学院设置与管理办法》（教育部令第 26 号），再次专门对民办高校和独立学院办学条件与设置标准加以规范和管理。在党的十八大明确放开价格管理机制以后，国务院于 2014 年印发了《国务院关于创新重点领域投融资机制鼓励社会投资的指导意见》，提出民办教育执行与公办教育相同的价格政策，营利性民办学校收费实行自主定价，非营利性民办学校收费政策由地方政府按照市场化方向根据当地实际情况确定。

在长达十多年的理论讨论和办学实践基础上，结合《国家中长期教育改革和发展规划纲要（2010—2020年）》中有关民办教育分类管理改革试点的精神和实际情况，2016年，《全国人民代表大会常务委员会关于修改〈中华人民共和国民办教育促进法〉的决定》获得通过，正式明确对民办教育实行营利性和非营利性分类管理，由此开启了对民办教育实行营利性与非营利性分类管理的新时期。纵观这十几年历史，民办教育蓬勃发展，民办教育的规范和管理实现了有法可依，走上了法制化和规范化的道路。

（四）内涵式发展期（2017年以来）

2017年是中国民办教育发展史上极其辉煌的一年，伴随着新修订的《民办教育促进法》及其配套政策的正式实施，民办教育发展进入了分类管理的新阶段。[①] 在新修订的《民办教育促进法》颁布后，国家各部门相继制定了相关政策法规，进一步完善了相关管理和扶持制度，对进一步鼓励社会力量兴办教育、推进教育供给侧改革、满足人民群众日益增长的多样化教育需求，具有重要而深远的意义。为进一步明确政府相关部门的职责，推动民办教育新法新政落实，2017年，教育部等十四部门印发了《中央有关部门贯彻实施〈国务院关于鼓励社会力量兴办教育促进民办教育健康发展的若干意见〉任务分工方案》的通知。与此同时，各省级政府为落实新修订的《民办教育促进法》及其配套政策，紧锣密鼓地结合各地方实际出台相关实施意见和配套政策。2017年，党的十九大报告明确提出"支持和规范社会力量兴办教育"[②]，党的十九届三中全会强调推动教育等公共服务提供主体多元化、提供方式多样化。

为进一步贯彻落实党的十九大精神和上位法规定，回应民办教育领域出现的新情况、新问题，支持和规范民办教育发展，教育部已经启动了《民办教育促进法实施条例》的修订工作，于2018年4月20日向全社会发布了《中华人民共

[①] 阙明坤.民办学校发展步入新时代.教育，2018（1）：11.

[②] 中央政府门户网站.习近平：决胜全面建成小康社会 夺取新时代中国特色社会主义伟大胜利——在中国共产党第十九次全国代表大会上的报告.（2017-10-27）[2018-10-08]. http://www.gov.cn/zhuanti/2017-10/27/content_5234876.htm.

和国民办教育促进法实施条例（修订草案）（征求意见稿）》。该文件将《国务院关于鼓励社会力量兴办教育促进民办教育健康发展的若干意见》的部分内容、原则、规定体现为法规、法条，为各地、各部门贯彻落实新法新政，加强部门协调配合，统筹协调推进民办教育改革发展提供了法规框架。可见，在内涵式发展期，民办教育改革发展和管理规范更加注重于法有据、有法可依，注重在法律框架下逐步推进改革，注重发挥配套政策的外溢效应和综合效应。

二、民办教育规范和管理的地方实践演变

我国地方民办教育规范和管理呈现出很强的趋同性，在民办学校的准入与退出、招生广告、学籍和教学制度、资产与财务管理等方面通常都遵循国家统一规定。但是，由于民办教育发展的区域性环境不同，国家法律和政策不可能照顾到每个区域的特殊情况，因此国家给予地方一定的制度空间，由地方针对本区域实际状况和具体问题，采取地方立法或制定政策等方式对民办教育发展进行规范和管理。

（一）规范民办学校招生行为

2006年，江西省两所民办高校由于虚假招生而出现学生群体性事件，在全国产生了恶劣影响。随后，为规范民办高校的招生行为，江西省教育行政部门出台规定，从明确学生入学身份入手，要求民办高校在宣传、发放录取通知书、办理入学手续、学籍注册等过程中严格遵守有关规定。例如，将民办高校的录取通知书分为四类；新生报到时，民办高校要分别设置统招新生报到处和非统招新生报到处，并按招收学生的类别在收费票据上注明"统招生""自考生""中职生""非学历教育学生"；新生入学的学籍也相应分为四种，即学历教育学籍、自考生学籍、中职学籍和非学历教育学籍，并全部实行电子注册，进入江西省大中专院校学生学籍注册信息系统；学生入学后，民办高校要将学历学生和非学历学生分开开展教育教学。这种明确学生身份的做法在很大程度上减少了民办高校虚假招生、误导学生的行为。江西省民办高校发生的学生群体性事件引起了国家的高度

重视，当年迅速出台了《国务院办公厅关于加强民办高校规范管理引导民办高等教育健康发展的通知》，并将江西省的一些实践举措吸收在内。

（二）监督完善民办学校法人治理结构

民办学校法人治理结构是否健全，是影响民办教育发展的重要因素。由于历史、观念与制度等各种因素，许多民办学校法人治理结构不健全，运行不通畅，"家族式"办学、家长制管理、内部人控制等现象严重，使民办教育偏离了公共性与公益性。陕西省民办教育管理部门在完善民办学校法人治理结构方面进行了有益的探索：①监督民办高校完善决策、执行与监督的法人治理结构；②加强民办学校党建工作，党组织负责人实行委派制，由上级管理单位委派党组织负责人进入学校决策机构，以督导专员身份参与学校的管理；③要求民办高校领导班子核心成员实行亲属回避制度，理顺董事会、院委会、党委、工会之间的关系。这些措施在一定程度上保证了民办学校法人治理结构的合理性与多利益主体的参与性。

（三）建立风险保证金制度

同样是由于2006年所发生的民办高校学生群体性事件，为了防范办学风险，江西省在全国最早探索建立了民办高校风险保证金制度，规定"每年从民办高校年度学费收入中按1%的比例提取风险保证金，用于学校发生意外事故的处理"[①]。全国其他省（自治区、直辖市）也随之实施这一做法，如宁波民办学校实行分类、定额设立风险保证金制度，其具体做法是：民办学校应在每年会计年度结束前到审批机关财务管理中心专户储存风险保证金，累计金额达到规定的最高定额时，不再提取；民办学校发生意外事故或其他突发事件需要动用风险保证金的，应当向审批机关提出申请，经核实后可提取、使用；当民办学校终止时，风险保证金本息全额退还民办学校，并在审批机关的监督下，由民办学校按规定用

[①] 教育部. 教育部办公厅关于转发《中共江西省委、江西省人民政府关于进一步加强和改进民办普通高等学校工作的若干意见》的通知. （2007-05-17）[2018-11-09]. http://www.moe.gov.cn/s78/A12/szs_lef/moe_1416/s6628/moe_1417/tnull_24805.html.

于终止有关事宜的处理。^① 建立风险保证金制度，一定程度上防范了办学风险，同时也加强了对民办学校的规范和管理，尤其是财务管理。

（四）民办非学历高等教育机构的规范和管理

由于历史原因，一些省（自治区、直辖市）的教育行政部门审批成立了一批民办非学历高等教育机构，随着机构发展与外部环境的变化，不同省（自治区、直辖市）逐渐采取不同的管理方式。如上海市于1997年将该类型机构的审批与管理权下放到区级，对民办教育实行分级管理，市教育部门负责管理本市实施高等学历教育的民办高等学校，区教育部门负责管理民办非学历高等教育机构。浙江省于2013年下发了《浙江省教育厅、浙江省民政厅关于调整民办非学历高等教育机构管理体制的通知》，把"民办非学历高等教育机构设立、分立、合并、变更、终止审批"的行政审批和管理事项下放至各市、县（市、区）。陕西省教育厅于2016年施行《陕西省省属民办非学历高等教育机构管理办法》，重点规范学校的退出机制：一方面鼓励民办非学历高等教育机构转变为非高等教育类型；另一方面加强年检和对办学中的违法行为的处分，明确年检不合格停止招生的事项，以及吊销办学许可证的必要条件。山东省教育厅于2016年下发了《山东省教育厅关于进一步加强民办非学历教育机构规范管理的通知》，作出了如下要求：市教育行政部门要配合省教育行政部门做好民办非学历高等教育机构日常监督和检查的组织实施工作；有关单位要按照通知精神，对发现的其他问题限期整改，对存在重大安全隐患和严重违法办学行为的，要会同有关部门依法严肃处理；各市教育局将专项检查情况向教育厅汇报。北京市针对此类非学历高等教育机构则仍然采取市教育委员会审批和管理的办法，每年通过年检、招生简章备案与招生行为监测等各种方式加强规范管理。

（五）加强民办学校财务管理

在规范民办学校财务管理方面，上海市自2007年起出台了一系列规定，包

① 宁波市人民政府.印发关于贯彻实施《宁波市民办教育促进条例》若干规定的通知.（2007-09-04）[2018-11-09]. http://gtog.ningbo.gov.cn/art/2007/9/4/art_793_299923.html.

括民办学校学费收缴监管办法和民办学校财务管理准则等，明确要求民办学校接受的国家资助、依法接受的社会捐赠、向学生收取的费用，以及民办学校举办者投入民办学校的资金，应当进入学校银行存款基本账户，不得挪作他用。民办学校使用和处理较大数额的经费和财产，应当经过学校决策机构集体讨论决定。民办学校资产的使用和财务管理，受审批机关和其他有关部门的监督。在每个会计年度结束时，民办学校应当依据《民办教育促进法实施条例》中规定的比例提取发展基金，制作财务会计报告，委托会计师事务所依法进行审计，并公布审计结果。

（六）规范民办学校党建工作

为加强民办高校党建工作，发挥党在民办高校中的作用，江西省率先制定了《中共江西省委　江西省人民政府关于进一步加强和改进民办普通高等学校工作的若干意见》，从组织建设、思想教育、监督保障等方面进行了规定，理顺了民办高校党组织的隶属关系，成立了"社会力量举办高校党委"，作为省委教育工作委员会下设的职能机构之一，与省教育厅发展规划处（社会力量办学管理处）合署办公，具体负责民办高校的党建管理和指导工作。省教育工作委员会向民办普通高校委派督导专员兼任党委书记，对督导专员的工作职责、选派方式、任职条件、职级待遇、日常管理等重要事项进行了规定，建立了督导专员制度，开了向民办高校委派党组织负责人的先河。

第二节　民办教育规范和管理的关键问题

一、民办教育规范和管理的基本做法

民办教育规范和管理内容主要集中在民办学校准入与退出、招生与广告、收费和退费、教学质量监控、民办学校财务与资产监督等方面。民办教育规范和管理的主要方式包括年检、督导、评估、信息公开等，这些方式在许多地区已经常规化、制度化，在规范民办学校办学行为、提升民办学校办学质量、促进民办教育健康发展等方面起到了重要作用。

（一）建立办学年检制度

按照国务院、教育部的相关规定，各省（自治区、直辖市）逐步建立健全了民办学校年检制度。通过年检方式，及时发现、查处民办学校违规办学行为。年检工作一般采取学校自查和专家复查相结合的方式，由教育行政部门制定年检指标，学校根据年检指标进行自查，提交自查报告和基本办学信息表等，然后教育行政部门组织专家逐一核查年检材料，并根据材料核查情况对部分民办学校进行实际入校检查。教育行政部门根据年检情况在办学许可证副本上加盖年检结论戳记，并将年检结果以一定形式向社会公布。如北京市教育委员会自 2006 年开始每年委托协会组织专家对民办高校开展年检工作，并根据实际情况不断调整年检指标，将涉及安全稳定的内容作为重要检查指标，对年检暂缓通过、基本通过、不通过的学校分别采取不同的措施，限期整改或暂停招生资格，从而很好地发挥了年检规范民办学校办学行为的作用。

（二）委派督导专员，加强日常监督

2002 年颁布的《民办教育促进法》第四十条规定："教育行政部门及有关部门依法对民办学校实行督导，促进提高办学质量。"在江西民办高校发生群体性事件之后，政府意识到对民办学校日常办学行为难以监控，容易产生信息不对称问题。因此，2006 年，《国务院办公厅关于加强民办高校规范管理引导民办高等教育健康发展的通知》要求，省级政府教育主管部门向民办高校委派督导专员，加强对民办高校办学行为的日常督导；2007 年，《民办高等学校办学管理若干规定》对督导专员的任职条件和行使的职权作了具体规定。随着这两个文件的颁布，建立政府对民办高校的督导制度成为一项基本政策要求，各地政府纷纷探索适合地方民办高等教育管理需要的督导制度。[①]江西最早探索试点，北京、上海等地也

---

① 丁秀棠，方铭琳.关于建立我国民办高校社会评估制度的主要分析.民办教育研究，2007（6）：14-17，107.

建立了督导专员制度，对民办学校加强日常督导管理。此后，中央进一步明确了民办高校督导专员的任职条件。2017年，《国务院关于鼓励社会力量兴办教育促进民办教育健康发展的若干意见》要求"民办高校党组织负责人兼任政府派驻学校的督导专员"；中共中央办公厅于2016年印发的《关于加强民办学校党的建设工作的意见（试行）》曾明确过这一要求。随后，天津、辽宁、甘肃、云南等地区的实施意见中都纳入了这一规定，地方政府督导专员制度正在日益改进和完善。

（三）组织或委托社会中介组织开展评估工作

对民办学校办学质量进行评估，以评促建，是规范民办学校办学行为、提高民办学校办学质量的重要手段。2002年颁布的《民办教育促进法》第四十条规定："教育行政部门及有关部门……组织或者委托社会中介组织评估办学水平和教育质量，并将评估结果向社会公布。"不少省（自治区、直辖市）逐步将民办学校评估制度化，加强对评估手段的使用。如上海市各区都成立了专门的学校评估事务所，对区所负责审批和管理的各级各类民办学校定期进行评估；在市级层面则成立了教育评估协会，通过政府购买服务等方式对区评估事务所进行间接管理。

（四）加大信息公开力度，解决信息不对称问题

要想教育服务市场运转良好，必须解决信息不对称问题。只有信息对称，教育服务的消费者根据有关信息作出相对理性的选择，才能形成对民办学校的制约作用，促使民办学校规范办学。因此，加大民办学校办学信息公开力度是规范管理的重要方式。不少省（自治区、直辖市）都在努力加强民办学校信息公开建设，如江西省在政府网站上开设了"民办教育"栏目，及时将有关信息在政府网站上公示公告。除发布相关政务信息外，江西省公示的民办学校信息还包括办学许可证情况、备案的招生简章，以及民办普通高校的招生计划等，使社会公众能够方便地查阅到民办高校的情况。政府也会及时公开监督检查的相关信息，将年检、评估及信用情况及时向社会和民办学校进行公示、预警，如"民办高校信

用记录公告"① 栏目对民办高校的违规违法办学行为进行写实性记录，对予以注销的民办高校，教育行政部门还会在报纸上向社会公告。通过这些信息公开措施，社会各界能够及时获知民办学校办学的最新状况，有效地解决了信息不对称问题。

（五）建立民办教育工作协调机制

民办教育发展涉及多个部门，对民办教育的规范和管理需要多部门协调。在民办教育发展过程中，需要不断完善教育行政部门同其他部门协调工作的机制，从而构建多部门共同协调管理的平台。具体而言，教育部门配备专职人员做好民办教育管理工作，财政部门会同教育、审计等有关部门加强对民办学校财务状况的监管，工商部门依法查处发布违法招生广告的广告主，公安部门会同教育、民政等有关部门依法查处非法办学机构和非法中介，民办教育行业组织加强自身建设，新闻单位营造有利于民办学校健康发展的舆论环境，由此逐渐形成政府依法管理、民办学校依法办学、行业自律和社会监督相结合的民办学校规范管理工作格局。2018 年，教育部办公厅等四部门联合发布《关于切实减轻中小学生课外负担开展校外培训机构专项治理行动的通知》，决定联合开展一年多、分阶段的校外教育专项行政检查，便是多部门联合开展民办教育规范和管理工作的一个典型实践。

二、民办教育规范和管理的主要瓶颈

民办教育规范和管理尽管取得了一定的成效，但与民办教育发展需要和社会需求相比，仍然存在一些问题，具体包括以下几点。

（一）民办教育管理力量与管理职能不相匹配

我国民办教育机构数量众多，仍处于发展初期，相关问题复杂多样，面临

---

① 《江西省民办教育促进条例》第二十九条规定，"实行民办学校信用记录公告制度。县级以上人民政府教育、劳动和社会保障行政部门应当将民办学校从事办学活动的信用情况，向社会公布。教育、劳动和社会保障行政部门应当在相关网站上建立民办学校信用记录查询系统，提供公众查询"。

着规范管理和提高质量的多重任务，维护民办学校安全稳定的任务繁重。然而，无论是省级还是市（区）级教育行政部门，都存在机构不健全、人员配备不充分的现象，民办教育管理力量都严重不足；相关行政管理部门职能庞杂，对民办教育有效监管的实现途径有限。如北京市教育委员会原民办教育处正式在编人员只有三人，而处室的职能却包括以下诸多方面：负责统筹规划本市民办教育事业的发展，研究制定鼓励和规范民办教育的政策措施并协调组织实施；负责本市民办教育的协调、管理，指导区县民办教育工作及行业协会工作，统筹管理本市民办教育信息的发布工作，协调、处理违法违规办学案件；负责民办非学历高等教育机构的设立、变更、分立、合并、终止和校长聘任核准等行政许可工作，负责有关民办教育的法律、法规和规章规定的备案工作；协调处理民办非学历高等教育机构的学生信访投诉及教职工群体性事件工作；协调指导民办学校的安全和稳定工作；协调指导民办高校党建和学生思想政治工作；协助督导专员的选派工作；负责党建联络员的选派、管理和督导专员的管理工作。管理力量与管理职能的不相匹配，使相关部门原本应该发挥的规范和管理作用大打折扣。

（二）民办教育管理制度与管理实践相比还不健全

尽管近几年许多地区的民办教育规范和管理制度不断完善，但与实践需要相比，在许多方面仍存在不足，致使教育行政部门在处理民办学校某些违法违规办学行为时缺乏具体制度的指导，要么处理不当，要么自由放任，严重扰乱了民办教育的办学秩序，也容易产生劣币驱逐良币的不利于民办教育长远发展的现象。当前，教育行政部门需要完善民办学校的财务管理制度、资本运作管理制度、质量保障管理制度等几个重要方面的管理制度。正是由于这些制度还不健全，而法律规定得又过于笼统，管理部门执行效率不高，效果不理想。

（三）民办教育管理手段和方式需要进一步深入探索

民办教育规范和管理手段已经呈现出多元化的发展趋势，但总体上仍然以行政规制手段为主，管理手段和方式比较单一，对多样化的规范和管理手段的探索尚处于初期，具体表现为：首先，多数地方政府对民办教育重监管，轻扶持和服务。许多地区对民办学校的管理主要借助行政手段，如委派督导专员、进行年检、硬性开展教育评估等，相应的财政手段、公共信息支持服务手段等运用不够。其次，政府既是政策的制定者，也是政策的执行者，对民办教育的微观管理仍然重于宏观管理，本应"掌舵"的人却忙于"划桨"，导致相关的管理人员颇受其累，而民办学校则颇受其苦。最后，管理主体大多局限于政府部门，民办教育中介组织还处在发展阶段，尚不成熟，而民办学校自律能力有限、动力不足，都尚不足以承担起规范和管理的职责。

（四）民办教育管理部门之间的配合协调仍然不够

民办学校从立项审批到正常进行教育教学活动会涉及众多的政府部门，民办教育管理不单是教育行政部门的事情，还需要人力资源和社会保障部门、公安部门、工商部门等其他相关行政部门配合，按照法律法规积极开展相关管理工作。目前，尽管许多规范和管理工作已经注意加强相关职能部门之间的沟通与协作，但这种沟通与协作更多的是依靠工作人员之间或部门之间的"友情支援"，缺乏明确的、固定的协调机制与参与机制；同时，其他相关部门参与管理的法律法规依据还不够清晰。此外，其他行政部门对民办学校的性质与作用等的认识还不统一，因此在参与管理和主动监督方面存在缺乏积极性的现象。

（五）民办教育管理效果与管理目标还有一定差距

民办教育管理的最终目标是确保教育服务的质量，保障人民接受高质量的教育服务，但由于种种原因，保安全、保稳定成了许多地区民办教育管理的首要目标。尽管如此，部分民办学校的违法违规办学行为仍然层出不穷，教育质量有待提高。民办教育管理效果与管理目标之间存在的差距，在某种程度上反映出管理规范失灵的问题。这一问题背后的原因是多样的，包括前述的管理力量不足、管理制度不健全、手段方式较单一，以及行政部门间协调配合不够等，因而要提升民办教育规范和管理效果、达到预期的管理目标，仍然任重道远。

三、民办教育规范和管理的主要经验

经过 40 年的时间，我国各级各类民办教育都获得了不同程度的发展，增加了教育供给，提供了个性化、特色化教育服务，在满足人民群众多元化、特色化教育需求方面发挥了重要作用。民办教育的规范和管理在其中起到了保障和促进的重要作用，规范也是为了促进，总结 40 年民办教育规范和管理经验，其中最重要的包括以下两点。

（一）自下而上的政策制定与演变

民办教育实践性较强，随着教育市场、教育需求的变化而不断发生变化，因此该领域的创新实践较多，这便要求规范和管理政策更多地自下而上演变。中央需要给予地方政府更多政策空间，由地方结合区域发展需要和区域背景，针对民办教育出现的各种问题进行规范和管理；中央层面则只进行原则性、宏观性的规定，并在法人属性、产权制度等涉及民办教育根本属性的问题上予以明确，让地方管理部门在有法可依的条件下自主探索管理措施。事实上，从民办教育规范和管理 40 年的制度变迁中可以发现，许多政策首先起源于地方管理经验，随后在全国其他地区得以推行，并最终通过国家统一的政策和法律规定进一步在全国推广。这种"自下而上""上下互动"的机制，较好地实现了中央统一法律体制和地方灵活有效管理之间的平衡，取得了较好的规范和管理效果。

（二）扶持与规范相结合

扶持与规范并举，在扶持中规范，在规范中扶持，是改革开放以来各地民办教育成功管理的基本经验。实践证明，民办教育的发展需要政府部门的监督和管理，同时也离不开政府在财政、税费、招生等方面的支持和引导，二者共同发挥作用，确保民办教育的健康发展。从一些地区的实践举措来看，扶持与规范政策"捆绑式"执行是一种行之有效的政策手段。例如，有的地方政府将规范民办高校办学领域、控制办学规模的政策与支持性的招生计划政策相"捆绑"，从而实现了控制民办教育规模、注重质量和特色发展的政策目标；再如，有的地方政府将民办教育发展专项资金支持政策与民办学校规范办学、诚信办学、特色办学等条件"捆绑"起来，在一定程度上既实现了积极引导发展的目标，又完成了规范发展的任务。[①] 总之，大力扶持和规范管理相结合，是促进民办教育发展、提高民办教育质量的有效手段。

第三节　民办教育规范和管理的未来动向

一、民办教育规范和管理的目标取向

概括来说，政府的教育政策目标包括提供机会、提升质量、促进公平、提高效率、增强社会凝聚力及满足消费者需求等。[②] 同样，民办教育规范和管理制度和政策的目标，也应该围绕上述内容进行：通过规范和管理民办学校行为，改善办学条件，提升办学质量；通过明确民办学校办学行为准则，维护教育市场秩序，满足社会教育需求。

（一）确保教育质量

民办学校的运营是以市场为背景的，而逐利性是市场经济自身所固有的特性，身处其间的民办教育也难免趋利，因而可能会出现为追求经济回报而违法违规办学的现象。因此，为保证教育的公益性和教育质量，政府作为公众利益的代表对民办教育发展进行规范和管理是非常必要的。公办学校需要确立各种机制，以保障用有限经费提供的教职工、设施、设备和材料等的质量都是最好的，民办学校同样适用上述原则。政府有必要开发相关工具进行监测与控制，以确保公共与私人提供者都尽可能提供最高质量的教育服务[③]，这是民办教育规范和管理的

---

① 丁秀棠."十一五"以来的北京市民办教育政策：特点与反思.教育科学研究，2012（11）：33-37，56.

② James E. Public policies toward private education: An international comparison. International Journal of Educational Research, 2012,15（5）：359-376.

③ Fielden J, LaRocque N. The Evolving Regulatory Context for Private Education in Emerging Economies: Discussion Paper and Case Studies. Washington:International Finance Corporation, World Bank Group, 2008.

核心目标和终极追求。

（二）保护高质量民办教育提供者

对于高质量民办教育提供者来说，政府完善的管理框架和有效的质量控制机制实际上是对他们的一种保护，因为这可以防止那些低质量的提供者削弱、损害潜在的民办教育市场，避免劣币驱逐良币现象的产生。政府通过界定法律边界、制定规则，对民办学校的行为进行约束与控制，从而赋予遵守规则、规范办学的民办学校合法性，有利于其健康发展。因此，保护高质量民办教育提供者，既是民办教育规范和管理的客观积极效果，也应当是规范和管理的一个目标追求。

（三）鼓励民办教育投资

在教育需求很大而政府资源有限的情况下，民办教育发展尤其重要。如何鼓励和吸引社会力量投资民办教育，应当是民办教育规范和管理需要关注的另一个重要目标。对民办教育的规范和管理，不能阻碍或限制社会力量兴办民办教育，而应当起到促进和鼓励的作用。为此，在对民办教育实施规范和管理时，规则要清晰，要求要明确，程序要简便，要通过清理民办教育领域的违法违规现象，营造更好的民办教育投资空间，从而更好地吸引社会力量兴办教育，避免因为各类不合理的限制性条件或惩罚性政策，让投资教育的民间资本持有者望而却步。

二、民办教育规范和管理的基本原则

（一）规范与发展相结合

经过40年的发展，各级各类民办教育获得了不同程度的发展，为满足人民多元化、特色化教育需求发挥了作用。进入新时期后，随着社会经济发展和人民生活水平的不断提高，人民对教育的期待越来越高，教育需求呈现出更为多元化、多层次的特点。但当前我国教育还存在发展不平衡、不充分的问题，难以很好地满足人民对教育的各种期待与需求。民办教育是我国教育体系的重要组成部分，在办学体制和运行机制方面具有自身的优势，准确定位民办教育在我国教育发展中的作用，支持和规范民办教育充分发展，能够更好地满足新时期人民对教育的需求。因此，发展仍然是民办教育的主线。民办教育规范和管理的第一原则，仍然要坚持规范与发展相结合，规范是为了发展，规范以发展为前提。"规范和发展，是民办教育生长壮大过程中的天平两端。民办教育要在发展中规范，在规范过程中促进发展。致力发展，规范为律，民办教育才能行稳致远。"[1]

（二）公益性与市场性相结合

民办教育是社会主义教育事业的组成部分，属于公益性事业。民办教育的教育公益性表现为它提供的教育服务不仅对学生及其家长产生了直接益处，而且具有很强的社会外溢性，它减轻了公共财政办学的负担，为社会提供了更多的高素质人力资本。同时，产生于市场经济背景下的民办教育也具有市场逻辑较强的灵活属性。虽然这在一定程度上激发了社会力量投资教育的热情，有利于增加民办教育的供给，但同时也要看到，民办教育在过去40年的发展中，出现了一定程度的经济逻辑占主导的现象，压制了原本应有的教育公益性逻辑，制约了民办教育自身的发展。因此，对民办教育的规范和管理要以教育公益性逻辑为线索，将经济逻辑从目的变为手段，使民办教育回归真正的教育公益性[2]，着眼于提高教育质量和人才培养效果，从而真正实现民办教育的长远健康发展。

（三）政府和民办学校良性互动

政府是规范和管理的行动主体，民办学校是被规范和管理的对象，二者围绕规范和管理产生往来互动。一方面，面对政府的管理和规制政策，民办学校会有多样化的应对行为，以影响制度要求、重新界定制度环境，进而影响政策制度变迁、规避政府规范所带来的不利结果。因而，"遵守"政府的规章制度仅仅是民办学校很多种可能反应之一。[3]对此，从政府的角度来说，为了确保规范和管理的效果，政府就必须营造规范和管理主客体之间，即政府和民办学校之间的良

---

[1] 胡卫.改革开放40年，我亲历的中国民办教育的发展变迁.人民政协报，2018-07-18（10）.

[2] 李虔.论中国民办高等教育发展的逻辑转向.东北师大学报（哲学社会科学版），2018（4）：190-194.

[3] W.理查德·斯科特.制度与组织——思想观念与物质利益（第3版）.姚伟，王黎芳译.北京：中国人民大学出版社，2010：62.

性互动，而非简单地实施单向的规制行动。另一方面，政府通过创建规制性制度，为民办学校提供了一种行动框架，这种制度框架对民办学校的行为既能形成约束，也具有使动性，赋予它们新的行动资源。因此，面对政府的规范和管理，民办学校不仅要将其看成一种约束，更要将其看成一种促动条件，要在主动与政府的良性互动中寻找发展的制度资源。

三、民办教育规范和管理的发展趋势

政府对民办教育进行规范和管理的目的在于解决由市场失灵所引发的教育公平和教育质量问题，政府作为公共利益的代表，应履行公共管理职责，维护学生和社会的利益，避免由民办学校的不当发展带来的不良影响。结合民办教育发展的新形势，未来民办教育规范和管理的主要动向如下。

（一）加快分类管理配套制度建设，实施分类管理

营利性和非营利性民办学校分类管理的国家制度已经正式确立，这是我国民办教育宏观治理制度的一次重大创新，同时分类管理涉及多方面的利益调整和制度重构，是一项极为复杂的工程。实施分类管理的关键在于地方配套制度的建立和政策的落实，因此，民办教育规范和管理接下来的重要任务之一便是围绕分类管理制度的建设，对两类不同性质的民办学校实施分类管理，在招生、收费、财务管理、质量评价等方面进行差异化规范和管理。

（二）落实民办学校办学自主权，激发创新能力与办学活力

只有充分落实民办学校的办学自主权，保障其依法依规独立自主发展的空间，民办学校才能办出特色、办出水平。党的十八届三中全会提出，政府要加强发展战略、规划、政策、标准等方面的制定和实施，减少直接、微观的管理行为。这就要求政府部门改进对民办学校的管理方式，教育、物价、财税等有关部门需要依法落实民办学校办学自主权，将招生、课程设置、教师招聘、专业规划等权利充分、完整地赋予民办学校；要在法律法规的范围内，通过设定政府权力边界，建立有效的监管机制。政府通过落实办学自主权，激发民办学校的发展动力和活力，才能办出一批高水平的民办学校。

（三）推进管办评分离，促进现代教育治理体系建设

党的十八届三中全会通过的《中共中央关于全面深化改革若干重大问题的决定》提出，"推进国家治理体系和治理能力现代化"，"深入推进管办评分离，扩大省级政府教育统筹权和学校办学自主权，完善学校内部治理结构"；党的十九大以来，各个领域继续强调简政放权和放管服相结合的原则。教育领域要实现政府治理体系和治理能力的现代化，核心就是要简政放权，改变高度集权、政府包揽过多的教育体制；要贯彻党的十八届三中、四中全会以来的有关精神，深入推进管办评分离，改变政府的管理方式，构建政府、学校、社会之间的新型关系，形成政府依法管理、民办学校依法办学、社会积极参与的良好局面；要全面推进教育治理体系和治理能力现代化，努力形成充满活力、富有效率、更加开放、科学发展的现代教育体系。健全社会依法、有序参与机制，实现从教育管理到教育治理的转型，不仅有利于民办教育的发展，还有利于教育整体水平的提升。

第五章
民办教育扶持和服务

　　政府扶持和服务是促进民办学校健康发展的重要手段。我国民办学校的筹资渠道主要依赖于学费，来自其他渠道的经费逐步增加且趋于稳定；同时，在捐赠尚不能成为民办学校主要经费来源之一的情况下，依靠政府的财政等扶持和服务来解决民办学校经费短缺问题，已成为促进民办教育健康、可持续发展的重要措施。本章围绕政府对民办学校的补贴和奖励、购买服务、助学贷款、税收优惠、土地优惠等扶持政策和提供金融手段、第三方评估等服务政策展开阐述，梳理政府扶持和服务民办教育的政策变迁，评析政府扶持和服务政策的实施效果及成因，探析政府扶持制度和管理服务的理论渊源及政策依据，提出完善我国民办教育分类扶持政策的对策建议。

第一节　民办教育扶持和服务的发展历程

一、民办教育扶持和服务的政策变迁

政府对民办学校进行相关配套支持并非一个简单的是非判断问题，而是直接反映出政府对民办教育的看法和态度。政府扶持和服务民办学校，特别是对民办学校进行公共财政资助，意味着国家对民办教育承担了应有的责任，同时也说明国家站在整个教育发展战略的高度同等对待公办教育和民办教育。自民办教育恢复以来，政府从最初的支持到后来的鼓励社会力量办学，通过逐步拓宽扶持和服务渠道，实行分类管理，逐步形成了当前的扶持和服务政策体系。

（一）民办教育扶持和服务政策演变阶段

1. 恢复起步期（1978—1992 年）

在民办教育恢复起步期，国家的扶持政策以积极鼓励、大力支持、正确引导为主。1985 年，中共中央颁发了《中共中央关于教育体制改革的决定》，对社会力量办学提出了鼓励导向，"地方要鼓励和指导国营企业、社会团体和个人办学"[①]。1987 年，国家教育委员会颁布了《关于社会力量办学的若干暂行规定》，并和财政部联合颁布了《社会力量办学财务管理暂行规定》，强调政府和教育部门要鼓励支持社会力量举办各类教育事业，在条件允许的情况下尽力帮助其解决办学中

---

① 教育部.中共中央关于教育体制改革的决定.（1985-05-27）[2018-11-10]. http://old.moe.gov.cn/publicfiles/business/htmlfiles/moe/moe_177/200407/2482.html.

存在的困难。

2. 快速发展期（1993—2002 年）

1993 年，中共中央、国务院印发《中国教育改革和发展纲要》，提出改善民办教师待遇，鼓励通过金融、信贷手段，融通教育资金。①《民办教育促进法》对扶持民办教育政策做了进一步的细化和补充，包括学校可以享受税收优惠和用地优惠、政府设立支持民办教育专项资金等。

3. 规范发展期（2003—2016 年）

2003 年，《民办教育促进法》开始实施，明确了民办学校与公办学校享有同等法律地位。2004 年，国务院颁布实施《民办教育促进法实施条例》，从此民办教育获得更加广泛的支持和认可。同时，国务院颁布的《中华人民共和国中外合作办学条例》成为民办教育领域中外合作办学的法律依据，也是我国教育领域应对经济全球化的新举措。在此阶段，《国家中长期教育改革和发展规划纲要（2010—2020 年）》中还明确积极探索营利性学校和非营利性学校分类管理，在全国展开分类管理的试点，并在国家层面推动教育法律一揽子修订。

4. 内涵式发展期（2017 年以后）

2017 年，伴随着新修订的《民办教育促进法》及《国务院关于鼓励社会力量兴办教育促进民办教育健康发展的若干意见》等配套政策文件的颁布实施，民办教育进入内涵式发展期。这些法规文件的出台突破了民办教育发展瓶颈，促进了民办学校依据法人属性分类落实扶持政策，落实了民办学校与公办学校同等法律地位，规定了营利性和非营利性民办学校在财政、税收优惠、用地、收费等方面的差别化扶持政策，明确了国家的鼓励方向。

（二）民办教育扶持和服务政策演变趋势

民办教育扶持和服务政策历经 40 年的演变，逐步形成了以分类管理为核心

---

① 教育部. 中国教育改革和发展纲要.（1993-02-13）[2018-11-10]. http://old.moe.gov.cn/publicfiles/business/htmlfiles/moe/moe_177/200407/2484.html.

的政策方向；扶持政策主要包括补贴和奖励、购买服务、助学贷款、税收优惠、土地优惠等五个方面；服务政策包括为民办教育提供金融手段和第三方评估等内容。

1. 政府补贴和奖励面逐渐加大

政府补贴和奖励是民办教育健康发展的重要条件。《中华人民共和国教育法》规定："企业事业组织、社会团体及其他社会组织和个人依法举办的学校及其他教育机构，办学经费由举办者负责筹措，各级人民政府可以给予适当支持。"[①] 各级人民政府将发展民办教育作为当前教育改革的重要任务之一，财政补贴和奖励是国家支持民办教育健康发展的重要方面。

（1）实行多种政府补贴扶持

党的十四大报告和1993年中共中央、国务院颁布的《中国教育改革和发展纲要》都提出，改变政府包揽办学格局，逐步建立以政府办学为主体、社会各界共同办学的体制，由此，学历性质的民办教育开始快速发展，政府通过补贴扶持民办教育发展。一方面，政府提供教师补助，改善民办教师待遇。1993年，《中国教育改革和发展纲要》中提出，要改进民办教师工资管理体制和统筹办法，增加民办教师补助费，改善民办教师待遇，逐步使民办教师与公办教师同工同酬。另一方面，政府通过委托服务拨付教育经费。《民办教育促进法》规定，"人民政府委托民办学校承担义务教育任务，应当按照委托协议拨付相应的教育经费"[②]。

从地方层面看，深圳市发布《深圳市民办学校义务教育阶段学位补贴试行办法》，为民办学校教师提供从教津贴，为在深圳市受政府委托的民办学校就读的义务教育阶段学生提供学位补贴。青海省人民政府颁发《青海省人民政府关于鼓励社会力量兴办教育促进民办教育健康发展的实施意见》，要求参照同级同类公办学校标准，对民办幼儿园和非营利性学历教育民办学校实行等额补助。

（2）设立专项基金资助

《民办教育促进法》规定，县级以上各级人民政府可以设立专项资金，用于

① 中央政府门户网站. 中华人民共和国教育法.（2005-05-25）[2018-11-10]. http://www.gov.cn/banshi/2005-05/25/content_918.htm.

② 中央政府门户网站. 中华人民共和国民办教育促进法.（2002-12-28）[2018-11-10]. http://www.gov.cn/gongbao/content/2003/content_62224.htm.

资助民办学校的发展，奖励和表彰有突出贡献的集体和个人。

从地方层面看，《宁波市民办教育促进条例》规定，市和地区政府应当设立民办教育发展专项资金，对义务教育和中等职业教育阶段的民办学校按照同类公办学校生均教育经费的一定比例给予补助。《上海市教育委员会　上海市财政局关于加强扶持民办中小学发展的通知》规定，市级财政每年安排一定数量专项资金，主要用于促进民办中小学教育发展、支持全市性的重大教育改革、构建促进民办中小学教育发展的公共服务平台、奖励和表彰为民办教育作出突出贡献的集体和个人。

（3）倡导社会捐资助学

2016年修订的《民办教育促进法》第四十六条规定，对非营利性民办学校还可以采取政府补贴、基金奖励、捐资激励等扶持措施。教育部等十四部门印发的《中央有关部门贯彻实施〈国务院关于鼓励社会力量兴办教育促进民办教育健康发展的若干意见〉任务分工方案》中积极鼓励社会力量对非营利性民办学校给予捐赠。

从地方层面看，《江西省民办教育促进条例》规定：民办职业学校，普通高级中学、初级中学，小学和学前教育学校，接受境外无偿捐赠的直接用于教育的教学仪器、图书、资料、学习用品，按照国家有关规定，享受与同级同类公办学校同等的税收优惠政策；鼓励企业捐资助学。《云南省人民政府关于鼓励社会力量兴办教育促进民办教育健康发展的实施意见》规定：建立完善捐资激励制度，鼓励社会力量对非营利性民办学校给予捐赠；推广政府和社会资本合作（public-private partnership，PPP）模式，鼓励社会资本参与教育基础设施建设和运营管理、提供专业化服务。

中央和地方各级政府补贴扶持政策的出台，为民办教育可持续发展营造了良好的政策氛围。中央和地方各级政府陆续出台的补贴制度，逐步加大的财政投入力度，逐渐明确的财政补贴项目、对象、标准和用途，为民办教育的发展提供了经费保障。

2. 政府购买服务有新进展

政府在赋予民办学校充分自主权、维护其办学公共性、承担其财政责任的基础上，与民办学校建成一种新型的权利与义务关系，两者间的合作主要通过政府购买教育服务来实现。

（1）明确购买服务范围、程序和标准

2010年，《国务院关于当前发展学前教育的若干意见》中鼓励采取政府购买服务、减免租金、以奖代补、派驻公办教师等方式，引导和支持民办幼儿园提供普惠性服务。2013年，《国务院办公厅关于政府向社会力量购买服务的指导意见》对规范政府向社会力量购买服务工作作出重要指导，在教育、就业、社保、医疗卫生、住房保障、文化体育及残疾人服务等基本公共服务领域，政府要逐步加大向社会力量购买服务的力度。2017年实施的《民办教育促进法》规定，县级以上各级人民政府可以采取购买服务等措施对民办学校予以扶持。

从地方层面看，《宝鸡市人民政府办公室关于政府向社会力量购买服务的实施意见》指出：要通过向社会力量购买服务的方式对民办学校进行财务审计；市教育局以购买服务的方式聘请专家组对学校的班子建设、师资队伍、办学条件、招生情况、教育质量、资产与财务管理、稳定安全等工作进行全面评估指导。《重庆市教育委员会　重庆市财政局关于推进政府购买学前教育服务的通知》中对购买民办教育服务设定范围做了具体规定，在学位资源、管理服务、保教岗位、后勤服务、培训服务和教育资源等方面倡导政府购买服务。《北京市教育委员会关于印发政府购买公共教育服务实施方案（试行）的通知》对北京市教育委员会机关和各预算单位政府购买公共教育服务的内容作出了相关规定和要求，即购买符合教育事业改革发展方向和社会公众对教育服务的需求，适合采取市场化提供、社会力量能够承担的公共教育服务。

（2）制定购买服务绩效评价制度

《上海市人民政府关于促进民办教育健康发展的实施意见》规定：鼓励向民办学校购买就读学位、课程教材、科研成果、职业培训、政策咨询等教育服务，制定政府购买教育服务制度，完善购买服务绩效评价机制，提高承接政府购买服务的能力。

政府通过向民办学校购买教育服务的方式建立起与民办学校的新型合作关系，将引发两者间法律关系及相关法规的深刻变化。在出台政策上，地方政府在购买服务的标准和程序、购买内容等方面展开探索，对购买服务中就读学位、课程教材、科研成果、职业培训、政策咨询等方面的具体政策逐渐明晰。

3. 政府对民办学校助学贷款全面推开

国家助学贷款政策，作为国家采用金融手段深化高等教育体制改革的重要举措，在推动我国高等教育事业发展过程中起到了举足轻重的作用。国家助学贷款政策自 1999 年实行以来，经过多年的改革，已基本形成了比较成熟的运行体制。在作为教育重要组成部分的民办学校，国家助学贷款对于解决家庭经济困难学生的入学问题无疑是一种有效的途径。

中央和地方人民政府在民办学校助学贷款相关政策中，对贷款性质和条件作出了明确规定。《国务院关于鼓励社会力量兴办教育促进民办教育健康发展的若干意见》指出，民办学校学生与公办学校学生按规定同等享受助学贷款、奖助学金等国家资助政策。各级人民政府应建立健全民办学校助学贷款业务扶持制度，提高民办学校家庭经济困难学生获得资助的比例。

从地方层面看，湖北省是为数不多的保持国家助学贷款、生源地信用助学贷款两条助学主渠道都畅通的省份，湖北省教育厅发布的《省教育厅 国家开发银行股份有限公司湖北省分行关于做好 2013 年生源地信用助学贷款工作的通知》规定，全日制普通高校家庭经济困难新生或在校生，大学入学前户籍在当地县（市、区）的，可以申请生源地信用助学贷款。其生源地信用助学贷款覆盖到所有县（市、区），贷款对象涵盖了所有公办高校、民办高校和独立学院家庭经济困难学生。《湖南省人民政府关于促进民办教育发展的决定》规定，民办普通高等学校学生与同层次同类公办普通高校的学生同等享有国家助学金、奖学金，同等办理国家助学贷款。同时，湖南省教育厅等发布的《关于明确民办高校国家助学贷款工作有关事项的通知》规定，根据民办教育"分级管理、分级负责"的管理体制，开展国家助学贷款工作。

民办学校的经费来源主要依靠自筹资金，所以学费收入对其发展来说尤为重要。民办学校的学费比公办学校要高出很多，很多民办学校因其贫困生无法缴纳高昂的学费，而频繁出现学费拖欠严重的问题。如果主要来源渠道的经费无法得到保障，势必会影响民办学校的长久发展。中央和地方政府规定民办学校学生与公办学校学生享受同等的助学贷款、奖助学金等国家资助政策，能有效保证民办学校中家庭经济困难学生获得资助。

4.政府对民办学校税收优惠逐步推进

民办教育是教育领域的一个重要组成部分，从长远发展的角度来看，对民办学校实施合理化的税收优惠政策，体现了国家发展民办教育事业的基本方向。因此，通过税收优惠激励民办教育发展是各级政府强化扶持和服务的重要手段。

（1）区分税收优惠政策主体

我国从实行统一的税收优惠，到逐步明晰不同承办主体的民办教育的优惠类型。《民办教育促进法》实施条例规定：捐资举办的民办学校和出资人不要求取得合理回报的民办学校，依法享受与公办学校同等的税收及其他优惠政策；出资人要求取得合理回报的民办学校享受的税收优惠政策，由国务院财政部门、税务主管部门会同国务院有关行政部门制定。

（2）明确税收优惠项目

《中华人民共和国耕地占用税暂行条例》规定，学校、幼儿园经批准征用的耕地，免征耕地占用税。《中华人民共和国营业税暂行条例》规定，对托儿所、幼儿园提供的育养服务，对学校和其他教育机构提供的教育劳务，对学生勤工俭学提供的劳务，免征营业税。广东省教育厅《关于促进民办教育规范特色发展的意见》中对落实民办教育税收优惠政策做了明确规定：符合条件的民办学校提供学历教育的劳务收入，免征营业税；符合条件的民办学校及教育机构，其承受的土地、房屋权属用于教学的，免征契税。《江西省民办教育促进条例》规定，对接受境外无偿捐赠的直接用于教育的教学仪器、图书、资料、学习用品，按照国家有关规定，享受与同级同类公办学校同等的税收优惠政策。

（3）确保非营利性民办学校享有税收优惠

我国保障非营利性民办学校享有与公办学校同等税收待遇。《国务院关于鼓励社会力量兴办教育促进民办教育健康发展的若干意见》中明确提到：非营利性民办学校与公办学校享有同等待遇，按照税法规定进行免税资格认定后，免征非营利性收入的企业所得税；民办学校用电、用水、用气、用热，执行与公办学校相同的价格政策。

政府对民办教育采取何种税收政策，是影响民办教育发展较为关键的一个因素。中央和地方政策逐步明确对各类民办学校的房产税、土地使用税、企业所得税等实行减免，对企业支持教育事业的公益性捐赠支出减免所得税。进入分类管理阶段后，这些措施有助于保证非营利性民办学校与公办学校享有同等待遇。

5. 政府对民办学校土地优惠各有不同

为改变各级民办教育投入不足、无法满足经济社会发展需求的现状，各级政府积极出台相应的扶助政策。其中，民办学校土地优惠政策对民办教育的筹建及持续发展具有至关重要的作用。2002年颁布的《民办教育促进法》规定，新建、扩建民办学校，人民政府应当按照公益事业用地及建设的有关规定给予优惠。教育用地不得用于其他用途。

从地方层面看，各地依据地方情况颁发了土地优惠政策。宁波市颁发的《宁波市民办教育促进条例》规定，可以依法将公办学校闲置的教育教学设施等国有资产优先出租或转让给民办学校用于办学。辽宁省发布的《辽宁省民办教育促进条例》将新建、扩建民办学校建设用地纳入当地城乡建设规划。

随着分类管理的实行，差别化用地政策逐渐形成。《中央有关部门贯彻实施〈国务院关于鼓励社会力量兴办教育促进民办教育健康发展的若干意见〉任务分工方案》提出：非营利性民办学校享受公办学校同等政策，按划拨等方式供应土地。营利性民办学校按国家相应的政策供给土地。

民办教育用地按照科教用地管理，整体上对民办学校的建立具有重要的扶持作用，尤其是近年的差别化用地政策，对于向民办学校划拨土地的条件、标准和回收方式等作出了更详细的规定，对民办教育的健康发展具有重要意义。

6. 政府利用金融手段支持民办教育发展

《民办教育促进法》规定，国家鼓励金融机构运用信贷手段，支持民办教育事业的发展。各地政府对民办教育金融服务的支持大多从以下几个方面入手。

（1）大力拓宽融资渠道

各地促进民办教育健康发展的地方法规都提到了拓宽融资渠道，如广东省规定，"拓宽办学筹融资渠道。鼓励和吸引社会资金进入教育领域举办学校或投入项目建设"[①]。各地都大力支持金融机构利用信贷手段支持民办教育发展，如《琼海市民办教育促进和管理暂行办法》中提到了鼓励公民、法人或者其他组织向民办学校捐赠资产且能按照国家有关规定享受税收优惠，《青海省人民政府关于鼓励社会力量兴办教育促进民办教育健康发展的实施意见》中创造性地提出了运用股份化运作的方式鼓励民办教育发展。

各地大力推广政府和社会资本合作模式，鼓励社会资本参与教育基础设施建设和运营管理、提供专业化服务。2018年，《安庆市鼓励社会力量兴办教育促进民办教育健康发展实施方案》提出，支持社会资金和民办学校依法依规利用建设－移交、建设－经营－移交、企业债券、项目收益债、中期票据等融资工具投入学校项目建设。

（2）探索担保方式

各地探索办理民办学校未来收入、应收账款、知识产权质押贷款业务。《上海市人民政府关于促进民办教育健康发展的实施意见》提出，探索营利性民办学校以有偿取得的土地、设施等财产进行抵押融资。

（3）加强管理服务

《云南省人民政府关于鼓励社会力量兴办教育促进民办教育健康发展的实施意见》探索举办混合所有制职业院校，允许以资本、知识、技术、管理等要素参与办学并享有相应权利；鼓励公办学校与民办学校相互购买管理服务、教学资源、科研成果；鼓励营利性民办学校建立股权激励机制。

7. 政府支持第三方评估发展

我国最初关于民办教育第三方服务的政策，主要聚焦于支持和鼓励社会中介组织为民办学校提供服务。随着第三方评估的发展，民办教育服务政策逐渐丰富，信息公开制度和违规失信惩戒机制等日益受到重视。

---

① 广东省人民政府.广东省人民政府关于鼓励社会力量兴办教育促进民办教育健康发展的实施意见.（2018-04-24）[2018-11-10]. http://zwgk.gd.gov.cn/006939748/201805/t20180504_763454.html?keywords=.

（1）建立民办学校第三方质量认证和评估制度

《海南省人民政府关于鼓励社会力量兴办教育促进民办教育健康发展的实施意见》提出，支持民办教育第三方评估组织发展。《广东省人民政府关于鼓励社会力量兴办教育促进民办教育健康发展的实施意见》提出，建立健全民办学校第三方审计制度、信息公开制度和违规失信惩戒机制。

（2）规范民办教育审计制度

《上海市人民政府关于促进民办教育健康发展的实施意见》提出，进一步规范民办学校会计核算，建立健全学校内部控制管理制度和第三方审计制度。《安庆市鼓励社会力量兴办教育促进民办教育健康发展实施方案》提出，进一步规范民办学校会计核算，建立健全第三方审计制度，定期制作年度财务会计报告并公布第三方审计结果。

（3）提高第三方管理服务水平

《广东省人民政府关于鼓励社会力量兴办教育促进民办教育健康发展的实施意见》在建立民办学校第三方质量认证和评估制度方面提出，实现人才培养质量的常态监测与定期评估有机结合，推动人才培养质量不断提升。另外，各地在第三方评估的制度构建过程中都提出，民办学校行政管理部门应根据评估结果，对办学质量不合格的民办学校予以警告、限期整改直至取消办学资格，依靠第三方评估保障民办学校的教育质量。

二、民办教育扶持和服务的实践演变

（一）各地扶持民办教育的探索与实施效果

私立教育几乎遍布世界上的每个国家，它们在一国的国民教育体系中占有一席之地，发挥着不可或缺的积极作用。在允许开办私立教育的国家里，政府均在肯定私立教育存在意义的基础上，对私立教育机构，特别是高水平的私立学校给予了较高程度的重视或不同形式的支持。我国民办教育在发展中面临诸多亟待解决的问题，各级政府积极探索，开展各类扶持试点。

1. 政府补贴和奖励方面

2012 年，深圳市教育局联合深圳市财政委员会出台的《深圳市民办学校义务教育阶段学位补贴试行办法》规定，按小学不超过每人每年 5000 元、初中不超过每人每年 6000 元的标准给予学位补贴。2017 年，《深圳市民办教育发展专项资金管理办法》和《深圳市民办学校义务教育阶段学位补贴办法》中规定，深圳民办学校中小学学位补贴标准上调，民办学校小学生每年最高学位补贴从 5000 元上涨至 7000 元，初中生每年最高补贴从 6000 元上涨至 9000 元。

呼和浩特市在扶持民办教育工作中作出规定，旗、县、区人民政府委托民办学校承担义务教育任务的，应当根据接受义务教育的学生数量和当地实施义务教育的公办学校的生均教育经费标准拨付相应的教育经费。

政府补贴和奖励使民办学校在实际发展过程中取得了较好的效果，主要体现在以下两点：①各级政府对民办教育的"扶持和奖励"政策给予了较多的关注。无论是中央层面还是地方层面，在对民办教育发展给予"扶持和奖励"环节的政策制定上，均投入了大量的精力，为民办教育获得政府补贴提供了良好的政策环境。②政府相关政策为民办学校生存与发展、拓宽经费来源提供了必要的政策基础。对绝大多数民办学校而言，学费收入是办学经费的主要来源，充足的经费是其生存的基础。作为公共社会事业，民办教育同样为社会培养了大批有用的人才，为促进经济发展作出了积极的贡献。

2. 购买服务方面

上海市浦东新区自 2009 年起大胆尝试政府购买公共教育服务新政，通过百姓"点菜"、政府"买单"、中介"执行"，多渠道、多形式、多元化提升公共教育服务水平。为了扩大公共教育服务的范围，丰富公共教育服务的内容和形式，浦东新区通过购买社会服务组织或中介机构的服务，为民办学校提供服务。[①]

北京市教育委员会通过扩大总量、优化存量的方式，增加公办义务教育的学位资源。针对公办学校无法满足入学需求的情状，北京市教育委员会探索采取

[①] 中国政协新闻网. 上海浦东模式：多渠道、多形式购买教育服务.（2014-08-13）[2018-11-10]. http://cppcc.people.com.cn/n/2014/0813/c34948-25458742.html.

政府委托办学、购买服务等方式，保障随迁子女在依法举办的民办学校接受教育，确保每个符合条件的孩子都能享受到有质量的义务教育。[①]

各地通过购买服务促进民办教育发展取得了较好的效果，主要体现在以下方面。

（1）重构政府与民办学校的合作伙伴关系

在现代国家体系中，政府行政职能范围和边界已被重新定义。政府不再只局限于履行监管职能，而是全面履行起为社会提供公共服务的职能。政府向民办学校购买教育服务，既体现了政府与民办学校间建立起公私合作的伙伴关系，也能够与民办学校在教育服务资源上实现共享，以期达到优势互补的目的。

（2）创新公共教育服务的提供方式，提高公共教育服务的供给效率

政府作为出资方向民办学校或教育服务机构购买公共教育服务，民办学校作为供给方提供公共教育服务，两者之间通过达成合同协议的方式来实现特定公共服务目标。这一做法将改变传统政府作为教育服务提供者和生产者的双重身份，在充分发挥财政资金"杠杆作用"的情况下，鼓励更多的社会资本来共同兴办教育，不仅可以增加在公共教育服务上的总体投入，还能够有效缓解财政投入不足导致的公共教育服务供应不足等问题，在建立有效竞争机制的基础上，大力提高公共教育服务的效率。

3. 助学贷款方面

广东省各类普通高校自 2002 年开始，无论是部委属院校、省市属院校还是私立民办学校，均实施国家助学贷款政策。贷款学生在校期间均可享受政府100％的财政贴息。为保证所有经济困难学生都能得到资助，广东省还取消了各校申请国家助学贷款的额度限制，即省里明确不再对高校下达国家助学贷款额度，而是实行资格"准入"制度，各高校按贷款条件进行审查，学生只要符合条件，均可申请。[②]

---

① 朱琪. 北京市教委：政府购买服务保障随迁子女入民办学校.（2016-04-17）[2018-11-10]. http://china.cnr.cn/ygxw/20160417/t20160417_521897233.shtml.

② 搜狐教育网. 民办高校生可办"助学贷款"项目.（2002-09-16）[2018-11-10]. http://learning.sohu.com/41/96/article203199641.shtml.

2007 年，财政部、教育部、国家开发银行在江苏、湖北、重庆、陕西、甘肃五省市开展了生源地信用助学贷款试点。随后，五省市进一步扩大生源地信用助学贷款覆盖范围，大力推进生源地信用助学贷款工作。[①]

2016 年，山东省为进一步充分发挥民间积极性，鼓励引导社会资本发展公益性事业，对依法在有关部门登记或按规定免予登记的民办学校的实际贷款，继续按中国人民银行一年期贷款基准利率（以借款凭据提款日期基准利率为准）和借款凭据提款期限（最长不超过 3 年）给予财政贴息。贴息资金由省财政负担70%，市县财政负担 30%，市县负担比例由各市财政局确定。[②]

从整体情况看，现有针对民办学校的助学贷款实践效果主要体现在：①缓解了家庭经济困难学生缴纳学费困难的现象，大大提高了民办学校学生入学机会的公平性；②扩大了民办学校在筹资上的收入空间，也在一定程度上解决了民办学校经费紧缺等问题。

4. 税收优惠方面

2013 年，山东省财政厅、山东省国税局、山东省地税局联合下发《关于支持发展现代职业教育有关税收政策的通知》，明确营业税、企业所得税、个人所得税等九个税种支持发展现代职业教育的有关政策，强调捐资举办的民办学校和出资人不要求取得合理回报的民办学校，依法享受与公办学校同等的税收优惠政策。[③]

2016 年，温州建立了非营利性学校由民政部门登记为民办事业单位、营利性学校由工商部门登记为企业法人的分类登记制度，解决了民办教育政策的源头性障碍。按照相关规定，非营利性民办学校与公办学校享有同等的税费优惠政策，营利性民办学校提供学历教育劳务所得的收入，免征营业税，企业所得税由税务部门先征缴后再予以返还地方所得部分。

民办教育税收实践取得的成效主要体现在以下几个方面。

---

① 教育部. 财政部、教育部、银监会关于大力开展生源地信用助学贷款的通知.（2009-07-12）[2018-11-10]. http://old.moe.gov.cn/publicfiles/business/htmlfiles/moe/s7505/200907/49872.html.

② 齐鲁网. 山东省财政继续对民办教育、文化等新项目贷款贴息.（2016-04-15）[2018-11-10]. http://news.iqilu.com/shandong/yaowen/2016/0415/2750850.shtml.

③ 山东省教育厅. 关于支持发展现代职业教育有关税收政策的通知.（2013-11-04）[2018-11-10]. http://www.sdedu.gov.cn/sdjy/_zcwj/470926/index.html.

（1）政策层面凸显民办学校的重要地位

过去，政府对于公共教育服务的税收优惠仅限于公立学校，目前，相关优惠政策已辐射到部分民办学校，尽管细化的政策法规还有待完善，但这一趋势在政策层面上已很好地体现了民办学校的重要地位。

（2）有效缓解民办教育办学经费不足的问题

我国各地由于经济、社会、文化等方面发展的水平存在较大差异，地区间民办教育的发展极不平衡。仅依靠国家财政投入，无法提供充足的教育服务以满足大众需求，因此，政府出台税收优惠政策以吸引民间资金投入社会公共事业，是解决当前教育服务供给不足的关键举措。税收优惠政策的出台，可以在一定程度上解决民办教育办学经费不足的问题。

5. 土地优惠方面

在《国务院关于鼓励社会力量兴办教育促进民办教育健康发展的若干意见》出台后，各地陆续出台文件，实行差别化用地政策。土地使用权人申请改变全部或者部分土地用途的，政府应当将申请改变用途的土地收回，按时价定价，重新依法供应。2017年，吉林省对民办教育用地采取了分类管理措施，即非营利性民办学校办学建设用地按照科教用地管理，营利性民办学校建设用地采用有偿使用方式供地。

（二）各地民办教育服务的探索与实施效果

为强化民办教育服务并探索管办评分离的方法，各地都在积极探索发挥社会第三方力量的路径。

1. 金融手段服务方面

各地灵活运用金融手段盘活民办教育资源，解决民办教育发展的资金瓶颈，促进民办教育持续健康和平衡充分发展。

（1）加强与金融机构合作

广西民办教育协会和中国民生银行合作，为民办教育提供融资、结算等一体化综合金融服务。内蒙古发布了《内蒙古自治区人民政府办公厅关于进一步推动金融扶贫工作的通知》，根据该通知，内蒙古自治区教育厅与中国银行内蒙古分行达成了合作协议，签订了《民办教育融资合作框架协议》，其中规定"若民办教育机构抵押不足时，银行可根据民办教育机构实际经营情况授予上年度主营业务收入50%以内的信用额度"。民办学校的信用贷款可以根据学费收入调整。重庆市教育委员会牵头，重庆市国有资产监督管理委员会、市财政局等部门配合，组织重庆市三峡库区产业信用担保有限公司和部分在渝民营企业共同出资，建立重庆市教育担保有限责任公司。它和国家开发银行、中国农业银行、中国银行、中国建设银行、招商银行等多家金融机构合作，对民办教育融资项目给予大力支持，实现了金融政策规定与促进民办教育发展的有效融合。

（2）创新反担保方式

在现行规定中，教育资产不能用来抵押融资。重庆市教育担保有限责任公司提出了利用收费权质押、办学权质押，联合上级主管部门参与监管等多种形式，让学校走出了无法提供抵押物的困境，形成了教育融资的"重庆模式"。温州市教育局委托温州教育发展投资集团有限公司为民办教育提供包括短期应急融资服务、民办教育资产管理咨询服务在内的金融服务，有效解决了温州民办教育融资问题。广东也开辟了创新反担保的服务，政府鼓励知识产权质押贷款业务。

（3）创新业务模式

重庆市教育担保有限责任公司一方面主动提供上门咨询服务，为缺乏财务管理经验的民办学校提供帮助，从而完成贷款申报；另一方面成立融资部，专门帮助缺乏融资方案的学校完成融资。陕西积极推广政府和社会资本合作模式，鼓励社会资本参与教育基础设施建设和运营管理，可谓融资又融智。深圳利用股份化方式促进民办教育融资：深圳文化产权交易所联合首控基金管理有限公司设立了包括教育专板、非遗专板、媒体人专板、全球孵化器联盟在内的"文化四板"，这一平台制定了相关准入条件与资质审核规定，协助教育行业做好挂牌上市的配套服务工作，其业务范围包括评估评级、融资租赁等专业金融服务，进行挂牌推广、投融资服务等一站式的金融服务。

2. 第三方评估方面

（1）引入第三方评估机构

《教育部关于深入推进教育管办评分离促进政府职能转变的若干意见》中指出，要主动委托第三方开展全面、深入、客观的评估，通过评估促进对民办教育的监督与管理。第一，积极建立相关评估机构。广东省教育评估协会是广东省为各级各类学校、各项教育评估及相关教育发展研究成立的省级协会，随后，广东省的第三方评估机构如雨后春笋般生长发展；河南省于 2017 年建立了全省第一家第三方评估中心——河南省教育评估中心；宝鸡市委托民办教育协会对当地的民办学校进行素质教育 316 工程督导评价；安徽省整合多方社会力量成立了第三方评估专家委员会，从而对当地民办教育的教育管理、教育质量与教育服务进行相关评估；青岛市、区两级教育主管部门按照公办、民办一视同仁的原则，委托第三方专业机构对民办学校的教育质量、社会服务，以及办学行为和条件进行评估，根据表现综合评价民办学校信用，实现了星级挂牌服务信用体系的建立。第二，鼓励第三方评估机构采用专业评级方法。山东泰安在委托第三方进行评价工作的同时，致力于改善评价细则与评价工具。第三，第三方评估结果以评促建，建立评估结果使用机制。2016 年，海南省发布了《海南省教育厅关于公布〈海南省中等职业学校办学质量第三方评估报告〉的通知》，同时于 2017 年委托高校第三方评估对民办教育的基本状况进行价值判断，确保民办学校能够朝着规范化方向发展。

（2）邀请专家组指导办学

2018 年，四川省审议通过《四川省民办教育协会专家库管理规定》，以期通过建立民办教育行业专家库，发挥各个专业领域学者的行业优势。专家的工作包括研究民办教育政策规定，对四川省民办教育发展战略提出新建议、新方法，以及对四川省民办教师职称进行评审，进一步规范民办教育发展。宝鸡市教育局通过聘请专家全面对民办学校进行评估指导。南昌市利用互联网软件平台构建了"南昌市行政审批专家人才库"，民办教育机构的审定与审批都需要从专家库中随机抽取人员进行相关工作。在专家组成员的构成方面，各个地区都尽可能使专家组成员多元化。例如，宝鸡市民办教育专家库实行人才流动动态管理，成员包括来自高校、职业院校、中小学及幼儿园的一线教师，还包括金融财会和法律咨询的从业人员。

（3）第三方财务审计的介入

山东省在第三方财务审计方面，不再给民办学校设定过多限制。山东省济南市市中区社区教育办公室表示，只需要民办学校自己找具有合法资质、服务水平和质量高的会计师事务所进行财务审计即可。宝鸡市教育局拨出专款聘请第三方会计师事务所，所得出的财务审计结果既对民办教育自身提供了建议，也使得相关督导部门掌握了相关财务运行情况。

第二节　民办教育扶持和服务的关键问题

一、民办教育扶持的关键问题及成因分析

（一）政府补贴和奖励的区分度及操作性有待加强

尽管政府充分重视对民办学校的扶持政策，但依然存在一些尚未解决的问题，使得民办学校面临不公平的竞争环境，主要表现在以下方面。

1. 两类民办学校的补贴和奖励区分不足

政府对民办学校是否实施补贴政策取决于学校是否要求取得合理回报，但是并没有针对营利性和非营利性两类不同性质民办学校的政策加以区分和细化。这一方式既增加了政府的监管难度，也使得人们在民办学校能否营利等问题上纠缠不清，还可能导致部分民办学校以"非营利"之名行"营利"之实。

2. 政府资助政策的操作细则有待完善

各级政府在相关法律法规中，只规定应向民办学校提供补贴，但规定内容太过笼统，对财政支持的具体方式和实施办法缺乏细致说明。如针对奖励，规定中只提出"县级以上各级人民政府可以设立专项资金，用于资助民办学校的发

展"①，但对资助条件和对象并未加以说明。此外，资助主体（各级政府）之间责任不明晰，对被资助对象的资助力度也有待进一步明确。

3. 相关法律法规的执行存在障碍

《民办教育促进法》及《民办教育促进法实施条例》已针对税收优惠、财政扶持等方面作出了诸多的相关规定，然而，由于不同规定中存在法律冲突，不同利益主体在执行过程中存在利益冲突，部分地方政府还存在认识偏差等问题，这些扶持政策在民办学校发展过程中很难真正得以落实，或者地方政府在落实扶持政策的过程中加以过多的限制，使得民办学校从扶持政策中受益有限。

（二）政府购买服务有待规范

政府购买公共教育服务，是政府在教育事业发展过程中转变职能的重要制度创新，有利于推进政府职能转变、实现公共服务供给主体的多元化，但依然可能带来相应的问题。

1. 缺乏对不同类型民办学校的购买标准和程序的区分

营利性和非营利性民办学校虽然都可以为政府和社会提供教育服务，但在接受政府资助过程中的税收政策、准入标准和程序不应完全相同。当前，针对不同类型民办学校的购买标准和程序尚未区分，导致具体操作存在一定的模糊性。

2. 民办学校提供公共服务的质量评估不易实现

在评估民办学校提供的公共服务质量的过程中，相应的服务成本和价格难以估算。作为一种无形的"软服务"，教育服务的成本和价格的计算与实物产品存在较大差别，主要体现在其服务过程的监督监控很难实现，以及服务质量的标准体系很难构建，致使双方在合作过程中会产生因执行标准无法界定而引发合同漏洞的状况。

---

① 教育部. 中华人民共和国民办教育促进法.（2012-12-28）[2018-11-10]. http://old.moe.gov.cn//publicfiles/business/htmlfiles/moe/moe_619/200407/1317.html.

3. 政府购买和监督过程的规范性有待加强

由于政府教育职能尚处于转型过渡期，其监管机制及外部市场环境还在孕育之中。政府购买公共教育服务在实施过程中，可能会出现购买程序不规范、监督环节缺乏、问责机制不力等问题，进而可能引发提供公共教育服务的民办学校过度追求盈利而不注重服务质量的行为。

（三）政府助学贷款精细化不够

1. 可贷额度无法满足民办学校学生的合理需求

学生的贷款额度取决于银行对借款人授信额度的判断，合理的标准应与学校的学费标准和学生的生活费用相统一。然而，目前我国在助学贷款制度的设计上，针对民办学校在贫困标准、还款利率和风险补偿率等方面实施的标准与公办学校完全一致，并未考虑到两类学校的差别、特征及其后果：①商业银行往往因为无法通过风险补偿率得到补偿，进而对民办学校设置较高的壁垒；②统一的贫困标准使得民办学校部分有实际贷款需求的学生往往享受不到贷款政策，采取统一的贷款额度也由于学费标准和家庭经济状况等问题不能完全解决经济贫困生的经济困难问题。

2. 针对呆账、坏账等还贷问题的细化方案不足

毕业生拖欠还款所导致的大量呆账、坏账的存在，是由各种因素综合造成的，如就业难、收入低、家庭给予的支持有限、失信等。为了减少国家的经济损失，针对还贷问题的政策还应更加细致化。

（四）政府税收优惠措施不完善

1. 未区分不同类型民办学校优惠政策

现有政策规定，捐资举办和出资人不要求取得合理回报的民办学校，与公办学校同等地依法享受国家规定的税收优惠；出资人要求取得合理回报的民办学

校，享受的税收优惠政策由有关财税行政管理部门制定。因此，出资人要求取得合理回报的民办学校的税收优惠政策是否和公办学校、不要求取得合理回报的民办学校相同或者有所差别尚不明确，取决于今后相关税收政策的进一步规定。

2. 已有税收政策存在难以落实或落实不力等问题

部分地方政府在相关规定中，对那些与公办学校享受同等税收优惠的非营利性民办学校，并未明确界定优惠的内容和范围；对那些营利性民办学校，并未在应减征的税收优惠与其他按国家规定缴纳的税费之间做合理区分；对民办学校在资产变更过程中涉及的多种税费，如耕地占用税、契税和增值税等，也并未出台详细规定。

3. 与捐赠相关的税收优惠政策有待健全

现阶段关于捐资激励的税收优惠政策，大多是针对间接捐赠行为而非直接捐赠行为的，相关规定内容还存在不明确、不完善等问题，因此不能很好地激励人们的捐赠行为，也在很大程度上挫伤了捐赠者的积极性。

（五）土地优惠政策执行不到位

1. 相关政策的执行力度不足

从硬件设施来看，现阶段大多数民办学校依靠租借校舍办学，拥有独立房屋产权证与土地使用证的民办学校所占比例较低。

2. 同等用地优惠难以实现

在土地优惠方面，民办学校征用土地具有以下特征：①征用土地面积较小；②政府对于公办、民办学校征用土地的态度不同，通常，公办学校获得的是政府主动提供的优惠，而民办学校则很少或很难有同等的机会；③对民办学校以零地价划拨土地的很少，基本上为优惠价划拨，有偿购地。可见，公办、民办学校在土地征用优惠上获得优惠的机会存在较大差别，政府对民办学校建设用地优惠政策的可为空间依然较大。

二、民办教育服务的关键问题及成因分析

（一）金融手段发挥的作用不足

1. 需要完善相关融资规范政策

随着民办教育融资需求的增多，融资过程中的认证与资质审核都经过了多次博弈，政府的政策法规极大地促进了民办教育健康发展，同时也需要相关行业政策与企业的规范。

2. 融资渠道需要进一步拓宽

虽然上文探讨了各地政府利用金融手段服务民办教育的相关案例，但现实状况是民办学校获得银行贷款的途径仍然比较单一，"民办非企业"的身份仍然限制了民办学校融资可行性，只有少部分民办学校利用变通的方式进行了融资。政府提供融资服务都是基于《中华人民共和国公司法》的法律框架，各地在这个框架下的优秀案例应该得以推广。

（二）第三方评估机构有待优化

1. 第三方评估机构的上位法缺失

民办教育的评估交由第三方去做是政府服务与民办教育的发展方向和目标。相关立法的缺失使得各地缺乏一个衡量的标准。

2. 第三方评估机构定位问题

一方面，真正的第三方评估机构缺失。从政府服务于民办教育第三方评估的探索中可以看到，很多第三方评估机构都是政府主导下的事业单位，第三方与第一方、第二方之间存在行政隶属关系。另一方面，第三方评估机构的独立性存在问题。第三方评估机构的独立性是指第三方评估机构能否不受利益相关者影响作出自己独立的价值判断，独立性是专业性和权威性的基础，是第三方评估机构公信力的保障，但很多第三方评估机构会使用上级领导的意图刻意引导专家意见。

3. 第三方评估机构经营问题

一方面，政府是目前国内第三方评估机构的主要委托人，第三方评估机构将市场定为政府，而机构的运营和发展应该拓宽渠道，加强直接合作。另一方面，由于政策和经费有限，第三方评估机构的成立与发展受限。只有多层次、不同水平、体制迥异的第三方评估机构的健康发展才能促进相关市场的进一步完善。

第三节　民办教育扶持和服务的未来动向

一、民办教育扶持的未来动向分析

在梳理政府扶持和服务民办学校发展的政策和历史进程的基础上，结合民办教育发展的基本特征和实际情况，当前民办教育扶持的主要动向如下。

（一）以公共财政支持民办教育发展

根据民办教育管理制度和财政制度的特点、民办教育服务属性的差异，以及国家现有财政的供给能力，公共财政支持民办教育主要从配套支持的主体、配套支持的对象和配套支持的目标三个方面进行分类管理。分类扶持的基本原则体现在两个方面。

1. 区分扶持对象，实行差别化扶持政策

针对不同类型的民办学校，政府实行分类管理。作为营利组织的教育服务机构，提供的服务基本上属于私人产品，其终极目的是营利或使利润最大化，而提供教育服务是手段；资源配置的基本机制是市场供求和价格，服务的成本最终由消费者（即受教育者）负担，这类服务的供给与需求本质上是市场交换关系。[①]

---

① 方芳，王善迈. 我国公共财政支持民办高等教育研究. 北京师范大学学报（社会科学版），2011（5）：23-29.

作为非营利组织的民办学校，其功能是传承文明和知识技能以培养学生，收取学费和营利是手段。由于这类学校属于非公共服务机构，经费来源和服务成本的主要负担者是其服务的消费者，即受教育者及其家庭。学校收入大于支出的部分，应用于学校教育支出，而不应归于举办者所有。由于其性质为非营利性机构，公共财政应给予其比营利性学校更大力度的直接支持。①

两类民办学校的服务属性使得国家对民办教育的配套支持政策应给予区别对待。当前，政府资助民办学校遵循的原则包括：对非营利性民办学校予以优先资助，对其资助力度大于营利性学校，且在部分资助上趋向公办学校力度。在间接资助政策方面，落实对不同类型民办学校在土地、税收等方面的差异化优惠政策，如非营利性民办学校应享受与公办学校同等的优惠政策，营利性民办学校可通过有偿出让的方式享有土地使用权、免征教育劳务收入的营业税等。①

2. 明确分类扶持主体：以地方政府为主，以中央政府为辅

我国各级公立教育现行的管理制度是由地方政府管理，而财政制度是由中央和地方两级财政支持。完善对民办学校实施分类扶持的相关制度和政策，首先应明确规定分类扶持的主体。

由民办教育或民办学校的概念界定可见，民办学校举办者是来自非政府机构的社会组织或个人，在地方政府教育部门注册，实行省、地市两级管理。在现行的管理制度和财政体制下，我国民办学校提供资助的责任主体主要是各级地方政府，主要原因包括以下三个方面：①中央政府尚不具备能力对民办学校进行过多直接的配套支持；②各地间的经济发展状况和民办教育发展程度存在较大的差异，在全国范围内均衡分配资助资源既不公平也不现实，制度成本较高；③我国民办学校的管理主要归属于当地政府，而且民办学校发展的主要受益者在目前和未来较长时期内是地方社会经济，地方政府在配套支持方面有较大积极性和可能性。因此，民办学校在配套支持主体上应以地方政府为主。由于我国区域间经济、财政、民办教育发展的不均衡，中央政府应承担其社会责任，对民办教育不发达的地区给予一定的支持。

总体来看，各级政府应按照相关法律法规和制度要求，因地制宜，调整优化教育支出结构，加大对民办教育的支持力度。财政支持民办教育发展的资金要预算，并向社会公开，接受审计和社会监督，以提高资金使用效率。

（二）支持和规范社会力量办学成为关键点

在梳理民办教育扶持和服务政策变迁、总结各地实施成果与问题的基础上，本章得出我国当前实施差异化扶持和服务的动向主要包括以下几点。

1. 构建共同而有区别的财政分类扶持政策

政府公共财政支持民办教育，既能体现政府对发展民办教育的重视，也是政府对民办教育进行管理和控制的一种手段。对两类民办学校实施共同而有区别的财政支持，主要体现在以下两方面。

（1）共同的客体，即其属性不会随着教育组织类型的改变而改变

民办学校的共同属性，如师生的法律地位、鼓励民办学校特色办学的激励机制等，在任何教育组织内都应同等对待。在实行分类管理的过程中，政府应着重清理、消除那些针对民办学校的歧视性政策。例如，在师生权益保障上，民办高校和公办高校师生的法律地位和权利应是平等的，在保护师生权益上应予以同等对待；无论民办高校营利与否，都应给予奖励性资助。[1]

（2）有区别的客体，即其属性在不同教育组织内会产生差异

营利性和非营利性民办学校的公益性程度和法人属性各不相同，因此在可享有的扶持政策上也应加以区分，如教育用地优惠政策、税收优惠政策等。针对不同类型的民办学校，政府必须实行差异化的财政扶持政策，并遵循"优先资助非营利性民办学校""非营利性民办学校获得资助的力度大于营利性民办学校"的原则。[1]

2. 完善政府对民办教育购买服务制度，优化绩效评估办法

政府通过购买服务或委托管理等方式对营利性民办学校提供财政扶持，制定向民办学校购买就读学位、课程教材、科研成果、职业培训、政策咨询等教育服务的具体政策措施。总结各地经验，当前的主要动向包括：①逐渐明确民办教

---

① 方芳. 分类财政扶持营利性和非营利性民办高校的问题研究. 教育与经济，2016（2）：68-73.

育公共服务的购买范围，即明晰国家财政资金购买民间资本、社会组织、企事业单位提供的公共教育服务领域，包括学前教育、义务教育、高中阶段教育到高等教育的基础性公共教育事业的供给、教育信息化服务、教师培养培训、教育教学改革专业服务、各种检查评估事项等。②增强合同各方利益主体的风险意识，积极设计并完善相关制度，构建防范风险的责任框架。政府购买公共教育服务，应充分发挥其制度优势，提高供给效率，优化服务质量，以满足社会多元化、个性化、多选择性的教育需求。③以办学质量为杠杆倒逼民办学校内部及其与公办学校之间形成良性竞争。例如，政府可通过实施"教育券"等方式逐步实现公共教育服务的均等化，用竞争机制来倒逼民办学校规范办学，提高教学水平。④完善民办教育服务购买的市场化机制。在市场不太发达的领域，要建立公共教育委托服务提供主体的资质评审机制，建立竞争性谈判机制；在市场比较发达的领域，要建立完善的公共教育服务招投标机制。

3. 健全民办学校的助学贷款政策，落实同等资助待遇

助学贷款政策是民办学校学生权益的重要内容，与公办学校一样，民办学校也是公共教育服务的提供主体，其师生的法律地位并无差别。在实行分类管理的过程中，在师生权益保障方面，应积极避免歧视性政策，无论是非营利性民办学校还是营利性民办学校的师生，都应与公办学校师生享受同等的待遇。

健全民办学校的助学贷款政策应做到以下几点：①各级民办学校建立健全民办学校助学贷款业务扶持制度，提高民办学校家庭经济困难学生获得资助的比例。民办学校要建立健全奖助学金评定、发放等管理机制，应从学费收入中提取不少于 5% 的资金，用于奖励和资助学生。②针对民办学校的特点，给予更多政策上的照顾。提高学生的年贷款额度，使之能与民办学校高学费标准相适应；对家庭经济困难学生的认定应符合民办学校的特点，不采用与公办学校相同的标准；对不同类型学校的助学贷款采取分类处理，针对民办学校违约率预期较高的问题，可通过市场化来确定适当的风险补偿率，确保商业银行风险可得到充分补偿；适当延长还款期限，使学生具备充足的能力来还款。③积极探索生源地助学贷款政策。对家庭经济困难学生的认定工作，无疑是各类高校实施助学贷款政策

过程中最困难的环节，而生源地贷款政策则可大大降低对家庭经济困难学生相关信息的甄别成本。由于生源地银行对于学生家庭的真实情况更容易掌握，这不仅有利于制止非贫困学生的骗贷行为，更能够确保真正需要获得资助的人得到经济帮助。同时，受资助学生父母的居住地相对稳定，父母对学生毕业后的去向及流动情况也相对清楚，因此银行联系催还欠款的成本和风险都大大降低。

4. 完善民办学校分类税收优惠政策

民办学校按照国家有关规定享受相关税收优惠政策。

（1）对两类民办学校实施差异化的税收优惠政策

对于非营利性民办学校的发展，政府应予以大力支持；对于营利性民办学校的发展，政府应为其创设合理的空间。非营利性民办学校应与公办学校享有同等的税收优惠；对于营利性民办学校，免征房产税、城镇土地使用税，对支持教育事业的公益性捐赠支出，按照税法有关规定给予优惠政策等。

（2）完善我国民办教育捐资激励制度

对于民办学校的社会捐赠行为，我国政府应基于《中华人民共和国公益事业社会捐赠法》的相关规定制定出更多的税收激励机制，鼓励社会的捐赠行为，进而增加学校教育经费的收入。例如，为了鼓励社会力量捐资办学，国家对向民办学校捐赠财产的公民、法人或者其他组织按照有关规定给予税收优惠；捐资举办的民办学校，依法享受与公办学校同等的税收及其他优惠政策等。

5. 实行两类民办学校差别化用地政策

民办学校建设用地的管理遵循科教用地的相关办法。在教育用地优惠方面，非营利性民办学校与公办学校享受同等政策，按划拨等方式供应土地。营利性民办学校按国家相应的政策供给土地。同时，相应的具有可操作性的配套规定也有待制定：①完善用地费用减免政策。对于办学质量较好、需要扩大用地面积的民办学校，政府应按照公益事业用地的相关待遇给予优先安排，或无偿提供。②闲置国有固定资产转让优惠。当部分工业部门转让土地、厂房等闲置资源时，政府相关部门可将商业价值较小、位于偏远地区的土地资源，或其他工业闲置资源提供给民办学校，作为一种公益性投入帮助民办学校解决校园面积与校舍规模不足等问题，进而满足广大人民群众对于民办教育服务的需求。

二、民办教育服务的未来动向分析

（一）全面推进民办教育领域的放管服改革

支持和规范社会力量兴办教育的重要措施，既要做好简政放权的"减法"，又要做好加强外部监管的"加法"和优化公共教育服务的"乘法"。

1.落实和扩大民办学校办学自主权

全面推进民办教育领域的放管服改革，需落实和扩大民办学校，尤其是民办高校的办学自主权，促使自上而下的、以行政力量为主导的管理模式，向多元共治、遵循民办教育发展规律的管理模式转变，充分落实民办高校的招生自主权、收费自主权等各项权力。例如，允许民办高校在符合国家有关规定的条件下，自主确定年度招生计划和跨省招生计划，允许民办学校根据当地经济发展水平、社会承受能力、办学条件等因素实行市场调节价。

2.加强政府部门统筹协调

支持和规范社会力量兴办教育，涉及财政、发展和改革、土地、工商、税务等多个部门，因此，要落实建立由地方政府教育部门牵头的民办教育工作联席会议制度，探索建立地方性民办教育综合改革协调机构，为部门间协调与沟通搭建平台，通过定期商议、集中研讨、及时沟通、联合工作等方式，加强部门间的信息沟通和互相协作，健全社会力量兴办教育的促进机制。

3.进一步加强监督和指导

政府要围绕新时代党和国家的教育工作方针，紧抓支持和规范社会力量兴办教育的关键点，加强民办教育分类管理改革的督政工作，切实落实主体责任，积极做好社会力量兴办教育的专项督导，构建适应地方民办教育实情的督导体系，切实规范民办教育督导的运行过程，保证突出问题的优先解决。

（二）完善多元评估体系

1. 引导第三方评估机构健康发展

现有第三方评估机构在数量与质量上仍然处于弱势，政府正在逐渐完善相关的保障与奖惩政策规定，从而引导第三方评估机构健康发展，独立评估监测教育质量，但独立不意味着各自为战，第三方评估机构之间急需建立联络、交流、合作平台。

2. 第三方评估的服务对象日益多元化

第三方评估的市场将迅速扩大，其服务对象会拓展到政府之外。因此，第三方评估机构将随着服务对象的多元化，进而为市场提供多元化的服务选择，以便能够在良性竞争环境中共同发展。

3. 第三方评估标准框架国际化

随着教育国际化进程的推进，第三方评估应对服务标准与行业标准予以规范，并积极对接国际化标准，建立完善的行业标准体系。

（三）积极发挥金融手段的作用

民办教育在政策的引导下逐步实现融资多元化、多样化。民办教育投资市场具有显著优势，无论是市场需求、切实的价值创造可能还是可预见的长期回报，都将吸引更多的资金。随着相关政策规范的出台，民办教育投资趋势由最初的大规模扩张发展到以提高质量为主。随着民办教育投资的进一步完善，金融市场将会促进民办学校的优胜劣汰。

第六章
民办学校办学体制机制

改革开放 40 年来，我国民办教育经历了复苏兴起和蓬勃发展的历程。在民办教育发展过程中，办学体制是一个十分重要的问题，民办学校的办学模式和治理特点在很大程度上取决于办学初期的举办或创办情况。我国经济所有制结构的多元化是支撑办学主体多元化的经济基础，区域经济、社会、文化发展的非均衡性是办学主体多元化的社会基础，举办者不同的价值取向和社会对多层次人才的需求则是办学主体多元化的市场基础。首先，本章从办学主体与原始出资类型相结合的角度，分析民办学校办学体制特征。其次，本章分析民办学校收费趋向市场调节、招生自主权有效落实、课程专业设置权日益扩大等特点，总结治理机制方面部门机构和人员组成、职责分工和权限划分、决策机制和运行流程的情况，归纳教师待遇权益保障、学生平等权益落实、师生参与学校管理的特征。最后，本章结合时代特征和未来使命，讨论推行非营利性与营利性学校分类办学体制、完善现代民办学校制度机制、保障落实各类主体合法权益的路径和动向。

第一节　民办学校办学体制特征与变化

一、办学主体特征分析

（一）恢复起步期（1978—1992 年）

1978 年，随着高考的恢复，我国出现了一些对考试人员进行辅导的培训班，如北京城市学院和黄河科技学院的前身。在该时期，高等教育被归为国家资源，社会不能举办学历教育，而只能以复读班等形式举办。1980 年，《中共中央、国务院关于普及小学教育若干问题的决定》中提出："以国家办学为主体，充分调动社队集体、厂矿企业等方面办学的积极性。还要鼓励群众自筹经费办学。"① 《中华人民共和国宪法》第十九条规定："国家鼓励集体经济组织、国家企业事业组织和其他社会力量依照法律规定举办各种教育事业。"② 这些政策释放出鼓励民间兴办教育的信号，为民办教育的发展提供了依据。同年，中华社会大学成立，这是 1949 年后北京市第一所民办学校。1982—1984 年，复习班等形式的民办教育机构得到快速发展，全国非学历高等教育机构共计 450 余所。部分地区亦出现了全日制学历教育民办学校，如浙江树人大学、福建华南女子职业学院等，这种类型的民办学校有 30 余所，颁发的文凭仅在省内受到认可。在 1984—1986 年的 3 年间，全国新建的民办学校多达 250 所，形成了我国民办教育发展的第一

---

① 中国网．中共中央、国务院关于普及小学教育若干问题的决定．（1980-12-03）[2018-11-10]. http://www.china.com.cn/guoqing/2012-09/07/content_26747610.htm.

② 中国人大网．中华人民共和国宪法．（1982-12-04）[2018-11-10]. http://www.npc.gov.cn/npc/xinwen/node_505.htm.

个高潮。到 1991 年，我国民办学校总量已达到 450 所。[①] 1987 年，国家教育委员会颁布《中共中央关于教育体制改革的决定》《关于社会力量办学的若干暂行规定》，为民办教育的发展开启了政策之门。这一阶段民办学校多由自然人治理，即由一个或多个举办者单独或联合负责学校事务。

1. 社会团体办学型

社会团体办学型学校主要集中出现在民办教育发展的早期和中期，如上海工商学院、上海新侨职业技术学院（上海工商职业技术学院前身）等。在这一时期，国家对民办教育没有充分放开，因此在审批上对办学主体的政治因素有所要求。社会团体在这个阶段就具有了独特的身份优势。这类民办学校在治理上带有一定的行政色彩，部分学校实行党委领导下的校长负责制，一定程度上类似于公办学校。

2. 民办公助型

民办公助型学校的数量有限，大多创办于 20 世纪 80 年代，较为典型的是北京城市学院和浙江树人大学。政府给予一定的经费资助或政策扶持，或者从外界引入资金与公办学校联合举办民办学校等，这些都是民办公助的具体表现形式。这类学校一般都有一定的政府渊源，其治理往往带有较为强烈的行政色彩。如浙江树人大学党政领导的选配要经相关政府部门考察、任命，教职员工属于事业单位编制，每年浙江省政府会给予 3000 万～ 4000 万元不等的财政资助。[①]

3. 滚动发展办学型

滚动发展办学型学校初创时间大多也是在民办高等教育发展的初期和中期，多由退休的学校领导、专家发起创办，如黄河科技学院、上海东海职业技术学院等。这类学校在办学初期只有少量投入，往往依靠学费积累逐步投入、长期滚动发展。实践证明，单纯依靠收取学费，无法满足学校运转和发展的需要。这类学校早期多由自然人治理，之后随着规模扩大，管理事务日益复杂，逐步朝"分权化、专业化"方向发展。整体而言，滚动发展办学型学校表现出较强的创办人主

---

① 董圣足，朱坚. 我国民办高校的内外部治理特征. 现代教育管理，2010（8）：29-33.

导色彩。

（二）快速发展期（1993—2002 年）

1992 年，党的十四大明确提出："鼓励多渠道、多形式社会集资办学和民间办学，改变国家包办教育的做法。"[①] 1993 年，《中国教育改革和发展纲要》提出："改变政府包揽办学的格局，逐步建立以政府办学为主体、社会各界共同办学的体制。"[②] 1993 年，《民办高等学校设置暂行规定》出台，标志着民办教育无章可循的状态正式结束。同年，国家教育委员会开始受理审批民办学校，对 1984 年以来各地自行批准的符合条件的民办学校实行备案。这些政策极大地鼓舞了社会各界投资高等教育的热情，在社会上掀起了一股民办学校办学热潮。1997 年，国务院颁布《社会力量办学条例》，实行"积极鼓励、大力支持、正确引导、加强管理"的方针，对民办学校的外部规制有所加强。《社会力量办学条例》确立了民办教育的法律地位，标志着民办教育进入依法办学、依法管理、依法行政的新阶段。1999 年，在第三次全国教育工作会议上颁布的《中共中央国务院关于深化教育改革，全面推进素质教育的决定》提出，"凡符合国家有关法律法规的办学形式，均可大胆试验"，"积极鼓励和支持社会力量以多种形式办学……形成以政府办学为主体，公办学校与民办学校共同发展的格局"[③]。1999 年开始的高等学校"扩招"政策，则进一步推动了民办教育，特别是民办高等教育和民办高中的发展。

1. 个人独资办学型

个人独资办学型学校的举办资金、基本建设及设备购置等经费多由举办者个人投入或自行筹集。个人独资办学型学校一般都有家族发展观和家长式管理、

———————————

① 人民网.加快改革开放和现代化建设步伐 夺取有中国特色社会主义事业的更大胜利——江泽民在中国共产党第十四次全国代表大会上的报告.（1992-10-12）[2018-11-10]. http://www.people.com.cn/GB/shizheng/252/5089/5106/20010430/456648.html.

② 教育部.中国教育改革和发展纲要.（1993-02-13）[2018-11-10]. http://www.moe.edu.cn/jyb_sjzl/moe_177/tnull_2484.html.

③ 教育部.中共中央国务院关于深化教育改革，全面推进素质教育的决定.（1999-06-13）[2018-11-10]. http://old.moe.gov.cn/publicfiles/business/htmlfiles/moe/moe_177/200407/2478.html?authkey=eotbe3.

所有权与经营权合一、管理者激励和约束双重化等典型特点。在这种形式的学校中，举办者往往处于中心地位，对学校具有很大的控制权。学校虽然形式上设有董事会、党委、工会等，也引进了专业化的管理者以实现"两权分离"，但其举办者或兼任董事长，或实行家族化管理，学校的管理权高度集中于举办者或其代表身上，校长履行的是"执行者"角色，在学校重大决策上不具备充分的决定权。

2. 股份合作办学型

股份合作办学型学校多见于江苏、浙江等沿海地区。我国最早的教育股份制民办学校于 1996 年出现在浙江省台州市椒江区。这类学校一般由多个自然人参照股份合作制企业共同出资举办，举办者按照相互议定的比例认缴出资额，持有学校股份并参与学校管理。这类学校的办学前提是开放式融资，法人特征是所有权与经营权相分离，其主要特点是承担有限责任和风险。相对于个人独资办学型学校，股份合作办学型学校在资金来源上更有保障。股份合作办学型学校大多采取企业化管理模式。出资人共同组成的"股东会"是最高权力机构，决策机构由"股东会"推选产生董事会，执行机构一般是外聘校长领导的管理团体，监督机构则一般为监事会。这类学校的组织机构是比较完善的，但出资人深度参与学校决策与管理，导致所有权与经营权容易混淆。

3. 社会捐资办学型

这是政府部门倡导、社会各界期待的一种办学模式，典型的如上海杉达学院、仰恩大学等。这些学校有一个共同点，即都是非营利性学校，创办人出于公益目的办学，不谋求经济回报。在治理方式上，这类学校往往带有国外非营利法人治理的某些特征。当然，由于所处的发展阶段不同，这类学校的治理模式离真正意义上的非营利法人治理模式还有一定的距离。

4. 国有企业投资办学型

国有企业投资办学比较常见的情况是国有企业与公立学校合作举办独立学院，如中国太平洋保险（集团）股份有限公司与复旦大学合作举办的复旦大学太平洋金融学院、浙江省电信实业集团公司与浙江大学合作举办的浙江大学城市学院等。此外，也有国有企业参与举办独立设置的民办学校，如浙江东方集团股份有限公司兴办的浙江东方职业技术学院等。[①] 这类学校治理结构多表现为"双法人"模式，学校基本建设、人事任免、财务管理等重大事项一般由作为举办单位的国有企业掌控，而日常管理则由学校董事会及行政团队负责。

5. 公办学校转制型

转制模式是市场经济体制下一种新的模式，转制学校最先出现于20世纪90年代初的上海，旨在通过将公办薄弱学校交由民间承办，通过引入市场机制提高办学质量，典型的案例有上海新侨职业技术学院等。目前，公办中小学校主要有三种转制方式：撤点校转制、新建学校转制和公办薄弱学校转制。例如，北京市自1996年开展公办学校转制试点，至1999年共批准35所中小学转制，占民办中小学总数的51.47%。公办高校转制多由原先公立高校成建制或部分改组而来，主要有两种形式：一种如浙江万里学院，学校资产仍属国有，但学校体制机制转为民营；另一种如齐齐哈尔职业技术学院，成建制地将学校由公办转为民办，国有资产民营化。以上两种学校在转制后，治理结构也发生了变化，一般用董事会领导下的校长负责制代替原先党委领导下的校长负责制。

6. 非公有制企业投资办学型

非公有制企业投资办学型学校是在1999年全国第三次教育工作会议之后大规模兴起的，如上海建桥学院、上海中华职业技术学院、无锡南洋职业技术学院等。受国家政策激励，一些企业将民办教育视为"朝阳产业"，纷纷投资办学。这类学校的特点是起点较高、早期投入资金多，因此发展也较快。这类学校的治理情况差别较大，不同学校办学模式不一而同，且各有优劣势。

（三）规范发展期（2003—2016年）

从2003年开始，随着《民办教育促进法》及《民办教育促进法实施条例》的颁布，民办教育法律地位得到正式确立。从整体来看，在这一时期，民办教育

---

① 董圣足，朱坚. 我国民办高校的内外部治理特征. 现代教育管理，2010（8）：29-33.

逐步走向成熟，民办教育发展出现了先速增后放缓的趋势。2006年，《国务院办公厅关于加强民办高校规范管理引导民办高等教育健康发展的通知》明确提出，建立政府对民办教育的督导制度。2007年，教育部出台《民办高等学校办学管理若干规定》，明确出资者在规范办学上的法律责任。2010年，《国家中长期教育改革和发展规划纲要（2010—2020年）》提出，积极探索营利性和非营利性民办学校分类管理。2012年，《教育部关于鼓励和引导民间资金进入教育领域促进民办教育健康发展的实施意见》强调，要探索完善民办学校分类管理的制度、机制。2015年，国务院常务会议讨论通过部分教育法律修正案草案，明确提出对民办学校实行分类管理，允许兴办营利性民办学校。[1] 大力支持民办教育、依法管理民办教育成为我国民办教育事业改革发展的主题。

在这个时期，中外合作办学得到快速发展。我国在立法上并没有将中外合作办学纳入《民办教育促进法》调整与规范的范围，而是通过另一部行政法规《中华人民共和国中外合作办学条例》来规范。但从办学性质上讲，只要学校开办资金主要不是来源于国有资金，就应该属于民办教育的范畴。因此，从广义上来说，部分中外合作办学可作为一种独特的民办教育类型。目前，国内中外合作办学机构基本上属于公立学校的二级学院，不具有独立法人资格。宁波诺丁汉大学和西交利物浦大学是少数几所具有独立法人地位的中外合作办学机构的代表。这类学校按相关法律法规规定属于公益事业单位，不得以营利为目的开展办学活动。

（四）内涵式发展期（2017年以后）

随着新修订的《民办教育促进法》的正式实施及其一系列配套政策的出台，我国民办高等教育进入了以分类管理为主要特征的内涵式发展期。新法新政构成了新时期我国民办高等教育的基本政策体系，标志着我国民办教育的顶层设计基本完成。在民办教育新法新政背景下，非义务教育民办学校则可以自主选择成为营利性或非营利性民办学校，两种性质的民办学校将享受不同的财政、税收和土地等配套优惠政策，新法新政为今后民办教育制度的变迁奠定了法律和政策基

---

[1] 中央政府门户网站. 李克强主持召开国务院常务会议（2015年1月7日）. (2015-01-07) [2018-11-09]. http://www.gov.cn/guowuyuan/2015-01/07/content_2801882.htm.

础。在内涵式发展期，民办教育不断创新发展融资模式，一些民办教育集团采取可变利益实体架构等模式上市，正式走向资本市场。

在这个时期，混合所有制模式民办学校得到快速发展。混合所有制模式的探索源于对传统公司产权结构及治理模式的变革与创新。借鉴国有企业混合所有制改造的实践经验，其主要有四种模式：①民办学校引入国有资本。一方面，民办学校吸引国有企业投入；另一方面，政府投入资金支持民办学校发展建设。②不同资本合作投资。由公办学校、国有资本、集体资本、民营资本、外资共同投资兴办学校，其中以独立学院为典型代表。③公办、民办学校相互委托管理。委托管理是指办学相对困难的学校将管理事务交给更具专业能力的机构，从而提高管理效益。受委托管理的学校，其办学体制、学校性质、经费投入、教师编制、收费标准不变。④公私合作共建院校基础设施。教育领域公私合作伙伴关系是政府公共部门和社会资本建立合作关系，提供教育服务以促进教育发展的一种新模式，双方通过协议明确各自的权利和义务、风险和收益。

二、出资类型特征分析

改革开放40年来，我国民办教育取得了巨大成就，成为我国教育体系的重要组成部分。从出资主体看，我国民办教育大致有如下四种出资模式：①"民有民办"模式，其资金来源为民间自筹资金。②"公有民助"模式，其办学主体为社会团体，而办学经费主要来源于学费。③"民有公助"模式，其投资主体主要为校友和热心人士，办学用地由政府无偿提供。④"校企联办"模式。基于举办者对投资回报的要求，我国民办教育出资类型可分为三种：一是捐资奉献型，举办者既不要回报，也不要个人产权；二是投资回报型，举办者既要求回报，也要求拥有学校的产权；三是出资保值型，举办者不要回报但要产权，或者要求回报但放弃产权。总体来说，民办学校在出资类型上显现出以下阶段性特征。

（一）以学养学的早期阶段

民办教育既是一项投资性事业，也是一项消耗性事业。在民办教育发展的早期阶段，以学养学是一种很好的起步方式。在这个时期，以学费为主，将逐渐累积的学费结余作为自身发展资金的发展模式比较普遍。在教育资源不足的情况下，以学养学、略有节余、逐步发展的方式，具有成本低、易启动、风险小的优势。这是因为早期民办学校难以获得政府财政资助，不得不将学费作为主要的融资方式和经费渠道。随着人们对差异化、优质化教育需求的增强，民办学校为了丰富办学类型、提高办学层次、优化办学质量，需要投入大量的资金。[①] 单纯依靠学费，显然无法满足民办学校快速发展的需求。因此，民办学校需要更多的政策扶持和更广泛的资金来源。

（二）投资办学为主的阶段

在此阶段，举办者投入在民办教育投资结构中占有重要地位。随着民办教育的发展，一些资金充足的个人和企业开始寻求新的投资方向，由此出现了投资办学的模式。与以学养学的模式不同，这类学校将市场机制引入民办教育中，有效解决了办学资金不足的问题。这类学校具有高投入、高起点、规范化办学的特点，更容易吸引生源，因此经济效益较好。投资办学的优点是按效益规律实现教育的规模经营，通过提高办学效率使资源发挥更大作用。但由于投资办学多以营利为目的，这些民办学校在发展上容易受到举办者的干预。

（三）贷款办学兴起的阶段

在我国民办学校发展过程中，银行贷款是教育融资的一种有效方式。特别是在金融环境较为宽松的时期，利用贷款改善办学条件、扩大学校规模，已成为民办学校发展的重要方式。从 2000 年开始，国有银行和一些商业银行开始向民办学校提供贷款。为了得到足够的资金，各地民办学校在原有资本的基础上，开始向银行贷款获取资金，进而征地、建校、改善办学条件。[②] 贷款办学实际上是投资办学的延伸，具有资金多、发展快、效益好的优点，但民办学校贷款普遍

---

① 杨德岭.我国民办高等教育投资评价及风险管理研究.南京航空航天大学博士学位论文，2012：31.
② 杨德岭.我国民办高等教育投资评价及风险管理研究.南京航空航天大学博士学位论文，2012：32.

存在贷款难度大、还息压力大等问题。银行对民办学校的贷款条件要求较为苛刻，贷款过程也比较烦琐。从贷款形式来看，这种贷款以质押贷款和保证贷款为主，国有企业常用的信用贷款较为少见；从贷款种类来看，流动资金贷款是主要形式，固定资产投资贷款所占比例较低。从 2010 年开始，随着学校财政还债措施和相应金融政策的出台，通过大规模银行贷款推动办学的模式已基本停止。

（四）多元投资的发展阶段

随着民办教育的发展，传统的筹资渠道越来越难以满足民办学校日益增长的发展需求。首先，国家对民办学校设置了最高收费额度，对其收费有了更加规范的要求，一定程度上限制了学费上涨的空间。其次，相关的民办教育投资收益政策仍不够清晰，社会各界对民办教育投资的积极性不够。最后，宏观金融政策不断调整，使银行对民办学校贷款银根收紧。[1] 为了满足规模扩张和质量提升的要求，民办学校不得不寻求多元融资途径，如争取政府财政资助、寻求社会捐赠、发展校办产业等，以筹集更多的发展基金。此外，随着民办学校资本积累的完成，以及分类管理政策的实施，部分民办学校办学取向发生改变，尤其是一些非营利性民办学校不再把取得收益置于办学首位，而开始更多地考虑社会效益、品牌效应等问题。

第二节　民办学校治理机制的典型实践

一、办学自主权

办学自主权是民办学校开展现代学校制度建设的核心内容。作为一项法律授权，办学自主权的范围和权限遵循特殊的法律规定性。2003 年开始实施的《民办教育促进法》第五条规定："民办学校与公办学校具有同等的法律地位，国家

---

[1]　杨德岭. 我国民办高等教育投资评价及风险管理研究. 南京航空航天大学博士学位论文，2012：32.

保障民办学校的办学自主权。"①《国家中长期教育改革和发展规划纲要（2010—2020 年）》第四十三条明确提出："依法落实民办学校、学生、教师与公办学校、学生、教师平等的法律地位，保障民办学校办学自主权。"② 国家相关法规政策对保障民办学校办学自主权作出了明文规定，为落实民办学校办学自主权提供了依据，也奠定了实践基础。目前，政府简政放权改革取得了阶段性成果，民办学校办学自主权在实践探索中得以扩大，有力地激发了社会力量的办学热情和兴教活力。例如，政府逐渐放开价格管制，允许民办学校在政府指导价限度内自主确定学费收取标准，扩大民办学校的招生自主权和专业设置权等。但就当前民办教育的实际发展需求来看，民办学校办学自主权的有限性、无序性特征依然存在，落实民办学校办学自主权任重而道远。

（一）收费趋向市场调节

1. 收费定价权限逐步放开

改革开放 40 年来，随着放开价格管制的呼声越来越大，民办学校收费自主权在多个省（自治区、直辖市）逐步扩大。多个省（自治区、直辖市）规定，非营利性民办学校的学费可以高于同级同类公办学校，按同级同类公办学校生均教育费用的倍数定价。非营利性民办学校收费项目和标准实行统一上限管理，在上限区间内自主确定，向社会公示后执行。学校可依据办学条件、办学成本、社会需求等因素，自主确定对接受非学历教育的受教育者收取费用的项目和标准，并向社会公示。营利性民办学校不限制学费价格。营利性民办学校、经营性教育机构可以自主确定收取费用的项目和标准，实行市场调节。如广东省规定，民办中职学校、民办技工院校和民办高等院校收费可根据市场情况、自身条件和培养成本确定，在报教育部门或人力资源和社会保障部门及价格主管部门备案后执行。福建省规定，允许部分通过人才培养评估或教学评估的学校自主选择专业总数

① 中央政府门户网站.中华人民共和国民办教育促进法.（2002-12-28）[2018-11-09]. http://www.gov.cn/gongbao/content/2003/content_62224.htm.

② 教育部.国家中长期教育改革和发展规划纲要（2010—2020 年）.（2010-07-20）[2018-11-10]. http://old.moe.gov.cn/publicfiles/business/htmlfiles/moe/info_list/201407/xxgk_171904.html.

20% 以内的专业，以价格主管部门核定的学费标准为基础，在 20% 浮动范围内自主确定学费收取标准。

2. 建立市场化竞价机制

民办学校学费按市场竞争机制定价，不简单通过行政命令一刀切。学费标准由学校根据市场情况、自身办学条件和培养成本合理确定；规范住宿费、服务性收费和代收费行为，住宿费按照住宿条件和管理成本合理定价，其余服务性收费和代收费应坚持学生自愿原则。按"市场调节、按质论价"的原则，非营利性民办学校收费标准可以依照同级同类公办学校生均经费，结合民办学校的办学成本来确定，营利性民办学校收费项目和标准由其自主确定，确定标准主要有三个：①民办学校的实际成本，这是基本的依据，符合教育成本分担和补偿理论，也是保证民办学校可持续发展的基础。②民办学校的声誉，社会声誉好的民办学校，增加学费也可以保证生源质量和数量。③学生的可承受力，如对农民工子女的收费应适度减免或提供助学金资助。

（二）招生自主权逐渐落实

改革开放 40 年来，各地民办学校在招生计划编制、招生范围确定、招生方式改革等方面的权限得到了一定程度的扩大。在招生计划编制权限上，允许办学规范、管理严格的民办学校，在核定的办学规模内自主确定招生计划，这已成为各省（自治区、直辖市）较为普遍的做法；在招生范围上，跨地区招生封锁和民办学校全国招生受限的现象已不复存在，取而代之的是跨区域招生，并且民办学校与公办学校的同批次招生得到落实；在招生方式上，民办学校试行的"校考单录""三位一体"等改革都体现了民办学校不断扩大的招生自主权。例如，浙江省规定，民办学校在核定的办学规模内，可自主提出年度招生计划和招生范围方案并报教育主管部门备案。民办中小学应主要在办学所在地招生，其招生参照公办中小学实施管理，跨区域招生计划应纳入学校总体招生计划。

（三）课程专业设置权日益扩大

《国务院关于鼓励社会力量兴办教育促进民办教育健康发展的若干意见》第第十七条明确了如何保障依法自主办学。各地在此方面作出了探索。第一，逐步放开民办学校的专业设置权。政府鼓励民办学校根据国家战略需求和经济社会发展需要，自主设置和调整学科专业，支持民办高校对接产业行业需求，按照规定设置国家和经济社会发展急需的新专业。例如，浙江省教育厅按照民办学校的办学规模，比较同类公办学校，放宽20%的比例核定专业设置总数。第二，自主开展教学活动。民办学校可自主开展教学活动、科学研究、技术开发和社会服务，自主制定学校规划并组织实施，自主设置教学、科研、行政管理机构。在教学实施活动中，民办学校在教学内容的选择、教学计划的安排、教学方法的运用、教学过程的组织、学生成绩的评定等方面拥有一定的自主权。例如，湖北省规定，民办学校在完成国家规定专业教学要求的前提下，按照教育教学规律和人才成长规律，可自主开展教育教学活动；民办学校可选用经相关部门审查通过的境外教材；民办学校可推进学分制改革，探索适合学校特点、有利于创新人才培养的教学管理制度。

二、内部治理

办学自主权有其相应的边界和限制，它的基本前提是学校具有完善的内部治理结构。改革开放40年来，内部治理一直是民办学校改革的核心领域。民办学校逐渐完善内部控制制度，摆脱个人治理、家族治理而走向共同治理，致力于建立自我办学、自我管理、自我制约和自我发展的内部治理机制。民办学校通过建立纵向的民主决策层次体系、横向的决策权分配体系、延伸至社会的决策咨询机制，推动民办学校决策的民主化和科学化。比如，规范和健全股东会制度；通过董事来源多元化促进董事会决策的科学化，探索建立独立董事制度；发挥监事会的作用，强化监事会对公司经营者的监督。在民办学校内部治理持续完善的同时，其也存在一些不容忽视的问题，如产权不清晰、法人治理结构不完善、教育管理不规范、教育质量不高、教育特色不明显等。建立健全有利于鼓励多种社会力量以多种形式参与办学的利益驱动机制，鼓励不同类型学校公平发展的竞争机制，满足家庭对多元文化和社会对多类型、多规格人才的需求机制，以及便于政务、校务、财务公开和主动接受社会舆论监督的制约机制，是过去、现在和未来民办教育内部治理发展的主线。

（一）更加健全的部门机构和人员组成

1.日益精减的内部机构

民办学校不得不面向市场，这在客观上要求民办学校有灵活的组织结构与之相适应，在学校管理中淡化层次观念，因事设岗、因事选人并注重机构之间的有效联系。民办学校突出因事设岗原则，规避因人设岗、机构臃肿、人浮于事的现象，机构岗位设置突出效能原则，根据学校实际发展的规模需要，强调效益、效率和效果。

2.日趋完善的权力机构

在民办学校内部，以董事会为代表的决策机构、以校长为代表的执行机构和以党支部及教职工代表大会为代表的监督机构日益健全。董事会负责制定学校发展规划、遴选校长、确定经费使用原则等重大问题的决策，但不干涉学校内部行政事务[①]；以校长为代表的执行机构在决策机构确定的原则下，独立行使职能，实行校长负责制；而监督机构则与董事会、校务委员会之间没有利益关系，其职责主要是监督董事会对学校办学经费的投入及各执行机构对决策的执行情况。这三类权力相互制衡，各司其职，形成高效、合作、规范的管理运行机制。[②]

3.逐渐健全的监督机构

监督机构建设一度是民办教育发展中的薄弱环节，在学校内部治理与权力制衡关系方面，一些民办学校内部缺乏有效的制衡关系，易造成权力集中现象。一些民办学校权力运行中的出资人或举办者控制、以校长为核心的管理团队职权

---

① 李纯真.辽宁省民办高等教育可持续发展研究.辽宁师范大学博士学位论文，2011：117.

② 孙艳.论我国民办高等教育的可持续发展.大连理工大学硕士学位论文，2006：41.

不明晰、缺少利益相关者参与、内外监督机制缺失等法人治理结构上的突出问题，使得民办学校陷入家族化治理、校长权力集中化、董事会权力过于膨胀、内部权力冲突、缺乏共治动力等盲区。改革开放 40 年来，政府管理部门和民办学校在突破法人属性、产权制度、举办者权益及政府监管等政策瓶颈，健全监事会等内部监督制约机制，发挥党组织的政治核心和监督保障作用，建立利益相关者共同治理机制，强化民办教育机构的风险防范意识和风险化解能力等方面取得了长足进步。

（二）日益清晰的职责分工和权限划分

1. 逐步完善的法人治理结构

目前，民办学校主要实行以下几种法人治理结构：①董事会领导下的校长负责制。根据教育部有关部门对若干民办教育机构和民办中小学的调查，实行董事会领导下校长负责制的民办教育机构约占 2/3，这是目前最主要的法人治理结构。②校长负责制。当民办学校投资者与校长两者合一时，其往往采取这种领导体制。③校务委员会领导下的校长负责制、教职工代表大会基础上的校长负责制。这类学校主要由集体发起成立，无实质性的出资者。[①] 目前，民办学校比较重视校长的现代化企业管理理论和实践经验，所以从企业家或企业管理人员中选出校长的较多。此外，民办学校还要设立一些集体性的代表学者权益的组织，如主要由教授组成的学校评议会、教师工会等。这些组织虽然不是权力机构，但在确定学校的教育方针、学术和行政人员的任免等方面有着重要的扶助作用。[②]

2. 更为灵活的人事聘任机制

与公办学校相比，民办学校有更为灵活的人事聘任机制：①公开招聘，双向选择。民办学校一般根据岗位需求设置用人条件，用人学校与应聘者能真正做到自愿、自主，双向选择。②工资待遇与工作能力、实绩挂钩。这种分配制度较充分地体现了多劳多得的分配原则。③能上能下，能进能出。民办学校的这种用

---

① 李纯真.辽宁省民办高等教育可持续发展研究.辽宁师范大学博士学位论文，2011：115.
② 孙艳.论我国民办高等教育的可持续发展.大连理工大学硕士学位论文，2006：18.

人制度和分配制度，较大程度地调动了人的积极性和聪明才智。民办学校没有"大锅饭""铁饭碗""铁交椅"。民办学校的这种用人制度和分配制度，越来越被公办学校借鉴和采用，促进了公办学校用人制度与分配制度的改革。

3. 相对独立的财产使用管理权

民办学校具有从社会获取资源的能力，拥有财产使用管理的自主权。2006年，《国务院办公厅关于加强民办高校规范管理引导民办高等教育健康发展的通知》提出，"民办高校要落实法人财产权，出资人按时、足额履行出资义务，投入学校的资产要经注册会计师验资并过户到学校名下"①。2007年，教育部发布《民办高等学校办学管理若干规定》，对民办高等学校资产过户时间作了明确限定："民办高校的资产必须于批准设立之日起1年内过户到学校名下……资产未过户到学校名下前，举办者对学校债务承担连带责任。"② 民办学校法人财产权落实工作已经从民办高校扩展到所有民办学校，各地纷纷出台相关实施细则，对资产过户中的验资问题、税费问题等作出规定。

三、师生权益保障

保障民办学校师生合法权益，是民办教育改革和发展的重要内容，是实现民办学校健康发展的重要保障。改革开放40年来，随着我国民办教育的稳步发展和民办教育分类管理政策的出台，师生的法定权益日益受到重视，师生的身份地位、工资待遇、基本权利、发展空间得到相应保障。

保障民办学校教师权益主要体现在四个方面：①逐渐完善法律法规建设，保障相关政策落地，规范营利性和非营利性民办学校法人登记类型，找到各利益相关者的利益结合点。②明确分类扶持思路，政府、举办者、教师等利益相关者多方参与、协同推进。③政府履行管理职能，切实发挥调控作用，为民办学校教师权益提供多样化保障方式。④学校履行办学责任，切实保障教师合法权益，不

---

① 国务院办公厅. 国务院办公厅关于加强民办高校规范管理引导民办高等教育健康发展的通知.（2006-12-21）[2018-11-09]. http://www.gov.cn/xxgk/pub/govpublic/mrlm/200803/t20080328_32478.html.

② 教育部. 民办高等学校办学管理若干规定.（2007-02-03）[2018-11-09]. http://old.moe.gov.cn/publicfiles/business/htmlfiles/moe/moe_621/201001/81842.html.

断提高教师薪酬待遇,构建多层次的社会保障体系。⑤行业组织提供专业服务,建立起第三方民办学校教师权益保障定期督导检查制度,助推教师权益保障落到实处。

保障民办学校学生权益主要体现在四个方面:①配套法规建设和地方立法日趋完善。②教育行政执法与监督有效推进。③构建有利于民办学校学生权益保障的政府资助机制。④履行民办学校的法定职责,构建民办学校学生合法权益保障的校方机制和自我机制。①

(一)教师平等待遇逐渐落实

1. 教师身份地位不断提高,"编制内"和"编制外"渐趋同等

我国民办学校教师身份地位不断提高,教师待遇权益保障不断完善。提高民办学校教师身份地位不仅牵涉教育系统,还涉及编制管理、户籍管理、民政、人力资源和社会保障等政府行政管理部门。在中央政府法律法规方面,《民办教育促进法》专门明确要保障民办学校教职工的合法权益,民办学校的教师与公办学校的教师具有同等的法律地位②。2010年,《国家中长期教育改革和发展规划纲要(2010—2020年)》再次提出要"依法落实民办学校、学生、教师与公办学校、学生、教师平等的法律地位"③。为贯彻落实《国家中长期教育改革和发展规划纲要(2010—2020年)》的相关规定,2012年,教育部出台《教育部关于鼓励和引导民间资金进入教育领域促进民办教育健康发展的实施意见》,要求"清理并纠正对民办学校的各类歧视政策。依法清理与法律法规相抵触的、不利于民办教育改革发展的规章、政策和做法,落实民办学校与公办学校平等的法律地位"④。这些政策的出台,基本实现了民办学校及其教师在教育系统内部与公办学

---

① 尹晓敏.构建民办学校学生合法权益的保障机制.浙江树人大学学报(人文社会科学版),2009,9(1):10-14.

② 中央政府门户网站.中华人民共和国民办教育促进法.(2002-12-28)[2018-11-09].http://www.gov.cn/gongbao/content/2003/content_62224.htm.

③ 教育部.国家中长期教育改革和发展规划纲要(2010—2020年).(2010-07-20)[2018-11-10].http://old.moe.gov.cn/publicfiles/business/htmlfiles/moe/info_list/201407/xxgk_171904.html.

④ 教育部.教育部关于鼓励和引导民间资金进入教育领域促进民办教育健康发展的实施意见.(2012-06-18)[2018-11-09].http://old.moe.gov.cn/publicfiles/business/htmlfiles/moe/s3014/201206/138412.html.

校及其教师同等地位的待遇。有些地区已在尝试突破公办学校、民办学校教师身份的"二元"结构禁区。例如，针对民办学校教师的身份地位问题，浙江省的温州、宁波、衢州等市将非营利性民办学校教师纳入"民办事业单位"或"自收自支事业单位"人员，同时通过有关政策相应提高营利性民办学校教师身份地位。

2. 教师薪酬待遇不断提高，多层次待遇保障体系逐步建立

民办学校教师薪酬待遇不断提高，社会保险体系由为民办学校教师提供"待遇保障"逐渐向提供"社会保险""补充养老保险""住房公积金""教师年金"多层次待遇保障体系转变。1993 年，《中华人民共和国教师法》规定："社会力量所办学校的教师的待遇，由举办者自行确定并予以保障……教师的平均工资水平应当不低于或者高于国家公务员的平均工资水平，并逐步提高。"[①] 由此可见，民办学校教师工资水平保障是重点。2002 年，《民办教育促进法》更为具体地提出"民办学校应当依法保障教职工的工资、福利待遇"，还规定民办学校"要为教职工缴纳社会保险费"[②]，由此，"社会保险"首次在专项民办教育法律条文中出现。2007 年，为进一步提高民办学校教师的社会保障水平，"补充养老保险"的概念出现。2012 年，《国务院关于加强教师队伍建设的意见》提出，民办学校应依法及时兑现教师工资待遇，按规定为教师足额缴纳社会保险和住房公积金，鼓励民办学校为教师建立补充养老保险、医疗保险。2012 年，《教育部关于鼓励和引导民间资金进入教育领域促进民办教育健康发展的实施意见》提出，要"落实民办学校教师待遇"，"民办学校要依法依规保障教师工资、福利待遇，按照有关规定为教师办理社会保险和住房公积金，鼓励为教师办理补充保险"[③]。分析上述法律法规对于民办学校教师待遇保障的规定可见，"待遇""社会保险""补充养老保险""住房公积金"等关键词相继显现，法规政策不断细化，民办学校教师待遇保障政策正由单一工资福利向多层次社会保障体系调整。

---

① 中央政府门户网站. 中华人民共和国教师法.（2005-05-25）[2018-11-09]. http://www.gov.cn/banshi/2005-05/25/content_937.htm.

② 中央政府门户网站. 中华人民共和国民办教育促进法.（2002-12-28）[2018-11-09]. http://www.gov.cn/gongbao/content/2003/content_62224.htm.

③ 教育部. 教育部关于鼓励和引导民间资金进入教育领域促进民办教育健康发展的实施意见.（2012-06-18）[2018-11-09]. http://old.moe.gov.cn//publicfiles/business/htmlfiles/moe/s3014/201206/138412.html.

3. 教师社保体系不断完善，公办、民办学校教师社保差距不断缩小

政府、学校、个人等各方面合理分担的社会保障机制初步建立，公办、民办学校教师社保差距不断缩小。公办、民办教师双轨制社保体系是民办教育工作需要集中破解的关键问题，建立健全多层次社保体系，探索实施养老保险、住房公积金、职业年金、企业年金等制度是其中的核心内容。在保障民办学校教师社保权益实践探索中，政府制定民办教育法规政策的价值取向，由鼓励引导、规范促进转为大力支持、积极参与。政府、举办者（出资人）和教师等利益相关者的作用不断显现，各方达成共识和寻求共同目标的期待正在实现，突破公办、民办双轨制社会保障体系具有现实基础。总体而言，按照学校教师的职业身份而非其所供职单位的属性来提供社会保障，符合未来中国整个社会保障改革乃至社会发展的大方向。

4. 教师进修覆盖面不断扩大，教师专业发展取得进展

民办学校教师专业发展的空间不断拓展，且在已有法律法规中，关于民办学校职称评聘和专业发展权益的规定更加明确，配套资格认定、进修培训、课题申请、评先选优、国际交流等综合权益保障得到有效推进。由于原有人事管理制度的限制，民办学校教师的资格认定、教龄工龄计算和职称评聘等方面存在阻碍。伴随民办教育的发展，民办学校教师职称评审、培养培训和专业发展等问题正在得到解决。2012年，《国务院关于加强教师队伍建设的意见》提出，要"依法保障和落实民办学校教师在培训、职务（职称）评审、教龄和工龄计算、表彰奖励、社会活动等方面与公办学校教师享有同等权利"[1]。与此同时，《教育部关于鼓励和引导民间资金进入教育领域促进民办教育健康发展的实施意见》明确规定："民办学校教师在资格认定、职称评审、进修培训、课题申请、评先选优、国际交流等方面与公办学校教师享受同等待遇。"[2]针对民办学校教师职称评聘和专业发展权益保障问题，民办学校和教育管理部门也进行了持续的探索。例如，

---

[1] 中央政府门户网站.国务院关于加强教师队伍建设的意见.（2012-08-20）[2018-11-09]. http://www.gov.cn/zwgk/2012-09/07/content_2218778.htm.

[2] 教育部.教育部关于鼓励和引导民间资金进入教育领域促进民办教育健康发展的实施意见.（2012-06-18）[2018-11-09]. http://old.moe.gov.cn//publicfiles/business/htmlfiles/moe/s3014/201206/138412.html.

推进教育人事制度改革，探索民办学校人事代理制度，为其职称评聘提供渠道；授予民办学校，尤其是民办学校教师相应的职称评审权和人事档案管理权；通过支持民办学校教师专业发展，为其职称评聘奠定基础。

（二）学生平等权益有效实现

1. 学生资助政策逐渐完善，权益保障制度不断健全

以学生为对象的公共财政扶持形式主要包括生均补助、奖助学金和助学贷款三种。民办学校学生权益落实主要体现在六个方面：①加快配套法规建设和地方立法进程，构建民办学校学生权益的法律保障机制，使民办学校学生在入学、升学、转学、学籍、学习、表彰及国家经费补助等方面享受与公办学校学生同等待遇。②积极推进教育行政执法与监督，构建有利于民办学校学生权益保障的行政监管机制，确保政府颁布的各项政策在民办学校得以落实。③建立并推行民办学校风险保证金制度，构建民办学校学生权益保障的风险防范机制。④给予民办学校普遍的公共财政资助，构建有利于民办学校学生权益保障的政府资助机制。⑤切实履行民办学校的法定职责，构建民办学校学生合法权益保障的校方保障机制。⑥唤醒权益意识，增强维权观念，构建民办学校学生合法权益保障的自我保障机制。①

2. 学生学习权益不断优化，人才培养质量持续提高

我国民办学校的蓬勃发展与民办学校自身教学改革、育人定位等内部因素休戚相关。改革开放40年来，民办学校以应用型人才为育人定位，以社会需求为导向，以培养模式为核心，以知识应用为远景，以创新能力为目标，注重通识教育，培养学生能力，开创了一条独具特色的办学道路。通过构建多主体参与的人才培养模式、多层次动态化的项目课程体系、多样化的人才培养过程设计、多元化人才培养质量评价机制等，民办学校人才培养质量得到有效提高，学生学习权益得到充分保障。当前，民办学校正在对人才培养的模式进行深入了解和挖

---

① 尹晓敏.构建民办学校学生合法权益的保障机制.浙江树人大学学报（人文社会科学版），2009，9（1）：10-14.

掘，实施"错位发展"，创建品牌特色专业；加强产学研合作教育，提升学生实践创新能力；依托地方产业，增强毕业生行业竞争力；深化学分制改革试点，全面提高人才培养质量。

第三节　民办学校体制机制的未来动向

改革开放 40 年来，我国民办教育取得了巨大成就，诞生了一批有特色和高质量的民办学校。国家对民办教育大力扶持的政策、大众化时代各级教育的扩张等因素均为民办学校提供了良好的发展机会，而灵活的办学体制、多样的办学类型、强大的发展主动性和驱动力等因素则是民办学校自有的内生优势。在目前的竞争环境下，民办学校所独有的东西还不多，唯有民办体制以其灵活、高效的管理为公办学校所望尘莫及。在市场经济条件下，民办教育领域同其他领域一样，没有高质量就没有广阔的市场，也就无法拓展自身生存的空间。民办教育只有把自身管理做好，才能为自身发展创造一个良好的内部环境，同时促进外部环境向更积极的方向发展，这一点已经成为大家的共识。民办体制是影响民办学校核心竞争力形成的关键因素，而坚实的资源保障机制、科学的管理合力机制、效益至上的经营机制、敏捷的市场反应机制、严格的质量保障机制、完善的服务供给机制和持续的创新机制则是民办学校核心竞争力形成的必要条件，是民办学校在核心竞争力形成过程中的具体表现。

一、建立健全营利性与非营利性民办学校分类管理制度

建立营利性与非营利性民办学校分类管理制度，是我国近期一项重要的民办教育制度顶层设计。分类管理是突破长期制约民办教育发展制度瓶颈的根本手段，是完善落实民办教育基本制度和优惠政策的基础措施，是鼓励社会力量兴办教育的迫切需要。2010 年，《国家中长期教育改革和发展规划纲要（2010—2020年）》提出"积极探索营利性和非营利性民办学校分类管理"，"开展对营利性和非营利性民办学校分类管理试点"的要求，进一步促进和规范民办教育健康发

展。① 2015 年，为消除民办教育分类管理的法律障碍，国务院常务会议讨论通过部分教育法律修正案草案，明确"对民办学校实行分类管理，允许兴办营利性民办学校"②。可以说，这些政策法规的出台解决了长期制约民办教育改革与发展的关键问题和主要矛盾，尤其是对民办学校实施分类管理所作的专门规定，切中了民办教育诸多问题的要害。总体来看，推进民办教育分类管理的意义及作用是明显的。

分类管理是针对以往模糊框架下民办学校既难以享受各类优惠政策支持，也不能合法合规地获得经济收益的困境，突破长期制约民办教育发展制度瓶颈的根本措施。实行民办学校分类管理，既能有针对性地制定政府扶持政策，避免"搭便车"现象，最大限度地保障民办教育的公益性；又能从法律层面明确营利性民办学校的法律地位，完善相应的办法，依法保障和规范获取合理回报的行为；同时还能使潜在的捐赠者和出资者打消顾虑，激发他们为教育捐资和投资的积极性。同时，民办学校分类管理要按照"责权对等"原则对营利性与非营利性两类性质不同的民办学校，建立相应的准入制度、产权制度、法人治理制度、资产财务制度、资助优惠制度、信息披露制度、保障制度、评估制度等，分别对两类不同性质的民办学校进行监管，以维护民办教育市场公平竞争的秩序。

（一）明确两类学校的分类标准

如果说营利性民办学校和非营利性民办学校的共同合法存在是对两类学校进行分类管理的前提，那么设定科学、严格的标准以区分营利性民办学校和非营利性民办学校，则是分类管理政策能够付诸实践的根本条件。一般而言，人们对于区分营利性民办学校和非营利性民办学校的标准没有太大争议，主要在举办民办学校的动机、对民办学校的各种投入的归属，以及民办学校办学终止时剩余资产的处置等方面存在争议。另外，民办学校分类管理的价值取向之一，在于为不

---

① 教育部.国家中长期教育改革和发展规划纲要（2010—2020年）.（2010-07-20）[2018-11-10]. http://old. moe.gov.cn/publicfiles/business/htmlfiles/moe/info_list/201407/xxgk_171904.html.

② 中央政府门户网站.李克强主持召开国务院常务会议（2015年1月7日）.（2015-01-07）[2018-11-09]. http://www.gov.cn/guowuyuan/2015-01/07/content_2801882.htm.

同学校提供差别化政策，以求实现校际公平。然而，营利性民办学校群体和非营利民办学校群体内部是有差异的，即便同为非营利性民办学校，有的从事学历教育，有的从事非学历教育，两类学校的公益性程度是不同的，单单根据它们营利性方面的差异分别制定政策尚不足以实现校际公平。因此，在区分营利性与非营利性两类学校基础上，不妨借此机会进一步细化有关举措，即针对民办学校所从事的不同教育活动，制定更为精细的分类管理措施。

（二）完善配套政策，实行差别化的政府扶持

解决两类民办学校的身份问题之后，配套政策的差别化设计便提上了日程。当然，这涉及很多方面，择要而论，应当对现行的财政、税收和土地政策进行调整与完善。民办学校征地难、财税支持少，是十年前就在讨论的老问题，一直没有得到解决。土地和财税问题交错盘结、涉及面广、利益格局复杂，因此改革的重点和难点问题突出。我国应完善配套政策：①实行差别化的财政政策。在分类登记后，非营利性民办学校就理应成为政府重点资助的对象。当然，这并不是说，所有非营利性民办学校都应当受到同等程度的资助；也不是说，营利性民办学校就绝对不能成为财政资助的对象。一方面，对于非营利性民办学校，还有必要看它从事的是什么样的教育活动，例如从事学校教育，特别是义务教育的民办学校，就应该得到更大程度的资助；另一方面，营利性和公益性虽然在一定程度上此消彼长，但也不是严格的线性反比关系。在政策允许的情况下，一些营利性民办学校也应得到适度的资助。不过，无论怎么说，财政资助的重心都不能偏离非营利性民办学校，这不仅是公平起见，还是有效发挥政策引导作用的前提。②实行差别化的税收政策。营利性民办学校由于已经被登记为企业法人，需像其他企业组织一样依法纳税。非营利性民办学校由于已经被登记为事业单位，则无须纳税。营利性民办学校原则上应依法纳税，但政府可以根据实际情况予以优于一般商业组织的税率优惠。同时，政府应对不同阶段营利性民办学校的税负能力进行客观判断和实时评估，适当予以阶段性税收优惠，确保税负合理、整体公平。③实行差别化的土地政策。非营利性民办学校享有与公办学校同等政策，可按划拨方式供应土地。营利性民办学校可按协议方式或国家政策允许的其他有偿

出让方式供应土地。两类民办学校建设用地均可按科教用地管理，企业办的各级各类民办学校自用的房产和土地，免征房产税和城镇土地使用税。非营利性民办学校还可享有与公办学校同等的建设规费减免优惠。

（三）保障师生权益，建立平等但不平均的体制机制

教师和学生是维系民办教育快速、健康发展的重要因素。长期以来，我国民办教育办学经费投入不足，严重依赖生源数量，生源多少意味着学费多寡；教师队伍稳定与否则决定着办学质量的优劣。现有政策保障和落实民办学校师生权益力度不够，虽然民办学校师生与公办学校师生具有同等法律地位，但并没有享有相同的权益。无论在哪种类型学校就读的学生，都是纳税人的子女，有同等享受国家助学贷款财政贴息，同等享受升学、转学、考试、医疗保险、户籍迁移、就业等权利。义务教育阶段民办学校学生应按公办学校标准，纳入免费义务教育补助范围。在教师权益方面，无论在哪种类型学校就职的教师，都是为国家培养人才，在社会保险、职业资格认定、专业发展、职业流动等方面应享有同等权利。需要注意的是，基本权益方面的平等待遇并不等同于平均主义。因此，我们建议完善基本权利平等基础上的差别化人事政策。所谓差别化人事政策，是指我们应当以两类民办学校的法人登记为基础，对于非营利性民办学校的教师，应当比照公办学校教师落实其各项待遇；而对于已被登记为企业法人的营利性民办学校的教师，一般情况下与学校之间形成劳动关系，受劳动法约束。

（四）完善多元治理，实施共同但有区别的监管体系

营利性和非营利性民办学校都是社会主义教育事业的组成部分，国家对两类民办学校都履行依法管理和监管职责。为规范民办学校办学行为，促进民办教育健康发展，我国可实行共同但有区别的监管体系。所谓共同的监管体系，是指两类民办学校都应当遵守国家法律、法规，贯彻党和国家的教育方针，保障教育质量，落实安全管理责任，规范招生、教育教学、颁发证书等办学行为，加强办学风险防范和失信惩戒。所谓有区别的监管体系，是指我们应建立分别适用于两类

民办学校的监管政策，加强分类监管机构建设，完善两类民办学校的财务会计制度、内部控制制度、审计监督制度、教育教学质量监督制度等。对于营利性民办学校，实行与非营利性民办学校不同的设置标准和注册资金限制；实施办学许可证年检制度，由监管机关检查学校教育教学、经营管理和财务、资产状况等；允许其在办学许可证核定范围内开展自主招生、教育教学和经营活动；规定其各项办学和经营收入必须使用税务部门规定的合法票据，督促建立学校发展基金，健全财务内外部控制机制、办学风险评估审查机制、土地校舍保障机制和师生申诉机制。需要强调的是，对民办学校的监管应以必要为限，以治理思维完成"瘦身、转身、健身"的完整转型。健全社会第三方组织在分类监管中的积极作用，建立社会第三方组织对民办学校的质量认证和评估制度，民办学校行政管理部门根据两类学校的评估标准和结果，对不同程度的质量不合格者采取不同的措施。

二、完善现代民办学校制度

现代学校制度的实质是"依法办学、自主管理、民主监督、社会参与"[1]，构建政府、学校、社会、市场之间的新型关系。不同所有制有不同的制度逻辑、行为特征、组织文化和实质利益关系，营利性组织和非营利性组织在组织目标和价值、运行规律、内部治理结构等方面有明显差别，两类组织与政府、市场、社会、服务对象的关系，以及组织存在和发展所遵循的基本规则也有明显区别。因此，营利性与非营利性的区分，是民办教育制度建设的逻辑起点。以此为起点，两类民办学校现代学校制度建设在呈现其共性特征的基础上，根据其差异化的组织目标和价值、运行规律、内部治理结构，也应呈现出不同的特点。需要说明的是，建立现代学校制度，并没有一种固定模式可以适用于所有学校，必须具体问题具体分析，对行业和学校进行合理分类、分别处置，并坚持让实践检验各种改革尝试，避免发生脱轨失序现象。总体来看，无论是营利性还是非营利性民办学校，都应依法制定章程，按照章程管理学校，健全董事会（理事会）和监事会，优化人员构成，完善学校法人治理结构，规范办学。政府应健全针对两类民办学

---

[1] 教育部. 国家中长期教育改革和发展规划纲要（2010—2020年）.（2010-07-20）[2018-11-10]. http://old. moe.gov.cn/publicfiles/business/htmlfiles/moe/info_list/201407/xxgk_171904.html.

校现代学校制度建设的法律法规和财政监管制度，以外促内、内外结合，合力推进民办学校现代学校制度建设。

（一）非营利性民办学校现代学校制度构建

非营利性民办学校是教育领域的非营利性组织，其现代学校制度构建必须符合"依法办学、自主管理、民主监督、社会参与"的共性要求和非营利性组织制度建设的共性特征。在此基础上，其外部制度和内部制度的构建主要体现在以下方面。

1.健全外部制度

第一，健全监督机制是非营利性民办学校现代学校外部制度构建的保障。非营利性民办学校一方面要在学校内部设立专门的监督机构对权力机构的行为进行监督和约束，即内部监督；另一方面要通过政府管制、社会化的机构等对学校办学活动进行评价，即外部监督。第二，强化社会参与是非营利性民办学校现代学校外部制度构建的重点。非营利性民办学校要充分发挥社会组织在教育评估监测中的作用，提供管理咨询、监督和评估服务，通过提供专业评价服务为政府决策提供必要参考，为学校教学改进提供合理依据，为社会公众监督提供有效信息。

2.完善内部制度

第一，完善理（董）事会决策机制。非营利性民办学校的理（董）事会是法人的最高权力机关和最高决策机关。非营利性民办学校需要更好地明确理（董）事会的权力范围、职能与议事规则，规定会议召开的最少人数、参加会议是否能委派代表、通知传达程序、回避制度、表决程序、理（董）事会无法召开或出现违法情况时主管机关的作为等问题。第二，健全内部监督制约机制。监事会制度是公司法人治理结构中的一项重要制度，构成了公司内部重要的制约机制。在权力配置上，监事会需要与以董事会、校长为主的行政系统和教职工代表大会等其他机构实现合理、恰当的平衡，避免畸轻畸重，而导致权力结构失衡。第三，发挥党组织的政治核心和监督保障作用。民办学校必须承认党组织在内部治理中的核心作用，有效落实民办学校的政治领导权，宣传和执行党的路线方针政策，执行上级党组织的决议，坚持教育公益性原则和社会主义办学方向。第四，明确校长负责制及校长管理团队建设。在依法保障校长行政管理权力的取得和行使的同时，必须明确校长的工作规章与权责划分，构建起校长、董事长、院系负责人等民办高校管理人员的激励与约束机制。第五，建立利益相关者共同治理机制。鉴于民办学校中存在主体与学校、主体与主体之间多层的利益关系，共同治理实际上是对学校和相关者利益的共同维护。①

（二）营利性民办学校现代学校制度构建

营利性民办学校具有双重性质，既是商业机构，也是学术机构，是融合了商业机构和学术机构特点的独特机构，营利性民办学校的现代学校制度构建必须符合"依法办学、自主管理、民主监督、社会参与"的共性要求和营利性组织制度建设的共性特征。在此基础上，其外部制度和内部制度的构建主要体现在以下方面。

1. 健全外部制度

第一，健全法规制度是营利性民办学校现代学校外部制度构建的基础。要给予营利性民办学校正式的法律地位，并建立一系列与营利性民办学校相关的配套政策，如申请设立程序、组织运行要求、监督保障规定和政策扶持制度等，使得营利性民办学校这一新生事物在初生期就有适宜其生长的"土壤"。第二，充分的自主办学权是营利性民办学校现代学校外部制度构建的关键。自主办学权具体包括：①招生自主权，自主制定学校规模和年度招生总规模；②收费自主权，自主确定、调整收费标准；③教学自主权，自主开展学生教育教学；④学历授予权，自主授予学历证书；⑤财务自主权，实行自主经营、自负盈亏。第三，有效财务监控是营利性民办学校现代学校外部制度构建的重点。营利性民办学校要实施财务公开制度，努力实现营利的透明化，同时政府要正确对待民办学校营利，

---

① 汪莉. 刍议我国民办高校法人治理结构之完善——利益相关者权利平衡的视角. 天津市教科院学报，2011（6）：16-18.

在监管中要区分投资人的营利行为和学校法人的营利行为；推进会计制度改革试点，实施会计委托代理制，从制度上保证财务公开、公平、公正。

2.完善内部制度

第一，按照公司制度健全治理结构。营利性民办学校内部制度的构建需要按照《中华人民共和国公司法》的要求，形成由股东（代表）会、董事会、监事会和高级经理人员组成的既相互依赖又相互制衡的公司治理结构，以保证内部制度的有效运转。第二，建立现代学校资产管理制度。其包括四个要求："产权清晰"，即产权的占有权、使用权、收益权和处分权等关系明晰；"权责明确"，即合理区分和确定所有者、经营者和劳动者各自的权利和责任；"政企分开"，即扩大学校办学自主权，实现管办评分离；"管理科学"，即学校管理的各个方面要科学化。第三，形成适宜的组织形式和科学的内部管理制度。营利性民办学校可以根据现代企业制度要求，建成适宜的组织形式和科学的内部管理制度，处理好学校与学校、学校与政府、学校与市场、学校与社会之间的关系。

三、保障落实师生合法权益

（一）民办学校教师合法权益保障

保障民办学校教师合法权益，是民办教育改革和发展的重要内容。切实实现民办学校教师合法权益是实现民办学校健康发展和加强教师队伍建设的重要保障。因此，保障民办学校教师合法权益，是一个值得高度关注的问题。在民办教育大发展的趋势下，政府、举办者（出资人）和社会等利益相关者需要妥善解决民办学校教师身份地位问题，切实提高待遇，健全职称评聘机制，鼓励教师积极参与学校民主管理，注重从权利要求和利益诉求两方面保证民办学校教师权益既有通畅的实现渠道，又有可持续的提升渠道。

1.完善师资队伍建设，促进教师可持续发展

民办学校出于自身建校时间短和教学资源紧缺等消极原因，为了加速发展，往往将精力和资源集中在建设基础设施及引进高学历人才上，而对于师资队伍建

设缺乏关注，其教师队伍普遍存在结构不合理、稳定性差、专业教师梯队断层、缺少专业带头人等问题。这种情况如果不加以优化，就会制约民办学校教学质量的提高和人才培养目标的实现。师资队伍建设，要求民办学校为教师，尤其是专任专职教师创造更大的成长空间，需要在学校教师专业发展的视域下不断地探索和创新。一方面，要通过政府层面的制度创新，落实政策支持：①全面清理针对民办教育的各种歧视政策。②保证民办学校教师与公办学校教师具有平等的法律地位。③建立合理的民办教育财政资助体系。④建立政府对民办学校教师成本的分担机制。另一方面，要通过民办学校层面的组织文化与制度建设加强内部动力：①明确队伍建设目标，引导队伍建设方向。②规范选聘标准与选聘流程，严把教师入口关。③完善人才引进政策，增强人才吸引力。④强化教师培训培养，持续提高师资水平。⑤建立职位管理与绩效评估体系，加强教师发展引导。

2. 清理各类歧视政策，落实民办学校教师待遇

民办学校教师存在工资待遇、社会保险和培训进修方面的权益保障缺失的问题，并存在观念歧视、体制排挤、政策夹击、权利侵害、权益难保障等问题。目前，国家高度重视民办教育发展，重视稳步提高民办学校教师待遇。各地方政府应切实提高民办学校教师工资待遇，确保民办学校在岗教师的实际收入、社保、退休后待遇与本地区公办学校同层级的教师等同。社会各部门要正确认识民办教育和民办学校教师的地位及作用；不断完善各种保障制度，保障民办学校教师的权益；保障民办学校教师与公办学校教师在资格认定、职称评审、进修培训、课题申请、评先选优、国际交流等方面享受同等待遇。

3. 改革教师管理模式，实施教师轮岗制度

民办学校要构建新型和谐的学校师生关系，加强教师师德修养，培养爱岗敬业精神。同时，民办学校应建立各类师生交流的平台，充分利用网络平台，建立班级网络日志、留言板等。民办学校应充分发挥自身的制度灵活性为教师提供更多的轮岗机会，锻炼教师教学和管理等能力：①通过不同岗位促进教师在不断反思、审视、诊断、理性思索中寻找解决问题的最佳方法。②通过不同教师和管理者的深度交流促进教师在研究中学习，在互补共生中成长，使教师的专业水平

在行动研究中螺旋上升，提升教师的实践智慧。③通过教师转换角色，帮助教师理解不同利益相关者的诉求和思维模式，综合提高教师的领导力。

4. 提高民办学校教师科研能力

提高民办学校教师科研能力，应从政策扶持、资金资助、训练培训等多方面入手：①制定科研激励政策。民办学校可以通过制定完善的科研奖励与考核政策，确定科研在教师工作任务中的重要地位，明确教师从事科研工作的任务。②提供专项资金，资助乐于参与科研工作的教师。民办学校可以设置科研奖励计划，如课题配套经费、发表论文或出版学术著作的奖励标准。③加强教师科研训练与专门培训。通过鼓励教师与高水平大学科研工作者合作、独立主持科研项目、制订科研培训专项计划等形式强化教师训练。

（二）民办学校学生合法权益保障

1. 建立健全学生司法救济机制

建立学生受教育权纠纷替代解决机制，除传统的司法诉讼解决机制外，还应引入包括行政调解、行政仲裁、民办教育协会等中间机构调解机制，以及教育行政主管部门积极介入的行政裁决机制等，发挥这些机制简便快捷的特性，及时化解矛盾，维护学生的合法权益。保障学生相关财产性权益，可设立学费补偿储备金、学校保险等制度，实现学费保障。我国可借鉴有关国家学费保障计划方面的相关规定，即当私立教育机构由于某些原因陷入倒闭境地，无法返还学生学费时，可通过启动学费保障计划保障学生的权益。例如，美国、日本、澳大利亚等国家通常通过建立学费补偿金制度、实行学生保险制度来实现。我国某些地方立法规定建立"风险保证金制度"，由民办教育机构从办学经费中拿出专门资金并存入指定账户。这也是规避民办学校办学风险或经营风险的一种积极尝试。

2. 强化"双创"教育和就业指导

民办学校要为学生创业提供更多的学习环境、展示平台和政策支持，其中，在展示平台上应给予学生更大的支持，举办符合民办学校特色的创新创业比赛，充分发挥民办学校的优势。民办学校学生应当充分认识时代趋势，积极发展创业能力和技能，利用政策环境，进行创业尝试。民办学校应积极推动学校就业指导中心建设，为学生提供更多的专业实习机会，培养学生的核心技能意识；为学生提供更多的参与机会，包括活动组织、学校生活、校园管理等；积极推动心理健康教育，对"90后"大学生因材施教，培养他们调节和控制情绪的能力。

第七章
民办学校育人特色

　　育人是学校教育的根本任务，由于办学体制、办学类型和办学条件等方面的差异，民办学校育人呈现出了不同于公办学校的典型特征。这既表现在民办学校教师和学生这两个育人主体和客体上，也表现在育人模式上。本章在明确当前民办学校育人模式特征的基础上，归纳民办学校育人特色，把握我国民办学校育人模式的发展趋势，进一步凝练办学特色，以有效促进我国民办教育走特色发展之路。

第一节　民办学校师生群体特征与变化

民办学校育人特色与师生特征有着十分紧密的联系。育人是与"人"有关的活动,与育人的主体和客体紧密相关,相较于公办学校师生,民办学校师生显现出了一些独有的特征,这些特征不但随着社会形势和民办教育实践的发展而不断发生变化,而且使与之相适应的人才培养模式得以形成,民办学校的育人特色也随之逐渐显现出来。

一、教师的特征与变化

改革开放 40 年来,随着民办教育规模的扩大、层次的提高和类型的增多,民办学校教师除数量快速增长、层次更为多样、类型更为丰富外,还表现出了一些典型特征。

(一)师资结构引起重视,结构失衡现象依然存在

民办学校师资结构包括教师的专兼职结构、学历结构、年龄和职称结构、生师结构等,改革开放以来,尽管民办学校师资结构渐趋合理,但结构失衡问题依然比较严重。

1. 专兼职结构

专兼职结构是指民办学校教师专职和兼职的比例结构。由于办学条件和资源所限,民办学校在创立初期往往没有太多的资金用于聘请专职教师,聘请当地

较有声望的教师兼职教学是民办学校的重要策略。聘请有声望的兼职教师，一方面可以减少教师工资支出，另一方面可借助教师的声望提高学校的社会影响力，以获取更多的社会资源。在这种情况下，兼职教师曾一度是民办学校早期教师队伍的主体，专职教师则处于从属地位，人数也相对较少。较早的一项调查发现，在民办学校教师队伍中，离退休或兼职代课的教师占教师总数的90%以上，专职教师的比例很低，一些办学规模较小的学校甚至没有专职教师。[①] 2007年，某省教育厅的统计显示，该省民办幼儿园、中小学、高校的教师分别为15 422人、13 112人、4457人，其中兼职教师分别为1070人、2443人、2775人，兼职教师人数虽然有所减少，但依然占有较高比例，特别是民办高校中兼职教师的比例依然高达62.3%。[②] 随着民办学校的发展和招生规模的扩大，学校发展对专职教师的需求量持续提高，民办学校，尤其是民办高校专职教师人数逐渐增多，但从整体上看，专职教师比例还有待提高。

2. 学历结构

学历结构是指民办学校不同学历层次教师的比例结构。改革开放初期同时是民办教育恢复发展初期，由于当时高学历人才稀缺、民办学校办学条件较差等原因，民办学校很难聘到学历较高的专职教师，民办幼儿园、中小学教师往往以中等职业学校或高等职业院校毕业生为主体，甚至有的教师只有中小学毕业文凭，民办高校教师则一般以公办高校本科毕业生为主要来源，具有研究生学历的教师比例很低。随着民办教育的发展壮大和办学实力的增强，民办学校教师整体的学历层次有所提高，但从教师队伍整体状况来看，拥有较高学历的教师的比例依然有待提高。陕西省的一项调查发现，陕西省民办高校有研究生学历教师的比例为23.62%。[③] 云南省的调查发现，云南省民办高校教师学历严重偏低，有博士学位的教师寥寥无几，有硕士学位的教师仅占总数的10%以内。[④] 从当前民

[①] 陈旭远，王树生.私立、民办学校教师队伍现状及建设思路.现代中小学教育，1996（1）：22-24.

[②] 熊丽克，陈国庆.民办学校教师队伍建设面临的问题及因应对策.江西教育科研，2007（12）：32-33，70.

[③] 段海军，霍涌泉.新时期民办学校教师队伍建设的问题及对策——以陕西省为例.河北师范大学学报（教育科学版），2010，12（2）：5-8.

[④] 雷成.民办高校教师职称评定玩"排排坐".中国青年报，2011-05-16（11）.

办学校师资队伍建设状况来看，无论何种类型和层次的民办学校在教师聘用中都提高了学历要求，民办学校教师学历层次正逐渐提高。当前，拥有博士学位已经成为民办高校教师招聘的基本条件，拥有硕士学位已经成为民办中小学教师招聘的重要条件。从当前各民办高校的教师招聘公告信息来看，教师教学岗位招聘除部分紧缺专业仍招聘优秀硕士之外，其他绝大部分岗位都要求应聘者具有博士学位。如西安外事学院在 2018 年人才招聘公告中将招聘人才分为 4 个层次，其中绝大部分专业要求具有博士学位，仅护理、美容、口腔等紧缺专业可招聘优秀硕士研究生。[①] 民办中小学开始招聘具有硕士研究生学历的教师。如 2018 年无锡市民办辅仁中学的教师招聘条件为"硕士研究生及以上学历的优秀应届毕业生或在职老师，具有相应的教师资格证"[②]。从当前民办学校教师学历状况来看，民办学校，尤其是民办高校教师学历层次有了较大提高，学历结构逐渐得到优化。如《无锡太湖学院 2014 年度本科教学质量报告》显示，该校具有博士和硕士学位的教师分别有 109 人和 420 人，分别占教师总数的 13.37% 和 51.53%。[③] 尽管民办学校具有研究生学历教师的比例仍不高，但整体上已得到了明显改善。

3. 年龄和职称结构

年龄和职称结构是指民办学校不同年龄和职称教师的比例结构。在民办教育恢复发展初期，由于民办学校教师主要来源于兼职教师、公办学校的离退休教师，以及少部分新招聘的年轻教师，兼职和公办学校的离退休教师一般年龄相对较大，基本都有高级职称，新招聘的教师则相对年轻，尚没有获得相应的职称认定。所以，这一时期民办学校教师的年龄和职称结构呈现出了"头大，身子小"的状况，年龄较大和职称较高的教师比例非常高，而中青年教师和职称较低的教师比例很低。较早的一项调查发现，民办学校中年龄较大的教师多是公办学校的离退休人员，他们构成了民办学校教师的主体。[④] 近些年来，随着民办教育的发

---

① 西安外事学院 . 西安外事学院 2018 年人才招聘公告 .（2017-12-25）[2018-11-09]. http://www.xaiu.edu.cn/info/11859/191700.htm.

② 无锡市民办辅仁中学 . 2018 年无锡市民办辅仁中学教师招聘启事 .（2017-11-27）[2018-11-09]. http://www.wxfuren.com/furenweb/pages/ThdPage.aspx?InfoID=848.

③ 道客巴巴 . 无锡太湖学院 2014 年度本科教学质量报告 .（2017-01-25）[2018-11-10]. http://www.doc88.com/p-1806318199483.html.

④ 陈旭远，王树生 . 私立、民办学校教师队伍现状及建设思路 . 现代中小学教育，1996（1）：22-24.

展、国家相关政策的完善和民办学校专职教师的增加，民办学校教师职称评审制度逐渐确立起来，民办学校逐渐从重视"用才"导向的教师聘用制度转变为"育才"导向的培养制度，教师年龄和职称结构也得到了优化，但从目前的状况来看，其还有很大的完善空间。民办学校教师职称和年龄结构不合理的原因可能有以下几个方面：①学校发展必须不断有年轻教师的加盟，原本学校育才就需要一个过程，但因当前民办教育整体社会地位不高、待遇不好、平台较差，很难留住青年人才，对高学历和高职称人才的吸引力也不够。②民办学校仍需通过聘请公办学校知名教师兼职的方式，提高学校的声誉和影响力。③民办学校尤其缺乏学术水平较高的学科带头人，不得不从公办学校聘请兼职教师。这就使得当前民办学校教师无论在年龄结构还是职称结构上，"头大，身子小"的问题明显，中青年教师相对缺乏，年龄和职称结构出现了断层现象。这在一些规模较小、办学实力较差的民办学校中表现得尤为明显。

4. 生师结构

生师比是全年标准的学生与专任教师平均数之比，是反映学生数和教师数之间结构关系的指标，是衡量教师利用是否充分的重要指标。在民办教育发展初期，民办中小学和幼儿园往往因办学条件限制而没有实力聘请过多的专任教师，生师比非常高，有的学校甚至没有专任教师；民办高校成立由于有硬性的师资要求，所以在成立初期生师比较低，但随着学校办学规模的迅速扩大，由于各种条件限制而没能及时补充教师队伍，所以生师比逐渐升高，很多民办高校在发展中生师比一度超过了部颁标准。一项对北京市 7 所民办学历高校生师比的统计发现，这 7 所高校的生师比在 2004—2007 年分别为 13.6、15.6、16.6、20.4[①]，生师比逐渐升高，2007 年就超过了 18 ：1 的部颁标准。随着民办教育事业的发展和办学效益的提高，生师比正逐渐降低，但从目前来看，其还有较大的改善空间。如《无锡太湖学院 2014 年度本科教学质量报告》显示，该校生师比为 18 ：1，刚达到部颁标准的要求。一些办学条件较差的民办学校生师比仍然居高不下，还有待进一步优化。

---

① 沈晓慧 . 北京民办学历高校人力资源利用状况分析 . 中国冶金教育，2008（6）：68-71.

5. 其他结构

教师性别结构问题在各级各类民办学校普遍存在，由于考虑到工作压力承受能力，民办学校聘请男性教师的意愿更强，更有民办学校为规避女性教师生产假期和福利问题而不愿聘请年轻女教师[①]，从而使一些民办学校教师男女比例结构失衡，男性教师占大多数。教师学科结构问题在民办中小学主要表现为，决定学校竞争力的语文、数学等高考必考科目的教师需求量较大，也是民办学校人才争夺的中心所在，对学校发展影响不大的体育、美术、音乐等非必考科目的教师则能少则少，并不被学校重视。在民办高校中，教师学科结构问题表现为体育、美育等非技术导向的科目教师较少，既有职业技能又有教学经历的"双师型"教师和实习指导教师较为缺乏。[②] 随着民办教育综合改革的深入推进，以及国家规范和支持民办教育发展政策的完善，民办学校教师的性别结构和学科结构问题正逐渐得到有效解决。

（二）综合素质逐渐提高，有待持续提升

民办学校教师整体的综合素质越来越高，但相比于公办学校教师，还有很大的提升空间。教师综合素质会受到教师个人的学历、经历，以及学校技能培训等多方面因素的影响。受限于发展水平、办学条件等因素，在民办教育恢复发展和民办学校成立初期，民办学校教师学历整体偏低，年轻教师往往为公办高校毕业的本专科生，教师类型单一，缺乏有经验的技术人员和接受过专业学习培训的教师，学校的教师培训和继续教育制度也不完善，致使民办学校教师的整体素质偏低。

随着民办教育事业的发展和法规政策的完善，民办学校教师学历逐渐提高，类型逐渐多样化，教师培训制度逐渐完善，教师的综合能力有了较大程度的提高，但从目前的实际情况来看，还有很大的优化空间。教师学历不断提升是近些

---

① 李国军，李雪平，张丽萍，等. 新时期民办学校教师队伍建设存在的问题与对策分析. 内蒙古师范大学学报（教育科学版），2009，22（8）：153-156.

② 熊丽克，陈国庆. 民办学校教师队伍建设面临的问题及因应对策. 江西教育科研，2007（12）：32-33，70.

年来民办学校教师队伍建设的趋势，在努力提高教师学历的同时，民办学校也在不断加强具有实践经验和较强专业素质人才的引进工作。民办高校强化了"双师型"教师队伍的建设，注重从社会中招聘研究人员、工程师和技术人员，这些教师既有扎实的理论基础，又有丰富的实践经验，在教学中能够在传授理论知识的同时，对学生进行实践能力的训练。[①] 民办中小学和幼儿园加强了对受过专业教育的人才的引进，在人才招聘中更加关注专业对口，更多地引进具有师范教育经历的专业人才。此外，民办学校在引才的同时，也加强了育才制度建设，完善了教师在职继续教育培训制度。如西安培华学院 2015—2016 学年共开展各种培训项目 12 大类，5858 人次参加，其中包括青年教师岗前培训、教师职业能力提升培训、课程骨干教师研修班等培训活动，助推教师综合素质的提升。[②] 在各项重大举措的推进下，民办学校教师综合素质虽然有了较大的提升，但与同级同类公办学校教师相比，整体上还有较大差距，有待进一步提高。

（三）教师队伍稳定性增强，合理的流动机制亟待建立

民办学校教师队伍稳定性增强、流动性相对减弱，亟待建立合理的教师流动机制，以促进民办教育健康发展。教师队伍不稳定是制约民办学校发展的"老大难"问题，在民办教育恢复发展初期，特别是在民办学校成立初期，教师的流动性往往非常强。私立无锡光华学校的吴兆熊老师有过这样的描述，"私立学校的学生天天变（指人数），私立学校的教师月月变"，"记得 1996 年暑假后来校，有 1/2 以上的新面孔；1997 年暑假后来校，又有将近 1/2 的新面孔；现在虽然比过去稳定多了，但 1998 年暑假后仍有 1/3 以上是新面孔"[③]。这深刻地揭示了当时民办学校教师队伍不稳定的状况。影响民办学校教师队伍稳定性的主要因素有以下几点：①教师队伍结构中兼职、离退休和临时聘用的教师比例较高，增强了

---

① 段海军，连灵.民办高校教师队伍建设的困境与破解——以陕西省为例.内蒙古师范大学学报（教育科学版），2010，23（5）：47-49.

② 西安培华学院.关于《西安培华学院 2015—2016 学年本科教学质量报告》的公示.（2017-01-05）[2018-11-10]. http://www.peihua.cn/newsView.aspx?id=5129&class_id=13.

③ 吴兆熊.民办学校要事业留人感情留人待遇留人.（2001-08-23）[2018-05-08].http://www.edu.cn/zhong_guo_jiao_yu/shi_fan/min_ban/200603/t20060323_11808.shtml.

流动性。②福利待遇不高和社会保障体系不健全，教师获得感较低。③民办学校社会地位较低，各方面与公办学校相比存在差距，教师主观上"不公平感"强烈。④与公办学校相比，民办学校教师的工作压力更大。

随着民办教育办学条件的改善、民办教育制度和国家相关政策的完善，民办学校教师队伍稳定性有所增强，但流动性依然很强。2009 年，浙江省民办教育协会对该省 135 所民办中小学的调查显示，2007—2009 年专任教师流失比例在 20% 以上的学校分别有 48 所、45 所和 39 所，分别占所调查学校总数的 36%、33% 和 29%。[1] 2012 年，对广东某独立学院的调查发现，该校约有 35% 的教师在执教 2～3 年晋升中级职称后选择离职。[2] 教师资源是民办学校的核心资源，国家和民办学校正采取各种措施以优化教师生活和发展环境，实践证明，要有效化解民办学校教师恶性流动的难题，合理的教师流动机制亟待构建。

（四）权益越来越受重视，保障机制亟待完善

民办学校教师权益越来越受到重视，但有效的教师权益保障机制还有待健全与完善。教师权益是影响民办学校教师归属感、满足感和获得感的重要因素。在民办教育恢复发展初期，民办教育办学机制和国家相关政策体系不健全，民办学校教师权益难以保证。2003 年实施的《民办教育促进法》虽然规定民办学校教师与同级同类公办学校教师享有同等的地位和权利，但在具体实施的过程中出现了认识不足和理解不深入等问题，在实践落实上还有待进一步完善。[3]

当前，我国民办学校教师权益方面依然存在社会地位不高、法律适用依据不一、待遇保障不足、规范问责乏力、职称评聘不畅、发展空间受限、参与管理不够、制度机制不全等问题，其原因主要有两个方面：①政府对民办学校教师队伍建设和权益保障扶持力度不足，举办者和学校管理者对教师的重要作用和地位认识不到位，社会和民众对教师地位的认识有待提高。②民办学校"民办非企业

---

① 陶西平，王佐书 . 中国民办教育 . 北京：教育科学出版社，2010：27，47，267，269.

② 李灿 . 独立学院教师学术能力发展现状及对策研究——以广东工业大学华立学院为例 . 华南师范大学硕士学位论文，2012：25-30.

③ 林典江 . 加强民办中学教师队伍建设的思考 . 当代教育论坛（校长教育研究），2008（1）：93-95.

单位法人"的法人属性定位不清，以及相关法律法规之间的互相冲突，影响了教师的身份地位。[①] 2016 年以来，我国政府相继通过的《全国人民代表大会常务委员会关于修改〈中华人民共和国民办教育促进法〉的决定》《国务院关于鼓励社会力量兴办教育促进民办教育健康发展的若干意见》《营利性民办学校监督管理实施细则》《民办学校分类登记实施细则》等旨在促进民办教育健康发展的法规政策文件，构成了新时代我国民办教育的国家制度新框架。当前，国家相关法规政策文件的要求正在民办教育实践中逐步落实，但在该政策背景下的民办学校教师权益保障机制还有待完善。

二、学生的特征与变化

与公办教育与民办教育在办学体制、融资方式和管理模式等多方面的差别相比，公办学校和民办学校学生之间的差异显得很小。公办中小学和民办中小学学生在身心发展、学习特征等多方面几乎没有本质差别；由于我国高等教育类型和层次的多样性、高考制度的筛选性、民办学校的特殊性等原因，与公办高校学生相比，民办高校学生呈现出了一些特征，这些特征随着我国民办教育事业的发展而不断发生变化。

（一）综合素质逐渐提高，整体有待进一步提高

民办学校学生综合素质已有所提高，但还有待进一步提高。生源规模及质量是民办学校生存发展的核心问题，在改革开放后的民办教育恢复发展初期，由于太多学子求学无门，民办学校在最初一段时间内生源相对充足，生源质量比较高。随着公办教育事业的发展和规模的扩大，借助办学资源丰富、求学成本较低等优势，公办学校吸引了更多的学生，特别是随着国家义务教育政策的实施和高等教育大规模扩招，民办学校生源逐渐减少，生源整体素质参差不齐。民办幼儿园和中小学的学生，除一些贵族学校的学生之外，往往是经过公办学校筛选后留下的部分生源；民办高校的学生则多来源于报考公办学校的落榜学生、普通职高

（中专、技校）毕业生、工作后返校的学生、成人中等教育毕业生等。

相比于公办学校，民办学校的生源情况相对复杂，学生的学习态度、学习基础和学习习惯等方面都与公办学校学生存在一定的差距。[1] 在学习素养方面，一项对民办学校的调查发现，当学生被问到"对自己的学习状况满意度"时，有52%的学生不满意，在问到不满意的主要原因时，近50%的学生认为是由于自律能力较弱，近20%的学生认为是学习方法不当和对所学专业不感兴趣等原因。[2] 还有研究认为，民办学校学生在学习素养方面存在学习基础较差、学习习惯不良、学习方法不对、惰性较大、缺乏恒心等问题[3]，具体表现为学生学习积极性较低、混文凭现象较多、考试及格率偏低、迟到旷课现象频发等方面。[4] 随着民办学校，尤其是民办高校办学水平的显著提高，民办学校生源增多，学生整体综合素质也有了较大幅度的提升，但2016年一项对全国20所典型民办高校学生素质的调查发现，民办高校学生心理素质、思想品质与社会责任感、人文底蕴与文化修养、发展素质、创新实践能力等综合素质都与全国高校大学生平均水平存在一定的差距。[5] 这表明，我国民办学校学生整体素质还有较大的提升空间。

（二）学习动机渐趋功利，正面引导有待加强

民办学校学生的学习动机逐渐趋于务实、功利倾向明显，有待学校加强方向引导。改革开放以来，民办学校学生的学习动机取向经历了一个逐渐趋于实用化的过程。民办教育在恢复发展初期，是有识之士实现教育理想和人生目标的主要渠道，民办学校学生的学习以促进自身综合素质发展、实现人生价值为主要追求目标。随着民办学校生源的多样化和复杂化，以及民办教育发展环境的变化，民办学校学生的学习动机呈现出了越来越强的实用主义倾向。民办幼儿园和中小学的学生往往以取得好成绩、考上更好的学校为价值追求。民办高校学生则

① 朱文欣.论民办高校学生的思想行为特点及德育新理念.浙江工商大学学报，2004（4）：76-79.
② 沈树永.从调查问卷看民办高校学生特点及思想政治教育对策.职业教育（下旬刊），2013（10）：18-20.
③ 朱文欣.论民办高校学生的思想行为特点及德育新理念.浙江工商大学学报，2004（4）：76-79.
④ 章清，金劲彪.民办高校学生特点及思想政治工作.浙江树人大学学报，2004（2）：19-21，37.
⑤ 张翠萍.我国民办高校学生素质现状及提升策略研究.统计与管理，2016（10）：42-44.

更多地以获得好的工作和较高的物质回报为目标，相对忽略了自身综合素质的发展。

有研究显示，民办高校学生从踏进校门起就非常关注就业问题，当被问及"在大学期间最关心的问题"时，53%的学生回答的是就业和发展前景问题，16.5%的学生回答的是学习科研问题，6.5%和8%的学生回答的分别是人际关系问题和情感问题。[①]同样的一项调查发现，有80%的学生表示学习目的在于就业，但进一步的研究发现，60%以上的学生在制订学习计划、按时完成作业、课外阅读、参与学术讲座等促进自身综合能力发展方面的活动中的习惯较差，甚至有50%的学生偶尔抄袭作业，很少阅读与课程有关的书籍。[②]民办学校学生在学习动机上的功利主义倾向，致使其在生活中的实用主义思想突出，对物质的追求高于对精神的追求。从短期来看，民办学校学生对学校硬件资源要求较高，学习方面如师资、教学硬件资源、活动场所等，生活方面如住宿条件、膳食状况、校园环境等。从长期来看，民办学校学生对就业质量的预期较高。绝大多数学生都想留在中心城市的高薪企事业单位工作，对工作环境和生活条件的要求都比较高，如浙江树人大学2003届的80%的毕业生都希望留在中心城市工作。[③]在生活习惯上，一些学生在吃、穿、用等方面讲名牌、求档次，把过多的时间和精力消耗在所谓的社会实践、社会闯荡上，对生活条件的要求远远高于学习条件。[③]新时期，教育部印发的《高校思想政治工作质量提升工程实施纲要》指出，要加强文化育人、心理育人。面对民办学校学生学习动机的功利性和实用主义倾向，民办学校要加强教育和引导。

（三）就业问题日渐缓解，就业质量有待提升

民办学校学生就业问题逐渐缓解，但就业形势依然严峻，就业质量有待提升。民办学校学生就业问题主要涉及民办高校的学生，在民办高校建立初期，由

---

① 沈树永.从调查问卷看民办高校学生特点及思想政治教育对策.职业教育（下旬刊），2013（10）：18-20.

② 常利国.民办高校学生思想状况特点及分析.黑龙江科技信息，2007（3）：158-159.

③ 章清，金劲彪.民办高校学生特点及思想政治工作.浙江树人大学学报，2004（2）：19-21, 37.

于国家相关政策不完善，民办高校办学实力较差、办学模式不成熟、社会认可度和知名度较低等原因，民办高校毕业生整体综合素质偏低，找一份称心如意的工作的难度非常大。近些年来，随着民办高校办学实力的增强、办学模式的成熟，以及国家相关政策体系的完善，民办高校的人才培养质量显著提升，社会和用人单位对其认可度逐渐提高，民办高校大学生就业状况有所好转，但由于民办高校发展依然面临诸多挑战，民办高校学生面临的就业形势依然非常严峻，特别是就业质量还有待提高。

民办高校在发展中出现了一些难题：①办学资源有限，人才培养质量提升难度大。民办高校办学资源"从无到有""从有到优"的积累需要一个较长的时期，从我国民办高校现有的整体办学资源来看，无论是教学设施等硬件资源还是教师等软件资源方面，都存在一些问题，致使人才培养质量提升难度大，学生的就业竞争力相对较差。②社会认可度依然偏低，歧视现象频发。社会对民办高校学生的认可度还有待提高，一些公司、企业在人员招聘中依然排斥民办高校毕业生。③生源水平较低，培养模式僵化。民办高校生源质量相对较差，学生的综合素质和学习能力较低，再加之民办高校人才培养模式缺乏针对性和创新性，致使培养出来的学生能力较差，也容易与就业市场脱轨。④民办学校学生普遍存在自律性较低等问题，在学习上容易懈怠，对学习、生活、就业等问题缺乏正确的自我认知和自我定位，这些都对其就业产生了不利影响。[1] 一项对民办高校的调查发现，对于毕业后找到一份理想工作的问题，51.6% 的学生表示"心中没底"，分别有 16.8% 和 3.4% 的学生表示"几乎没信心"和"完全没信心"。[2] 还有一项对民办高校学生就业质量的研究指出，虽然有些民办高校就业率较高，但存在就业层次和岗位不理想、薪水不高、职位偏低、发展空间不大等问题。[3] 这些都反映出当前民办高校学生就业问题依然严重，就业质量还有待进一步提高。

（四）权益越来越受重视，保障机制亟待健全

民办学校学生权益越来越受到国家的重视，但有效的学生权益保障机制还

---

① 李丹，李厚艳.新形势下民办高校学生就业问题与对策研究.学理论，2016（11）：194-195.

② 陈国和，王伟忠.民办高校学生特点分析及学生工作对策的思考.中国高教研究，2000（4）：46-47.

③ 张庆领.民办高校学生就业现状及对策研究.产业与科技论坛，2011，10（11）：182-183.

有待确立。改革开放以来，国家对民办学校学生权益的保障经过了较长时期的发展。在民办教育恢复发展初期，相关政策仅有对民办教育整体的规定，学生权益并没有进入国家宏观政策的视野。1982 年颁布的《中华人民共和国宪法》第十九条第四款只有对民办教育笼统的规定，1984 年颁布的《关于社会力量举办高等学校和中等专业学校试行条例》和 1987 年颁布的《关于社会力量办学的若干暂行规定》只有对民办学校学生收费和学历获取的相关规定。随着民办教育步入规范发展期，学生权益问题逐渐受到了国家的重视。1997 年颁布的《社会力量办学条例》第十条规定，社会力量举办的教育机构及其教师和学生依法享有与国家举办的教育机构及其教师和学生平等的法律地位。2002 年底颁布的《民办教育促进法》作为民办教育的专门法，在第四章中明确规定了民办学校学生享有与公办学校学生同等的法律地位，并对具体权利做了详细规定，明确了民办学校学生权益保障工作的基本范围。

2003 年以来，随着我国民办教育发展步入新阶段，国家出台了一系列促进和规范民办教育发展的法规政策文件，其中都有专门涉及学生权利的内容。2004 年的《民办教育促进法实施条例》将《民办教育促进法》中规定的学生权利进一步具体化；2005 年的《民办教育收费管理暂行办法》和《关于加强独立学院招生工作管理的通知》分别对民办学校收费和招生问题作了规定；2006 年的《关于加强民办高校规范管理引导民办高等教育发展的通知》指出，民办教育要依法保障学生的权益；2007 年的《民办高等学校办学管理若干规定》对民办学校学生管理工作作出了要求；2008 年的《独立学院设置与管理办法》对独立学院学生权益问题作了规定。2016 年以来，我国民办教育发展进入了新时代。2016 年，第十二届全国人民代表大会通过了《全国人民代表大会常务委员会关于修改〈中华人民共和国民办教育促进法〉的决定》，新修订的《民办教育促进法》重申了民办学校学生与公办学校学生的同等法律地位。2017 年出台的《国务院关于鼓励社会力量兴办教育促进民办教育健康发展的若干意见》，以及 2018 年的《中华人民共和国民办教育促进法实施条例（修订草案）（征求意见稿）》，都对民办学校学生权益作了具体规定，要求在实践中逐步落实。当前，国家政策文件对民办学校学生权益作出了详细规定，有待民办学校在办学实践中依据要求构建完善的学生权益保障机制，切实保障民办学校学生的权益。

第二节　民办学校育人模式的典型实践

民办学校育人特色集中体现为人才培养模式的特色。受我国整体教育制度和环境的影响，与公办幼儿园和中小学相似，民办幼儿园和中小学同样以升学考试为主要教育目标，在人才培养模式方面没有形成十分鲜明的特色。而相比于公办高校，民办高校在融资渠道、管理机制等方面的区别，促使民办高校在办学中形成了独特的人才培养模式。由于办学历史、办学资源和办学水平等因素的限制，民办高校以培养应用型人才为主要目标，形成了典型的应用型人才培养模式，根据行业企业与民办高校产学合作的深度又可分为具体不同的类型，这些类型共同构成了我国民办高校的育人特色。

一、企业办学模式

国家鼓励和支持企业举办高等教育，以企业为举办主体的民办高校在实践中形成了企业办学模式。自1949年我国就有企业办学的传统。中华人民共和国成立初期，国家就要求有条件的工矿企业建立职工学校，没有条件单独举办的企业可联合多个企业共同办学，或按地区、行业联合办学。[①] 在这种背景下，一些大、中型企业不仅举办了职工子弟中小学，还举办了普通高等专科学校，以及中等专业学校、技工学校和职业学校等，专门培养适应企业需求的后备力量，并把企业在职人员培训与职前职业训练紧密结合，形成了一套与公办学校并行的企业内部教育体系。随着这些中等职业技术学校和高等专科学校的发展，以及企业办学主体的扩大，企业办学成为民办高等教育体系的重要组成部分。新时期，国家继续加强对企业办学的支持力度。2017年，《国务院关于鼓励社会力量兴办教育促进民办教育健康发展的若干意见》提出"国家积极鼓励和大力支持社会力量举

---

① 顾明远.教育大辞典.上海：上海教育出版社，1991：367.

办非营利性民办学校",并指出要进一步完善扶持政策和制度,促进民办教育健康发展。在国家政策的大力支持下,企业办学的规模不断扩大,办学质量不断提高,社会影响力也不断增强,由于办学主体的特殊性,企业办学形成了一种典型的人才培养模式。

企业办学是企业作为举办者深度参与人才培养过程的一种育人模式。这种人才培养模式是先有企业后有高校的典型实践,企业举办高校最初的目的在于培养本企业或行业所需要的高级专门人才,随着办学规模的扩大和国家相关政策体系的完善,这些高校开始面向社会需求培养各类专门人才,企业办学模式具有的独特育人特征如下。

1. 适应企业人才需求,体现企业文化特色

企业是办学的主体,所以在办学中更多地体现企业的意志和特色,以满足企业的人才需求为目标导向,企业深度参与人才培养过程,也促使整个育人过程表现出了较强的企业文化特色。

2. 校企共建课程,教育内容针对性强

校企共建课程是企业办学的重要特色,一般由校企共同开发基于实际工作过程的模块化课程体系,由专职教师与企业技术人员具体承担课程资源开发工作。这类课程使学生不仅能够掌握专业领域的基础理论知识,还能及时了解该领域的实践前沿,教育内容的实践针对性较强。

3. 共建"双师型"教学团队,共同参与人才培养

各学科一般选聘来自高校和企业的两类学科带头人,合作制订人才培养方案,在人才培养中既有相互分工又有紧密合作,高校组建理论和实践教学团队,负责学生基本理论性与实践性知识的教学,企业组建校企共同体的管理团队、技术团队和车间团队,重点负责学生实践技能的培养。

4. 共同参与教学过程,教学方式灵活多样

企业向学校提供先进的技术和设备,选派优秀专家和工程技术人员全程参与专业设置、人才培养标准制定和课堂教学,教学中若牵涉到新工艺和新技术则

由企业技术团队授课，学生实习由企业车间提供教学团队指导。

5.共建实训基地，开展专业技能训练

企业办学为产学合作提供了便捷条件，整个企业资源都可成为高校的实践教学基地，具有共同建设"课堂与车间统一、教师与师傅统一、学生与学徒统一、理论与实践统一、作品与产品统一"生产性实训基地的优势，切实促进学生实践技能的提升。①

企业办学模式主要在以企业作为举办主体的民办高校人才培养过程中得以体现，这类民办高校的人才培养模式不仅具有以上的共同特征，还在办学实践中探索自身独特的育人方式。例如，大连东软信息学院是由大连东软控股有限公司投资举办的一所民办高校，在人才培养中形成了比较典型的企业办学模式。在专业建设方面，学校充分利用大连东软控股有限公司在软件和信息技术等方面的优势，以计算机科学与技术、软件工程等专业为核心建立了专业群，学校计算机科学与技术、软件工程和动画3个专业已入选了辽宁省首批向应用型转变示范专业，学校23个本科专业均取得了学士学位授予权。在课程建设方面，学校与企业紧密结合，共同开设选修课程和进行实践教学，提高课程开设质量和水平。在教材建设方面，学校积极开展产教融合，以校企合作为途径，以企业工程师、专业人员和校内专家共同参与教材评审为手段，突出教材特色。在教学方面，学校将适应行业企业对人才的知识、能力和素质需求作为教学目标，积极探索"企业真实项目进课堂、企业真实需求进课堂、企业人员进课堂"和"校企双导师教学、校企双环境实践、校企双导师评价"的"三进三双"教学模式，突出教学的实践性。在实训基地建设方面，学校借助大连东软控股有限公司的资源，结合专业设置情况，签约有效实践基地175个，为学生实践教学提供了保障。在人才培养方面，学校积极探索订单式的人才培养模式改革，有效提高人才培养的质量和效益，精准培育人才，如学校软件工程系与大连东软控股有限公司商用事业部结合理论学期课程开展定制班，日语系与简柏特（大连）有限公司人力资源部和培训

---

① 秦祖泽，刘迎春，覃事刚，等.发挥企业办学优势　创新"校企共同体"办学新模式.中国职业技术教育，2013（4）：57-59.

部开展合作，创办了对日商务流程外包（business process outsourcing，BPO）企业定制班等。[①]

二、行业学院模式

行业学院模式是随着行业企业对本行业人才需求的高涨，以及民办高校发展需求的突出而产生的一种人才培养模式。改革开放以来，我国行业企业发展迅速，企业类型不断丰富、规模不断扩大、实力不断增强，在2017年《财富》发布的世界500强企业中，中国就有安邦保险集团、恒力集团、阿里巴巴集团等115家企业上榜，我国企业的国际竞争力不断增强。[②] 企业发展对本行业专业技能人才的需求不断高涨，尤其是既掌握本行业专业技能又了解本企业文化特色的人才。民办高校具有为行业企业专门培养高素质人才的资源条件和内在需求。首先，民办高校经过多年的办学实践，具备了培养高级应用型人才的硬件资源条件，也在人才培养模式和机制方面积累了丰富的经验，具有为企业培养"适销对路"高级专门人才的条件。其次，相比较于公办高校，民办高校具有体制机制灵活的优势，能够为学校和企业开展深层次的人才培养合作提供制度便利，使企业全面参与高校人才培养过程，切实培养出企业需要的人才。最后，民办高校人才培养具有与企业开展深层次合作的内在需求。培养高层次应用型人才的关键在于实践教学，高水平的实践教学环境是高水平民办高校的重要标志，民办高校与行业企业共同建设行业学院，能够充分将企业资源与学校优势相结合，为学校人才培养提供更加优质的实践教学环境，以行业学院建设为突破口带动学校的人才培养模式创新和跨越式发展。近些年来，随着企业和民办高校的发展，以及国家促进产学研合作政策的推动，行业学院模式成为民办高校人才培养的一种典型育人模式。

行业学院模式是企业和民办高校在特定领域内深度开展人才培养合作的育人

---

① 大连东软信息学院. 大连东软信息学院2016—2017学年度本科教学质量报告.（2018-01-02）[2018-11-09]. http://news.neusoft.edu.cn/2018/0102/7624.shtml.

② 财富中文网. 2017年世界500强115家中国上榜公司完整名单.（2017-07-20）[2018-05-22]. http://www.fortunechina.com/fortune500/c/2017-07/20/content_286799.htm.

模式，是企业和民办高校协同育人的典型模式。通过共建行业学院，民办高校可以借助企业资源优势丰富和扩展教育资源，企业可以借助民办高校教育优势培养出更多适合本企业需要的高素质专业人才。行业企业和民办高校在特定领域育人的深度合作中，形成了比较典型的行业学院模式，这种育人模式具有如下特征。

1. 行业学院的根本性质是一种教育共同体

在办学形式上，行业学院一般采用企业与民办高校共建模式，具体表现为凝聚政、产、学、研、用的优质资源培养应用型行业人才；在办学过程中，行业企业与民办高校合作育人，在培养方案制订、课程开发、教学实践等方面协同育人，彼此支撑、合作共赢。

2. 行业学院办学方向行业化

行业学院人才培养主要面向行业企业，定向培养专业基础知识扎实、专业能力出众、符合行业需求的应用型人才，毕业生除部分继续升学之外，绝大部分都会进入相关行业谋求发展。在办学路径上，专业设置与地方支柱产业相呼应，教学以产教融合为核心，突出培养实践能力，人才培养强调职前教育和职后培训贯通，提高人才的企业适用性。

3. 行业学院定位于全面应用型

行业学院致力于为行业企业提供全方位的支撑。在人才培养上，行业学院通过引资、引智、引行业标准等方式完善人才培养模式，以行业标准和产业需求为导向修订人才培养方案，有针对性地增加实践性课程，为企业培养理论素养和专业技能兼备的高素质人才；在科学研究上，行业学院通过积极引进企业生产实践中的难点问题作为科研课题，为行业企业解决实际问题；在社会服务上，行业学院师生积极组织和参与行业组织服务活动，在行业服务和校企互动中扩大影响力，取得共同发展；在文化传承创新上，行业学院在人才培养中将以行业优良传统、品牌特色和文化底蕴为核心的行业精神作为重要内容，传承行业精神，为行业企业发展提供文化动力。[1]

① 徐正兴，顾永安.地方本科院校行业学院的定位与展望.职业技术教育，2017（22）：48-52.

行业学院模式是适应民办高校转型发展而产生的一种人才培养模式，随着民办高校人才培养模式改革的不断深化，近些年来，众多民办高校都结合行业企业需求，开展行业学院人才培养模式探索。例如，浙江树人大学积极寻求并对接地方核心和特色产业发展需求，根据学校学科和专业设置状况，抓住地方经济产业转型升级与高校"双创"的机遇，主动寻找合作，先后与地方行业企业共同建立了"华为信息与网络技术学院""同花顺金融信息服务学院""山屿海商学院""浙江省养老与家政产业学院"等9个行业学院，通过行业学院与行业企业紧密合作，不断深化人才培养模式改革，在满足当地行业企业人才需求、促进企业转型升级的过程中，也增强了学校的影响力，提高了学校办学水平和人才培养质量。山东英才学院通过联合国内名企加强校企合作，充分发挥"名校＋名企"的效应，学校先后与曙光信息产业股份有限公司、济南高新区中欧制造业发展中心、费斯托（中国）有限公司、深圳市腾讯计算机系统有限公司、百墨学院等业内龙头企业共同组建了"曙光大数据学院""济南高新区中欧智造高技能人才培养基地""英才·腾讯·百墨'互联网＋'学院"等行业学院，在开展深层次人才培养合作的过程中不断提高自身的办学水平。

三、基地共建模式

基地共建模式是民办高校积极主动向行业企业寻求人才培养合作的一种模式。随着民办高校转型发展步伐的加快，积极寻求行业企业支持、共建人才培养实训基地，成为全面深化民办高校人才培养模式改革、提高应用型人才培养质量的关键。培养高级技能型人才是民办高校的重要目标，加强实训基地建设、强化实践教学环节是应用型人才培养的必要条件。近些年来，随着办学规模的不断扩大和专业类型的丰富扩展，各高校都在努力寻求行业企业的支持，利用自身教育资源优势与相关行业企业签订人才培养实训基地共建协议，增加高校实践教学资源。通过实训基地共建，民办高校可以丰富实践教学资源、增强应用型人才培养能力，行业企业可以获得民办高校及师生在劳动力资源和解决实际问题方面的帮助，并能有效提高企业在本行业的知名度，吸引和培养更多适合企业用人需求的专业人才。应用型专业技能人才对推动经济社会发展具有重要意义，社会需求量也十分庞大，国家一直非常重视高等教育应用型人才培养工作，相继出台了众多相关政策文件，促进高校深化产学研合作人才培养模式改革。1991年，《国务院关于大力发展职业技术教育的决定》中首次提出了"产教结合""工学结合"的要求；1996年，《中华人民共和国职业教育法》指出，职业教育应当实行产教结合；2004年，《教育部等七部门关于进一步加强职业教育工作的若干意见》提出，要推动产教融合、加强产学合作、积极开展订单式培养；2005年，《国务院关于大力发展职业教育的决定》再次要求大力推行工学结合、产学合作的培养模式；2006年，《教育部　科技部关于进一步加强地方高等学校科技创新工作的若干意见》提出，大力加强产学研合作，推动成果转化和产业化。进入新时期，2016年，教育部为贯彻落实《国务院办公厅关于深化高等学校创新创业教育改革的实施意见》的精神，创新产学合作协同育人机制，组织开展有关企业支持高校教师和学生开展产学协同育人项目。[1] 在国家政策的推动下，各地政府相继出台了推进高校产学研合作的政策措施。民办高校借助国家政策优势，积极构建产学合作平台，采取"引企入校""企业课堂"等方式共建实训基地，有效提高了应用型人才培养能力。

基地共建模式是校企合作共同建设人才培养实训基地的应用型人才培养模式，整个人才培养过程一般由民办高校主导，基地共建作用的发挥主要在实践教学环节。依据实训基地所在的场所和主要职能，民办高校实训基地可分为以下四种类型，每种类型都有其特征和优势。

1. 校内仿真实训基地

这种实训基地是由学校出资或企业资助，在民办高校内部建设的模拟真实生产环节的实训场所，由于既能够满足专业实训需要，又具有方便管理、使用计划性更强等特征，所以这种实训基地往往成为民办高校成立初期的最佳选择，成为实践教学的主要场所。

2. 校内生产性实训基地

校内生产性实训基地多由民办高校和企业共同投入、合作建设，校方提供

① 张萌，张光跃.产学合作：从模式研究到国家制度建立的探索.职业技术教育，2017（10）：46-50.

场地，校企双方或企业独立购置设备，并负责日常维护，开展生产经营。这种实训基地由企业进行经营性生产，学校可在实训基地开展实践教学，形成了持续发展的动力机制。

3. 校外实训基地

校外实训基地是民办高校以协议为依托，将企业作为学生在校外的实践教学场地，是民办高校最为普遍的一种实训基地模式，企业在这种模式中负责按照学校安排对学生进行相应的项目培训，保证实践教学的效果，民办高校则会以技术支持、项目研究和员工培训等方式作为回馈，民办高校可以最大限度地减少实践教学投入，企业可以低价甚至免费获得学校的支持，实现优势互补。

4. 城市公共实训基地

这种实训基地是一种新型的建设模式，是在省会城市、工业基础较好的中心城市，由政府建设的具有综合性、适应当地产业技术结构特点的技能实训基地，它可以由政府单方出资独立建立，也可以依托某些院校或企业，由政府和院校、企业共同出资建立。[1] 这种实训基地一般由政府主导、行业参与，属于公益性的实训基地，学校在人才培养过程中只需提前向基地预约即可使用，在成本较低的情况下可取得良好的实训效果。[2]

随着民办高等教育的发展和国家相关政策的完善，民办高校实训基地共建模式呈现出由以前两种类型为主向以后两种类型为主转变的发展趋势，应用型人才培养能力显著提高。

基地共建作为民办高校最为普遍的一种应用型人才培养模式，几乎所有民办高校都在加强实训基地建设方面做了大量工作，国家也在不断开拓创新。上海杉达学院在人才培养过程中特别注重产学融合，主动联系企业，积极探索出一条"合作办学、合作育人、合作就业、合作发展"的校企合作新模式，截至 2015 年底，学校通过与上海双创产业园创意发展有限公司、上海市第一人民医院等企事业单位建立合作关系，首批建立了 28 个实训基地，其中 27 个已经通过了中期检

① 吴晓天. 公共实训基地的实践与探索. 华东师范大学博士学位论文，2009：15.
② 成志平. 高职院校实训基地建设模式及其利弊. 教育与职业，2016（11）：97-99.

查。① 西安欧亚学院特别重视学生实习和实训基地建设工作，学校各专业均与企事业单位紧密合作开展实习实训，学生通过深入企业实训提升专业技能。学校先后与贾平凹文化艺术馆、上海虹桥美利亚酒店、西安民诺软件科技有限公司、希尔顿酒店管理（上海）有限公司等知名企事业单位合作，建成260个专业对口、业务水平及层次较高的校外实习实训基地，同时校内建设了天猫大学生就业创业实训基地、新媒体工作室、企业管理综合实训室等117个实验实训基地，以满足学生实习实训的需要。学校通过校企深度融合既满足了实践教学需求，也为大学生就业创业提供了良好的平台与机遇。② 当前，城市公共实训基地建设取得了显著成效，已经形成了以上海为代表的"行业聚焦模式"、以深圳为代表的"产训对接模式"、以青岛为代表的"区域共享模式"、以无锡为代表的"实训工厂模式"、以绍兴为代表的"政校合作模式"等典型模式，为高等教育深化应用型人才培养模式改革作出了巨大贡献。③

四、订单培养模式

订单培养模式是随着企业对专业人才需求的增强，主动与民办高校合作培养专门技能人才而产生的一种人才培养模式。当前，随着我国企业的升级和转型发展，行业企业对高素质技能型人才的需求不断高涨，据《高技能人才队伍建设中长期规划（2010—2020年）》预测，到2020年，不包含现有的存量缺口440万人，高技能人才需求要比2009年增加990万人。④ 如此巨大的技能型人才缺口，仅仅依靠高校主动培养人才是远远不够的，尤其是当前高校培养出来的人才或偏重学术型，或实践技能较差，或对本行业企业的了解不够，很难适应企业转型发展对人才的需求。校企合作的订单培养模式，有利于实现优势互补，共同培养出适合行业企业需求的人才。民办高校可以实现与企业的信息、资源共享，通过企业了解和掌握相关行业的实践前沿动态，利用企业设备等硬件资源开展人才培养，甚至可以与企业联合建立实训基地，增强学校的办学实力；行业企业通过与民办高校签订"人才订单"，可以在充分利用学校教育资源的基础上，以最小的投入培养出更多切合自身需要的技能型人才，大幅度节约人才培养成本。由于订单式人才培养对于企业来说具有投入小、收益大、方便快捷等优势，对于民办高校来说具有增加教育资源、增强教育实力的作用，订单培养模式会成为未来民办高校和行业企业深化合作的重要方向。

订单培养是民办高校和行业企业在人才培养上开展有限合作的模式，具体表现为校企之间通过人才培养"项目""订单""合约"等，共同合作为企业培养特定领域的技能型人才。相比较于企业办学模式、行业学院模式和基地共建模式，订单培养模式的校企合作具有人才培养的针对性、灵活性更强，合作深度较低和稳定性较差等特征。根据行业企业参与民办高校人才培养的深度，订单培养模式可分为四种类型，每种类型在具有一些共同特征的同时，也显现出了自身的特点。

1. 紧密型订单培养模式

这种模式是以校企共同签订的人才培养协议为依据，企业深度参与人才培养过程的模式。企业参与人才培养方案的制订、课程的开发，并派专人参与教育教学过程，为人才培养提供设备和实训场地，由企业专人带领学生进行顶岗实习，并且还会为学生提供全部或部分学费和奖助学金等，学生毕业之后直接到该企业工作。在这种模式下，企业参与人才培养的深度接近企业办学模式和行业学院模式下的参与程度，人才培养的针对性更强。

2. 直接型订单培养模式

这种模式是企业根据自身需求直接与民办高校开展合作，培养所需要的特定类型人才的一种模式。企业往往依据行业发展和用工需求，直接到民办高校选拔并确定人选组成"订单班"进行有针对性的培养。在培养过程中，企业只向学校提出人才培养规格和标准，具体的教育教学过程则由学校全权负责，企业仅提供一部分培训教材和有限的实训场地，在学生毕业就业时企业并不会"照单全收"，而是要经过面试考核，仅录用合格者。在这种模式下，企业参与人才培养过程的程度较低，人才培养的针对性不是很强。

3. 间接型订单培养模式

这种模式是企业委托中介机构与民办高校产生间接人才培养合作的模式。在这种模式下，企业依据自身的用工需求向中介机构提出人才的数量和规格，由中介机构与民办高校联系，提出相应的人才培养要求，学校再依据自身的办学资源和中介机构提出的人才培养要求，制订人才培养方案、确定教学计划，培养所需要的人才。在这种模式下，中介机构和企业并没有直接参与人才培养过程，民办高校通过与中介机构签订"人才培养协议"和"就业协议"开展人才专项培养，中介结构在企业和民办高校之间发挥了桥梁作用，这使得企业、学校和学生在整个人才培养过程中都有较大的回旋余地和选择空间。

4. 1+1+1 订单培养模式

这种模式是企业由浅入深地参与民办高校人才培养过程的一种模式。第一年是以学校为主的基础教育，以学校为主体按照教学计划对学生进行专业基础知识教育；第二年是校企共同的专业培养，学校依据校企"人才订单"协议修订人才培养计划，培养学生具备企业所需要的专业素养；第三年是以企业为主的专业实习，学生可直接到企业进行顶岗实习。该培养模式将学校教育、企业实习和职业教育紧密结合，提高了民办高校人才培养能力和学生对市场变化的适应能力，企业参与培养的力度逐渐增强，同时学生逐渐融入企业之中，毕业时将会以成熟员工的状态进入企业工作。该模式在具有针对性的同时也不乏灵活性。

订单培养模式在民办高校较为普遍，众多民办高校都结合自身的办学资源和条件，与行业企业开展订单培养合作，以此增强自身的办学实力，深化人才培养模式改革。例如，西京学院近些年来积极探索产学合作的新模式，积极与中国平安人寿保险股份有限公司、陕西华润万家生活超市有限公司、北京中兴协力科技有限公司等开展校企合作培养项目，以"定向班""订单班"为突破口将校企合作向深度推进，2015 年，"定向班""订单班"总数达到 65 个，共涉及学生 1380 人，学生整体就业状况良好。[①]江西科技学院深入开展"一百个订单班"建设工程，截至 2017 年，学校已开设"订单班"53 个，参与的学生有 2800 余人。学校通过"订单班"的形式，将企业师资引入学校，组建和完善了"双师型"教师队伍，着力培养学生的实践能力，深入开展了"五融入"的育人探索，即企业课程导入教学体系、职业技能渗入理论教学、企业高层介入课程教学、企业活动进入培养过程、企业文化融入能力培养。[②]民办高职院校，如广州城建职业学院以"订单培养"为抓手推动人才培养模式改革，2016 年与达内时代科技集团公司、广东三星品高整体家居装饰有限公司、广州市梦旅国际旅行社有限公司等合作开展"订单班"20 个，培养 664 人，并建立了订单培养的长效机制，有效推进了学校人才培养模式改革。[③]

五、创新创业模式

创新创业模式是随着我国经济社会的快速发展、国家相关政策的深入推进，以及民办高校不断深化人才培养模式改革而产生的一种人才培养模式。创新创业作为高校人才培养工作的重要组成部分，本质上是一种实用性教育，是以培养学生创新创业意识、创新创业精神、创新创业能力为主的教育。国家相关政策对创新创业教育的规定可以追溯到 1998 年的《中华人民共和国高等教育法》，其中指出高等教育的任务之一是培养具有"创新精神和实践能力的高级专门人才"。1999 年，《中共中央国务院关于深化教育改革，全面推进素质教育的决定》指出，高等教育要重视培养大学生的创新能力、实践能力和创业精神。21 世纪以来，高校创新创业教育进入了新阶段。2010 年，《教育部关于大力推进高等学校创新创业教育和大学生自主创业工作的意见》强调，创新创业教育是适应经济社会发展和国家战略需要的教学理念和模式，是深化高等教育教学改革的重要途径。特

---

① 西京学院 . 关于公示《西京学院 2015—2016 学年本科教学质量报告》的通知 . (2016-12-31) [2018-11-09]. http://www.xijing.com.cn/info/1096/5459.htm.

② 江西教育网 . 江西科技学院 2015—2016 学年本科教学质量报告 . (2017-03-09) [2018-11-09]. https://gaojiao.jxedu.gov.cn/info/1038/19986.htm.

③ 广州城建职业学院 . 广州城建职业学院高等职业教育质量年度报告（2017）. (2016-12-19) [2018-11-09]. http://www.gzccc.edu.cn/__local/5/1F/D4/9962C9A3560BCBB2B306A3F55EE_AA6C6C67_520605.pdf.

别是在 2015 年的政府工作报告中明确提出"打造大众创业、万众创新和增加公共产品、公共服务'双引擎',推动发展调速不减势、量增质更优,实现中国经济提质增效升级"后,深入探索高校创新创业人才培养模式成为全面深化高等教育综合改革的重要任务。①民办高校作为我国高等教育系统的重要组成部分,紧密结合自身教育资源和特色,积极探索民办教育特色的创新创业人才培养模式,随着当前我国民办高等教育整体走向内涵式发展期,越来越多的民办高校开始探索和深化创新创业人才培养模式改革,以提高办学质量和水平。

创新创业模式是民办高校对校企合作人才培养模式的创新性探索与实践。在这种模式下,整个培养过程以民办高校为主导,仅在学生创业前沿知识传授、创业实践技能训练等方面与行业企业展开合作。从当前民办高校创新创业人才培养实践来看,根据不同标准,创新创业人才培养模式可划分为不同的类型:①依据面向群体的范围,其可分为面向少数学生的精英模式、面向全体学生的普及模式、二者兼顾的普及协同模式。②依据培养主体,其可分为由某学院承担创新创业教育的特定学院模式、全校所有二级院系都开展的一般学院模式、二者分工合作的协同模式。③依据校企的主导程度,其可分为以学校教育为主的学校主导模式、以企业教育实践为主的企业主导模式、校企协同模式。④依据教育目标的价值取向,其可分为以创新素质培养为主的创新主导模式、以创业能力培养为主的创业主导模式、二者兼顾的协同模式。⑤依据教育载体的主要形式,其可分为课程教学主导模式、项目训练主导模式、课程教学和项目训练协同模式。②尽管民办高校创新创业人才培养模式可分为很多类型,但其在教育实践中显现出了一些共同特征。

1. 积极组建复合型的师资队伍

民办高校善于整合校内外师资共同开展人才培养。校内专业教师负责学生创新创业专业基础知识的传授,以及创新创业意识和理念的培养;校内负责学生工作的教师负责学生的动员、竞赛等实践环节的组织和创业理念的培养;学校聘请企业专家及工程师、创业成功的校友、政府主管部门的管理者通过讲座、实践

① 张根友.高校创新创业人才培养模式探析与实施路径.教育现代化,2016(40):51-52.
② 黄建雄.高校创新创业教育模式分类初探.学理论,2017(6):169-171.

指导、政策解读等形式，帮助学生了解创业实践前沿及最新政策。

2. 及时优化创新创业课程体系

创新创业人才培养最终要落实到课程体系建设上。民办高校创新创业课程建设突出表现为以项目研发、训练为主的专业选修课，以专业实验、实践、实习为核心的专业实践课，以创新思维管理、KAB[①]创业基础等为主的创新创业专门课程等。

3. 努力搭建产学实践教学平台

一方面，民办高校注重以学科竞赛和创业大赛为抓手，加强学生创新创业团队建设，使人才培养由单一型向复合型转变；另一方面，民办高校积极搭建创业孵化基地、创客空间等平台，为学生创新创业提供场地依托、技术支持和资金保障。相比于公办高校，由于办学资源和科研能力的限制，民办高校创新创业人才培养模式在依托科研项目和大学生科技园等资源开展人才培养方面显得较为薄弱。在这种模式下，民办高校主导人才培养过程，行业企业仅参与部分培养环节，为新形势下民办高校开展校企合作提供了范本。

民办高校较早就开始探索创业型人才培养模式，随着当前高校创新创业教育的推进，越来越多的民办高校开始深化人才培养模式改革，全力推进创新创业人才培养。如大连东软信息学院早在 2002 年就按照真实信息技术环境创立了大学生创业中心，致力于探索将创新创业教育结合专业融入人才培养全过程，努力使创新创业教育成为面向全体学生、与专业教育深度融合的素质教育。该校构建了"八大能力"指标体系，建设了"普适+专业+运营"为一体的课程体系，搭建了"创新创业普适教育+创新创业项目实践+虚拟公司运营+创业成果孵化+资源政策扶持"的大学生创业中心实践平台，开展了丰富多样的创新创业文化活动。2002 年以来，该校累计孵化各类创新创业项目 2800 多项，设立学生虚拟公司 280 多家，其中 85 家已经发展为实体公司，创新创业人才培养成果显著。[②]2009 年，西安外事学院根据学校定位和创业教育发展需要，整合各方资

---

① KAB 的英文全称为 know about business，意思是"了解企业"。
② 大连东软信息学院. 大连东软信息学院 2016—2017 学年度本科教学质量报告.（2018-01-02）[2018-11-09]. http://news.neusoft.edu.cn/2018/0102/7624.shtml.

源成立了西安外事学院创业学院。该学院的教学将创业知识渗透到各专业课程中，优化课程内容体系，促使学生在专业知识学习的基础上提高创业素养。该学院组建了专业机构和创业基金，为创业提供技术指导和资金保障。2010 年，陕西鱼化龙创业基金会在西安外事学院成立，首批启动资金 200 万元，旨在为有意愿、有能力创业的大学生和社会青年提供资金支持，为陕西乃至全国的创业人才服务。①

第三节 民办学校育人模式的未来动向

随着我国经济社会和民办高等教育事业的快速发展，民办高校育人模式呈现出一些新的发展趋势，逐渐形成培养复合应用型创新人才的育人理念、行业需求导向更为明显的育人目标、突出学生职业能力培养的课程体系、推进产学研深度融合的教学过程和多元开放的学生评价格局。

一、育人理念：培养复合应用型创新人才

培养复合应用型创新人才是民办高校育人理念发展的新动向，是结合新时期我国经济社会发展需求、高等教育使命和国家政策导向的战略选择。人才培养理念有一个不断变化的过程，我国高等教育在长期的办学实践中形成了研究型人才培养、高级基础型人才培养、应用型人才培养、复合型人才培养、个性化人才培养、创新型人才培养等典型育人理念，每种育人理念下都有相应的育人模式。民办高等教育既是我国整个高等教育体系的重要组成部分，也是其中比较特殊的部分，鉴于办学资源、办学条件和办学实力等因素，长期以来，民办高校往往秉承应用型人才培养理念，开展技能型应用人才培养工作。

随着当前我国高等教育整体的转型发展，民办高等教育步入了内涵式发展期，着力培养创新人才是民办高等教育，乃至整个高等教育体系的重要使命。我

---

① 张颖 . 陕西高校首家创业基金会成立 .（2010-04-02）[2018-05-25]. http://jjckb.xinhuanet.com/sq/2010-04/02/content_215353.htm.

国一直十分关注高等教育创新人才培养问题，相关政策也在不断完善。随着创新驱动发展战略的全面实施，国家将高等教育作为创新人才培养的主阵地，2010年，《国家中长期教育改革和发展规划纲要（2010—2020年）》正式提出了培养创新人才的任务。2016年，国家正式印发《国家创新驱动发展战略纲要》。① 2017年，习近平总书记在十九大开幕式上，作了题为《决胜全面建成小康社会 夺取新时代中国特色社会主义伟大胜利——在中国共产党第十九次全国代表大会上的报告》，进一步强调了要继续实施"创新驱动发展战略"①。创新驱动发展的关键在人才，创新人才培养的基础在教育。2017年，科技部印发的《"十三五"国家科技人才发展规划》中明确提出，要改革创新人才培养模式，构建培养、锻炼和造就创新人才的体系，积极动员全社会参与到创新人才培养实践的探索中来。国家政策体系正在统筹推进各级各类高等教育开展创新人才培养探索。从当前科技发展日趋综合化、学科交叉融合趋势逐渐明显化的现状来看，民办高校不仅要开展应用型创新人才培养工作，而且要秉承复合型人才培养理念，致力于培养复合应用型创新人才，才能使学生不仅具有创新能力素质和应用实践技能，而且能有广泛的基础知识和较强的适应能力，成为真正能够适应和引领人才市场需求的高素质人才。

二、育人目标：行业需求导向更加明显

育人目标以行业需求为导向是民办高校办学实践的新趋向，也是提高民办高校人才培养质量和办学实力的必然选择。从当前民办高校人才培养实践状况来看，人才培养过程与行业企业的融合程度不断加深。在培养目标表述上，民办高校成立初期的表述往往比较笼统，大多只关注到了社会普遍的人才素质需求，而没有过多注意到具体行业需求。随着民办高校办学模式的成熟，各民办高校越来越意识到行业需求对人才培养的重要性，其人才培养目标在关注社会普遍需求的基础上，也更加注重行业需求。在人才培养模式上，现有的企业办学模式、行业

---

① 中央政府门户网站.习近平：决胜全面建成小康社会 夺取新时代中国特色社会主义伟大胜利——在中国共产党第十九次全国代表大会上的报告.(2017-10-27)[2018-10-08]. http://www.gov.cn/zhuanti/2017-10/27/content_5234876.htm.

学院模式、基地共建模式、订单培养模式和创新创业模式，都在人才培养过程中表现出了较强的企业融入性，特别是行业学院模式和订单培养模式更直接地为行业企业培养技能型人才，行业需求导向明显。在人才培养过程中，民办高校通常会邀请行业企业的专家和工程师等参与人才培养方案和规格的修订、课程和教材开发，以及具体的教学过程，特别是在实践教学环节，行业企业发挥着更强的主导作用。

从民办高等教育发展战略选择来看，育人目标突出行业需求是提高人才培养质量、增强办学实力和竞争力的必然选择。首先，培养应用型人才是民办高校人才培养的价值追求，人才培养过程与行业企业紧密结合是应用型人才培养的必然选择，因此，民办高校要更好地提高人才培养质量，寻求与行业企业协同育人、优化实践教学环节是十分关键的一环。其次，实践教学资源是民办高校办学资源的重要组成部分，全面深化与行业企业的战略合作，扩展实践教学资源，是增强民办高校办学实力的重要举措。最后，当前众多公办高校，尤其是行业特色院校和地方本科院校的人才培养目标定位都十分关注行业需求。[①] 相比较于公办高校，民办高校无论是在办学资源和条件还是在育人模式和机制等方面都相对较差，育人目标更加突出行业需求，有针对性地培养行业企业所需要的高素质技能型人才，是提高民办高校竞争力的重要战略。

三、课程体系：突出学生职业能力培养

课程体系突出学生职业能力培养是民办高校课程建设的发展趋势和应用型人才培养的内在需要。课程是实现学校育人目标的载体，是提高人才培养质量的核心，也是学校教育教学改革的重点和难点，民办高校在长期的应用型人才培养过程中，在课程建设上逐渐突出了职业导向的特征。课程目标是人才培养目标的载体，民办高校课程目标的确定往往是在紧紧围绕人才培养目标展开的同时，更加关注学生职业能力的养成，具体表现在职业基本理论知识教学目标和实践技能目标等方面。

---

① 张樱.高水平大学理工科人才培养模式改革的趋势和特点——对近三届国家教学成果奖部属院校理工科专业获奖项目的研究.清华大学教育研究，2010（3）：95-100.

在课程体系调整上，民办高校致力于冲破原有学科课程体系的基础课、专业基础课和专业课的单科分段式模式，更加突出课程体系的职业性，坚持以应用能力为主线构建专业基础能力、职业通用能力和职业核心能力融为一体的课程体系，根据市场变化和职业要求设计课程模块，按照"宽基础、活模块"的原则灵活设置课程体系，争取每个模块的课程都与职业所需要的知识、技术和能力相对应，与职业资格考试相结合。[①] 在课程内容开发上，民办高校一般能够积极与行业企业合作开发课程，在课程内容构建中充分参照技术领域和职业岗位群的人才素质要求及相关职业的资格标准，以增强课程内容的职业适应性，培养学生的职业素养。教材作为课程内容的重要载体，在课程建设中具有十分重要的地位。民办高校以前在教材选用上往往过多地强调知识结构的完整性和系统性，重视理论知识传授，而相对忽视了职业能力的培养。随着应用型人才培养模式不断成熟，民办高校教材建设更加突出职业性，部分民办高校在教材编写过程中邀请了行业企业的专家加入，将行业企业标准、岗位要求等市场用人条件都深度融入了教材之中，更有一些民办高校组织业内著名专家共同编写教材，更加准确地把握了行业企业用人标准，提高了教材质量。民办高校在课程建设方面的有益探索，能够有效促使其人才培养与用人市场需求相一致，提高民办高校的办学水平和竞争力。在新时期，民办高校要进一步提高应用型人才培养质量，在课程建设上必须更加关注学生职业能力的发展，构建职业能力培养导向的课程体系，造就专业知识和职业技能融于一体的高素质应用型人才。

四、教学过程：推进产学研深度融合

推进产学研深度融合是民办高校教学发展新动向，也是提高应用型人才培养能力的战略选择。民办高校在深入推进产学研融合方面作出了很大的努力，呈现出了进一步深化产学研合作的趋势。在教师队伍建设方面，民办高校大力推进"双师型"教师队伍建设。师资是民办高校办学的核心资源，拥有一支结构合理、素质过硬，集专业理论知识和实践技能于一身的"双师型"师资队伍是保障人才

---

① 付立彬.创新民办高校应用型人才培养模式研究.黄河科技大学学报，2012（2）：11-15.

培养质量的关键。当前，民办高校在"双师型"教师队伍建设方面采取了众多卓有成效的措施：对理论型教师加强职业技能培养，鼓励和促进其参与企业生产实践、与企业开展生产性项目科研合作等，以提高教师职业素养；加大具有行业企业一线工作经验教师的引进力度，组建"双师型"教师团队；邀请行业企业专家兼职合作，为学校人才培养提供咨询和帮助。

在教学方面，民办高校形成了多样化的实践教学模式。在长期的教学实践中，民办高校形成了理论学习和实践操作相结合的"工学交替"模式、"理论指导＋案例分析＋现场教学"模式、"学、练、做一体化"模式、"项目教学"模式等典型的教学模式[①]，行业企业不同程度地参与了整个教育教学过程，通过实训、实习和实践等环节，促使学生熟悉和掌握相应岗位工作的实践技能，提高实践应用能力和问题解决能力。在实训基地建设基础上，民办高校努力构建高效便捷的实训体系。实践教学环节是培养应用型人才的核心环节，加强实训基地建设是提高实践教学质量的重要举措，当前，民办高校在实训基地建设上形成了校内仿真实训基地、校内生产性基地、校外实训基地、城市公共实训基地等多层次、多类型的实训场所。随着民办高校办学资源的不断丰富和实践教学模式的完善，探索和构建更加高效便捷、成本低廉的实训体系成为增强办学实力的重要举措。在民办高等教育发展初期，民办高校由于科研能力等因素的限制，在人才培养过程中往往更多地推进产教融合，而较少关注研究在人才培养中的价值，随着当前民办高校科研实力的逐渐增强，特别是从2011年部分民办高校获得研究生教育资格以来，推进产学研深度融合成为众多民办高校人才培养的重要发展方向。

五、评价方式：形成多元开放的学生评价格局

形成多元开放的学生评价格局是民办高校化解现实问题、适应人才培养规律的必然选择，也是学生评价理论和实践发展的新动向。教育评价是教育教学工作的重要导向，学生评价是教育评价的重要组成部分，是连接教师教学和学生能力发展的桥梁，科学的学生评价体系具有诊断和育人功能。当前，民办高校学生

---

① 王琴.试析高职院校人才培养模式的系统化改革趋势.中国职业技术教育，2009（23）：7-11.

评价的"应试教育"倾向明显，集中体现为评价内容重理论知识，轻实践技能，评价形式相对简单和僵化，评价方式缺乏灵活性，评价标准统一，相对忽视了学生学习和发展的个体差异，这不仅容易挫伤学生的学习积极性，更会对学生的全面发展产生不利影响。[①] 学生全面发展要求民办高校构建多元化的评价体系。第一，学生学习和发展存在个体差异，不同专业的学生面临不同的知识技能体系；第二，相较于公办高校，民办高校学生本来就是传统"应试教育"考核方式的失利者，继续采取单一的评价方式必然不利于学生的发展；第三，学生的全面发展也需要多元的评价方式与之相适应。

当前，随着办学模式的成熟，民办高校在学生评价方式上也做了一些有益的探索，呈现出了多元化的趋势。民办高校在学生评价中形成了包括校内考试标准、职业资格证书标准、行业考核标准"三条评估标准"在内的人才培养质量保障体系，在评价目标上将培养学生的理论功底和职业素养并重，在评价内容上实现校内课程评价与企业实践技能评价相结合，在评价主体上强调社会、行业企业和教师相互配合，在评价方式上以岗位、行业人才素质要求为评价标准，采取多元化的评价方式促进学生的全面发展。从这些民办高校学生评价方式改革的探索来看，多元化的学生评价体系正在形成，这与当前学生评价理论的发展趋势相一致。新评价理论强调在学生评价中将集体评价与个体评价、质性评价与量化评价、过程性评价与终结性评价、发展性评价与管理性评价相结合，探索和构建多元化的评价体系，以适应学生发展的多样化需求和特征。民办高校致力于构建多元开放的学生评价体系，不仅适应了人才培养规律和评价理论的发展趋势，而且有效地化解了学生评价中存在的实际问题，是提高人才培养质量、促进民办高校健康快速发展的重要战略举措。

---

① 付立彬.创新民办高校应用型人才培养模式研究.黄河科技大学学报，2012（2）：11-15.

第八章
民办教育未来展望

　　民办教育新法新政构筑起新时期民办教育的"四梁八柱"，党的十九大报告进一步明确"支持和规范社会力量兴办教育"的根本方向，有力推动民办教育发展进入新阶段。在新阶段中，我们需要把握民办教育面临的新形势、新任务，探索促进民办教育健康、可持续发展的新路径；考察西方私立教育发展经验和做法，立足我国国情和民办教育实际，尊重各地发展差异的实情，总结独有的特征和实践，提炼符合自身特点的道路和理论，助力完善中国特色民办教育发展模式。

第一节　新时代民办教育面临的形势和任务

在当前和今后较长时期内，我国迫切需要形成改革合力，进一步落实《民办教育促进法》及配套文件，修订《民办教育促进法实施条例》，加快修订和出台地方民办教育法律法规，积极融入新时代教育综合改革发展进程，在以下方面做实做好。

一、稳妥推进分类管理改革

2010 年，《国家教育改革和发展规划纲要（2010—2020 年）》最早提出"积极探索营利性和非营利性民办学校分类管理"，2017 年 9 日 1 日，新修订的《民办教育促进法》生效后，我国正式步入分类管理新时代。截至 2018 年 9 月 17 日，已有 24 个省（自治区、直辖市）相继出台了关于鼓励社会力量兴办教育促进民办教育健康发展的实施意见，其他省（自治区、直辖市）的实施政策正在后期酝酿中，都明确将建立营利性和非营利性分类管理制度。

分类管理是一项自上而下推行、涉及众多利益主体、关涉诸多制度调整的重大改革，是对现有利益格局的重新调整。从各地分类管理改革的时间节点和开展实践来看，分类管理改革面临一些新情况、新现象。一方面，各方对分类管理改革的认同程度不一。分类管理改革是一项涉及思想观念深刻变革和利益格局重大调整的改革举措。民办学校管理者既认为分类管理是必然趋势，必将有助于民办教育健康发展，又认为分类管理改革时机尚早，担忧分类管理易致冲击性影响。另一方面，不同利益主体对分类管理改革存有顾虑。有调查显示，某市

90% 以上的区县（自治县）教育委员会、民办高校和民办中小学校均对分类管理改革持谨慎观望态度，期待地方民办教育政策的进一步明朗化；民办高校的举办者最关心的问题是学校财产归属问题，以及在此基础上举办者应当享有的财产权利与利益分配问题。[①] 因此，分类管理改革举措尚需细化。

在当前和今后较长时期内，各地应按照国家总体部署，围绕营利性和非营利性分类，着力推进民办学校分类管理改革，加快制定并落实各地关于鼓励社会力量兴办教育促进民办教育健康发展的实施意见，进一步完善并明晰差别化扶持政策。各地应明确"以支持引导规范，以规范争得支持"的基本方向，健全各类差别化扶持政策，避免产生新的制度性歧视，重点关注民办学校的分类管理，依法依规实施优惠政策，包括制定、完善民办学校变更登记办法，加强过渡期方案、补偿奖励办法、分类选择登记、退出机制等方面的制度设计，实现民办学校的平稳过渡与转型发展；规范两类学校的收费管理办法，保障非营利性民办学校的收费自主权，优化非营利性民办学校的收费定价机制；完善现有民办学校终止清算剩余财产的补偿及奖励办法，依法保护学校法人、受教育者和出资人等多方权益。

二、深入落实民办教育新法新政

《民办教育促进法》与《国务院关于鼓励社会力量兴办教育促进民办教育健康发展的若干意见》《民办学校分类登记实施细则》《营利性民办学校监督管理实施细则》《关于加强民办学校党的建设工作的意见（试行）》等一起构成了新时代民办教育改革发展的法规政策体系。新法新政立足于当前我国经济社会的宏观背景和民办教育事业发展的阶段性特征，对新时代促进民办教育发展作出了全面部署，对民办学校分类管理作出了总体规定，对社会力量兴办教育的基本原则、操作流程、规章制度作出了总体要求。

为全面贯彻落实党的十九大精神，落实民办教育新法新政，加快配套制度建设，教育部、国家发展和改革委员会、公安部等十三部门于 2018 年联合印发

---

① 郑雁鸣. 重庆市民办教育地方法规的需求情况调研报告. 重庆工商大学学报（社会科学版），2018，35（2）：83-90.

《民办教育工作部际联席会议 2018 年工作要点》，明确了深化分类管理、完善配套措施、提升办学质量、营造良好环境等任务及主要责任部门，为各项关键任务的逐步推进奠定了基础。需要明确的是，政策本身与政策执行不是简单的线性因果关系，受政策环境、执行机构、执行人员等多种因素的综合影响，政策执行中任一因素的增强或减弱都易引发非预期效果。以执行机构为例，各省（自治区、直辖市）的政府部门是民办教育政策的核心执行机构，但这类机构在公共政策执行过程中显现出两大特征：①倾向于采取统一的工作程序，以适应新的变化、应对多种复杂状况；②政策执行的资源与权威相对分散，不同部门的政策执行责任各异，政策执行关注点不同，导致政策协调难度加大。[1] 民办教育新法新政落地的复杂性由此可见一斑。

在民办教育分类管理改革的背景下，当务之急是按照新法新政要求，由各省（自治区、直辖市）教育行政部门牵头，成立由相关政府职能部门共同参与的民办教育工作领导协调机构，加快研制民办学校分类管理的具体办法，为民办学校的分类选择提供政策依据，着力避免政策执行及落地过程中的失真现象。各省（自治区、直辖市）还应结合地方民办教育发展实际，根据上位法的最新要求，坚决废止与新法新政相悖的政策法规，修改不合时宜的政策规定，加紧制定出台民办教育内部治理、财务监管、考核评估等配套性文件，解除民办学校举办者的心理顾虑，营造更加明朗的民办教育法治环境。

三、大力激发社会资本投资教育的积极性

民办教育新法新政进一步明确了社会力量办学的合法性，即社会力量可依法依规地举办非义务教育阶段的民办学校，这无疑为社会资本进入教育领域敞开了大门，有利于充盈民办学校办学经费，拓宽民办学校经费来源，从而促进民办教育的健康、可持续发展。

但从社会资本的进入情况来看，在民办教育新法新政实施之后，投资方的盈利预期被打破，资本投入动力有所下降，社会资本进入民办教育领域的总体速

---

[1] 李孔珍. 我国公共教育政策执行：影响因素、问题和路径选择. 中国行政管理，2010（11）：53-57.

度放缓，不利于民办学校办学经费的稳定。总体而言，投资者的顾虑主要有二：①分类选择之后，非营利性民办学校能否在政府购买服务、办学自主权、土地税收优惠、生源质量等方面，真正享有与公办学校同等的待遇，当前的法规政策环境是否有利于营利性民办学校的生存发展；②社会资本举办民办学校，尤其是非营利性民办学校的投资与回报问题，举办者和投资人的原始投入、资产增值和退出补偿能否得到尊重和切实保障，这成为制约社会资本进入民办教育领域的一大因素。而对于有意参与举办混合所有制院校的投资人而言，民办职业院校的设置标准尚不健全、民办职业教育准入审批制度尚不完善、公办与民办优质教育资源合作不足、学校特色办学尚有很大发展空间等诸多现实问题，也让投资人不敢轻举妄动。在各类政策尚不明朗的情况下，为规避和降低投资风险，保证投资回报率，多数投资人处于按兵不动的观望态势。

各地应结合具体情况，综合考虑原始出资、资产增值及行业属性等因素，采取既有利于学校稳定又有利于激发投资动力的改革举措。首先，大力鼓励民间资金进入民办教育领域，全面放开办学准入条件，积极拓展地方创新空间，扩大民办学校办学自主权。其次，充分认识到财政扶持在分类管理政策中的关键作用，构建民办教育发展的长效机制，保证财政扶持在总量不变的基础上持续增长。最后，适当放开民办学校的收费管制，在建立最低注册资金及风险保证金制度的前提下，借鉴民办医疗和养老机构的分类管理改革经验，在非营利性民办学校存续期间，允许它们以融资租赁、建设－经营－移交等方式，适当租赁（借入）部分土地、校舍、设备，以及必要的流动资金，其所发生的固定合同利息及价格公允的生产要素购置费用可计入办学成本。①

四、持续提升民办教育监管与风险防控水平

在民办教育新法新政颁布实施之后，我国民办学校进入了"政策红利"阶段，民办教育的未来发展预期趋好。但我们必须清醒地认识到，受发展历史、政策落地、社会观念等因素的影响，我国民办教育蓬勃发展的背后，还蕴藏着不容忽视

① 董圣足. 新政之下地方民办教育制度调适与创新的若干思考. 浙江树人大学学报（人文社会科学），2017，17（2）：7-10，24.

的风险点，外部管理与监督亟待加强。《民办教育促进法》第四十条规定，"教育行政部门及有关部门依法对民办学校实行督导，促进提高办学质量"。

当前，民办教育的办学风险至少包含政策（制度）风险、市场风险（包括生源市场风险、办学市场风险、就业市场风险）、财务风险、决策风险、教育质量风险等。[①] 这些风险并非一成不变，而是处于不停的运动和变化之中，某个风险点一旦受到触发，则可能给民办学校带来巨大损失，甚至使民办学校倒闭，给民办学校师生权益带来巨大隐患。例如，有的举办者办学动机不够端正，采取过度商业化的办学模式，以投资回报率为主要关切点，偏离了教育的公益属性，忽视了学生的受教育质量，使民办学校陷入财务风险和教育质量风险之中。此外，民办学校的人才培养质量参差不齐，社会评价褒贬不一，各级各类民办教育之间、民办教育系统内部各要素之间尚未形成平衡、充分的有机系统，民办学校还无法获得与公办学校同等的法律地位，使民办学校面临巨大的社会声誉风险。

因此，政府要切实加强对民办教育的风险防控，多方评价民办教育新法新政的实施效果和主要风险点，总结反馈政策实施中的创新做法及突出问题，探索建立民办教育政策实施跟踪与评估数据库，健全分类管理政策动态评估机制。一方面，建立全方位的民办学校预警机制，依法监管民办学校办学行为，对民办学校资产使用情况、决策动向、教育质量、师生权益等进行动态监控，保证民办学校依法依规办学，保障举办者、教师、学生等主体的合法权益；另一方面，加强民办学校，尤其是非营利性民办学校的财务监管，确保教育的公益属性，保证办学经费的合理效益，还应通过建立信息公开制度，加强资本运作的规范管理，减少由管理缺失、资金违法违规使用导致的负面社会影响，维护民办学校，尤其是非营利性民办学校的社会声誉。

第二节　新时代民办教育实践发展的新作为

面对当前民办教育的形势和任务，我们必须充分认清民办教育发展实际与

---

① 李钊. 民办高校办学风险防范研究. 华中科技大学硕士学位论文，2008：3-4.

发展目标之间的距离，勇于担当，主动作为，努力破除思想认识、政策执行、管理体制、资本进入、内部治理等方面的阻滞，不断探索适应形势要求、促进民办教育可持续发展的可行路径。

一、凝聚以支持引导规范、以规范争得支持的分类改革共识

2017 年，习近平总书记在党的十九大报告中明确提出"支持和规范社会力量兴办教育"[①]。各地关于鼓励社会力量兴办教育促进民办教育健康发展的实施意见的制定过程与结果，也折射出各地对分类管理改革认识的不一。某省民办教育研究团队开展的"分类管理地方法规需求情况"专项调查发现，民办教育的配套政策制定过程之久，各方意见之异，文本改动之大，都较为罕见。各方对于新法新政预期成效尚不乐观。任何制度改革创新，绝非一蹴而就。尤其是在民办教育发展历程不长、分类管理改革错综复杂的背景下，国家更需强化引导、凝聚共识。

（一）做好综合指导

我国要明确分类管理是支持和规范互为支撑、相互促进的综合改革，加强对各地分类管理工作的分级指导，引导各地在现有法律框架内积极有为，积极探索支持和规范社会力量办学的可行办法。例如，可建立非营利性学校基金会和地方政府民办教育基金会，通过细化捐资激励管理办法、对接两个基金会，部分实现举办者权益诉求，增强各方支持分类管理改革的意愿。

（二）加强舆论宣传

针对部分利益主体对"营利""非营利""法人财产权"等核心概念认识不清、

---

① 中央政府门户网站．习近平：决胜全面建成小康社会 夺取新时代中国特色社会主义伟大胜利——在中国共产党第十九次全国代表大会上的报告．（2017-10-27）[2018-10-08]. http://www.gov.cn/zhuanti/2017-10/27/content_5234876.htm.

对支持和规范的辩证关系把握不够等突出情况，开展多轮培训与指导，对各方普遍关心的热点、难点问题，聘请专门的法务人才进行精准解读，将以支持引导规范、以规范争得支持的分类管理改革思想内化于心，真正外化为民办教育界的自觉行动。

（三）建立分类管理改革的信息共享机制

我国要尽早建成民办学校信息管理系统和公示系统，加大民办教育分类管理改革的信息公开公示力度，力争涵盖各级各类民办学校信息，发挥信息共享对分类管理的推动作用。

二、推动政策细化分解，促进政策落地生效

当前，我国民办教育顶层制度框架已经建成，急需进一步细化分解相关政策，让政策真正发挥出实效。我国需运用系统科学的分析思路，借鉴公共政策执行的科学方法，把控政策影响因素的动态变化，综合统筹民办教育政策方案可行性、政策执行理念开放度与政策环境变动性的关系，最大限度地保证政策目标的达成。

（一）找准影响民办教育政策执行的核心因素

在细化分解分类管理政策的基础上，我国要建立相应的分类管理政策跟踪和评估机制，实时动态抓取政策执行中的各类因素，精确把握分类管理政策的核心要素。执行人员要坚持法治高于人治的执行思路，最大限度地保证行政资源分配的公平性，依法规范政策执行机构的决策规则，提高教育政策执行部门内部或部门间的工作配合度。

（二）建立配套的民办教育舆情监测与管理系统

我国要及时了解社会民众对社会力量兴办教育问题的态度变动情况，关注

行政主管部门在网络舆情中的基本状态，及时纠正、积极应对社会负面舆论，减少突发性社会舆论对政策执行的干扰作用。

（三）明晰省级政府教育统筹职责

我国要细抓民办教育新法新政的贯彻落实工作，把握分类标准、登记程序、核资规则、工作运行机制等关键环节，把政策的尺子量到基层去，督促各地不走样、不跑偏，指导各地教育政策执行部门精准施工，确保政策落实到位。

三、激发民间资本消除顾虑、兴办教育的社会活力

受激励政策不明朗、配套政策不到位、实施条例操作性不强等因素的影响，无论是有意投资办学的出资人还是现有民办学校的投资人，对于是否投资或加大投入，都持犹豫不定的观望态度，社会资本办学的积极性受到一定影响。

（一）明确社会力量兴办教育的支持范围

我国要落实社会力量办学的扶持举措，切实推行政府和社会资本合作模式。各方要坚持协商共建的合作规则，严格按照合约贡献资金、政策、权力、声誉等资源，共同承担合作责任和办学风险，破除制约民间投资的各种羁绊。

（二）建立举办者变更退出和资产补偿机制

在学校退出或重新选择时，政府应对收支情况进行认真核算，综合考虑原始投入、追加投入和累积资本，充分肯定举办者的办学贡献，合理确定资产补偿或奖励标准，为社会资本进入教育领域消除心理顾虑，切实保护举办者的合法权益。

（三）多举并进规范社会力量办学

开放教育市场、吸引社会力量参与或举办教育是大势所趋，但必须以不损

害社会公共利益、保证教育公益性为基本前提。无论是营利性还是非营利性民办学校，都应以保持育人属性为准则，以丰富教育资源有效供给为目标，平衡好资本逐利性与教育公益性之间的关系，保障民办教育的健康发展。

四、完善放管服结合、协调联动的管理体制

一些地方政府尚未充分认识到民办教育在减缓财政压力、提供社会公共服务等方面的突出贡献，甚至对公共财政是否应该资助民办教育存有疑虑。此外，中央与地方政府间存在明显的认识落差，地方教育行政部门与非教育行政部门之间、教育行政部门内的不同部门之间也存在偏差。当涉及差别化财政扶持和综合治理等时，一些地方行政部门出于降低管理成本、维护部门利益等缘由，采取"多一事不如少一事"的敷衍态度，部门间协调沟通成本较高、成效不佳，导致民办学校无法依法获得和公办学校同等的法律地位及制度环境。全面推进民办教育领域的放管服改革，既要做好政府简政放权的"减法"，又要做好加强外部监管的"加法"和优化公共服务的"乘法"。

（一）落实和扩大民办学校尤其是民办高校的办学自主权

政府要促使自上而下、以行政力量为主导的管理模式，向多元共治、遵循民办教育发展规律的管理模式转变，充分落实民办高校的招生自主权、收费自主权等各项权利，允许民办高校在符合国家有关规定的前提下，自主确定年度招生计划和跨省招生计划，允许民办学校根据当地经济发展水平、社会承受能力、办学条件等因素实行市场调节价。

（二）加强政府部门统筹协调

支持和规范社会力量办学，涉及财政、发展和改革、土地、工商、税务等多个部门，可由教育部门牵头，建立地方性的民办教育工作联席会议制度，探索建立地方性民办教育综合改革协调机构，为部门间协调与沟通提供平台，通过定

期商议、集中研讨、及时沟通、联合工作等方式,加强部门间的信息沟通和互相协作,健全社会力量兴办教育的促进制度。各地要紧跟分类管理改革的步伐,尽快废止或修改不合时宜的法规和政策,颁布实施地方性的民办教育发展条例,确保改革于法有据,同时应进一步优化各类办事流程,不断改善民办教育工作的服务质量。

(三)进一步加强监督和指导

政府要围绕新时期党和国家的教育工作要点,紧抓支持和规范社会力量兴办教育的关键点,加强民办教育分类管理改革的督政工作,督促地方教育主管部门切实落实主体责任,积极做好社会力量兴办教育的专项督导,构建适应地方民办教育实情的督导体系,切实规范民办教育督导的运行过程,保证突出问题的优先解决。

五、强化健全内部治理、凸显行业自律的内涵建设

当前,我国民办教育呈现快速发展之势,但客观而论,我国民办教育的发展水平还相对不高,民办学校内部治理和人才培养中的诸多瓶颈问题深深制约着民办教育的转型发展。一些民办学校,尤其是民办高校的内部治理结构尚不健全,学校董事会(理事会)、党组织建设还处于缺失或虚设状态,决策机制的民主化程度不高,"内部人控制"问题普遍存在,学校管理的法制化、科学化水平相对较低。

(一)加强民办学校党建工作

民办学校要建立健全党组织参与决策和监督的机制,充分认清民办学校党建工作在保证办学方向、减少决策失灵、维护主体权益、促进学校发展方面的重要作用。各地民办学校要从实际出发,加大基层党组织组建力度,明确党组织在学校内部治理中的政治核心作用,建立健全党组织与董事会(理事会)的联席会

议制度，形成常态化的沟通协商机制。

（二）完善学校章程建设

民办学校管理者应依法依章治校，以民办教育新法新政和相关教育规章为准绳，立足于民办学校的发展实际和办学特色，修订、核准民办学校章程，将办学目标、内部治理、财务管理等重大问题法制化，将其真正视为依法自主办学的主要依据。

（三）规范决策机构人员准入标准

民办学校应推行关键岗位亲属回避制度。针对举办者和管理者变更频繁、学校办学风险系数较高等问题，民办学校应细化举办者和管理者的准入程序，选取个人信用条件良好、了解教育发展规律、具备丰富管理经验的人担任校长，在董事会、人事、财务等重要岗位上严格实行亲属回避制度，减少家族化管理的弊病。

第三节　新时代民办教育理论探索的新境界

面对民办教育实践发展中诸多悬而未决的问题，民办教育理论工作者必须增强理论自觉意识，立足于中国民办教育的实际情况和发展阶段，加强理论研究的深度与力度，厘清理论研究中的基本关系，辩证处理好理论研究与实践探索、民办教育与公办教育、我国民办教育与西方私立教育、民办教育发展目标与结果的关系，构建中国特色民办教育理论体系，增强理论研究对实践探索的指导作用。

一、以中国特色民办教育为对象

民办教育理论研究的对象是什么？学界和业界众说纷纭，存在将民办教育与企业或私立教育画等号的做法。一种是将民办教育等同于企业，认为我国非公有制教育机构具有一个本质共性，即都是以利润最大化为办学目标的企业，教育服务的营利取向尤为明显。[①] 另一种是在很多情境下，民办教育与私立教育的概念常被混用。有学者认为应直接采用国际通用的公私"二分法"，把政府之外的一切社会力量举办的学校都统称为私立学校；有学者指出，这种划分方法过于简单、可操作性不强，不能涵盖集体组织创办的学校；亦有学者将产权属性作为民办学校的唯一标准，但这种划分标准只解决了"立"的问题，对"办"的界定依然含糊不清。考虑到上述的诸多分歧，有学者从"办"的视角来界定民办学校的标准，认为"举办"和"营办"是区分公办、民办学校的重要标准，把国有二级学院、公有民办、民办公助等办学形式纳入民办教育范畴。[②] 实际上，机构的公有或私有属性是由所有权而非管理权决定的，民办教育也不例外。[③]

对民办教育理论研究对象的理解，至少需认清以下三点：①民办教育是具有公益属性的教育事业。与公办教育一样，民办教育是社会主义教育事业的重要组成部分，它的首要属性是公益性，它的基本职责是教书育人、服务社会。将民办教育的目标单纯视为取得利润回报，未免有失偏颇，属于表象层面的简单化判断，忽略了民办教育的本质属性。②民办教育是"民办"的教育。公办教育属于全体人民，必须按照全体人民的意志来行事，公办学校必须在法律框架内按规定开展教育教学活动，不能逾越法律界限。与公办教育有所不同，民办教育是源自民间、依靠民间社会力量举办的，法律没有明确禁止的活动，民办学校都可以探索，具有较强的自主性和灵活性，具有更为广阔的发展与改革空间。③我们要发展的民办教育是中国特色民办教育。我国民办教育是在社会主义初级阶段的市场化改革大潮下发展起来的，持投资办学初衷的举办者所占比例不容忽视。受限于政府财力、获得资助有限，民办教育发展态势深受政府政策导向的影响，凡是民办教育发展质量较好、速度较快的时期，都是民办教育政策红利较高、民办学校和举办者办学空间充裕的时期，民办教育发展与法律政策存在高度关联性。

---

① 秦春华.中国私立教育为什么没有发展起来.中国青年报，2016-04-18（10）.
② 黄藤.关于我国民办教育基本理论的思考.教育研究，2004（4）：44-47.
③ 袁征.公立还是私立：民办学校不可回避的原则性问题.广东社会科学，2006（4）：106-112.

站在新的历史方位上，民办教育理论创新不仅要尊重民办教育的历史基因，更应及时总结改革开放 40 年来民办教育的发展历程，全景刻画中国民办教育的演进特征，分析各级各类民办学校的鲜活案例，提炼不同地区、不同类型民办学校的办学特色，为中国民办教育的转型发展提供有力支撑。

（一）明晰研究对象的"民办"特性，尊重民办教育的内在规律

不可否认，民办教育研究不能脱离教育学理论的基本范畴，但其研究对象独具一格，普通教育学的规律难以直接套用于民办教育的发展样态。民办教育研究不是普通教育理论的简单具体化，而是对民办教育实践中层出不穷的新模式、新问题、新成就的及时关照，是将民办教育独特的体制机制置于整个教育体系中进行考察；要探究并揭示民办学校的办学机制、治理机制、育人机制、创新升级机制等，为民办教育自身的生存与发展排忧解难，切实解决民办教育在实践中遇到的真问题，从而促进民办教育的健康、可持续发展。

（二）认清民办教育的"阶段"特性，适时转换时代关注点

我国民办教育在取得不菲成就的背后，也存在一些瓶颈问题，无论是外部的政策设计、政府扶持制度还是内部的治理结构科学性、主体权益保障力度等，都尚有较大的改进和完善空间。因此，民办教育理论研究必须立足于民办教育实践的阶段性特征，基于不同历史发展阶段开展适切性研究，如体制关注点从投资体制转向管理体制，保持民办教育理论研究与社会实践的契合性。

（三）围绕民办教育的"国情"特性，增强对民办教育发展的基本自信

我们要不断增强我国民办教育发展的道路自信。这种道路自信既源自对改革开放 40 年来民办教育重大成就的自豪感，又源自对我国民办教育理论创新的自信心。这要求我们既要与时俱进地拓宽民办教育发展的道路，又要不断丰富民办教育理论内涵，切实增强各方对民办教育发展道路的认同感，坚定民办教育健

康发展的信念，共同开启更好的民办教育新前景。

二、以中国社会发展视角下国外私立教育理论为参照

回顾民办教育发展 40 年的进程，民办教育理论研究从空白到追赶全球前沿步伐迈进，从对国外私立教育发展知之甚少到几乎与世界同步，取得了明显成果。然而，民办教育理论研究在发展过程中，整体上仍然缺乏原创性、缺乏信心。一方面，民办教育理论研究尚处于边缘地带。教育学术界同人对民办教育问题的研究热情不高，专职的民办教育研究力量不足，导致民办教育理论研究成果的影响力有限，民办教育理论工作者自我认同感偏低，对民办教育研究职业生涯的未来预期不够乐观。另一方面，对西方私立教育理论的依附有增无减。随着教育对外开放和国际化进程的加快，学习借鉴西方发达教育系统的经验做法，越发成为教育领域寻求自我革新的重要突破口，民办教育亦不例外。期冀借鉴国外先进经验扭转中国民办教育困局的初心值得肯定，但持续涌现的全盘接收、简单类比、盲目跟从、机械搬用等现象，值得反思和理性对待。

从某种意义上看，当今我国的民办教育研究，尤其是国际比较研究，一定程度上停留在对西方私立教育理论的跟随性研究层面，或对西方学者的新概念反复阐述，或在中国情境下对一些西方理论进行复制性描述和分析，少有本土的理论创新。西方私立教育理论备受推崇，有特定的原因：①现代意义的教育学兴起于西方。被称为"教育学之父"的夸美纽斯于文艺复兴末期著《大教学论》，使教育学成为独立学科；被称为"现代教育学之父""科学教育学之父"的德国的赫尔巴特于 18 世纪推出《普通教育学》，将教育学变得更加规范和独立；被称为"教育心理学之父"的美国的桑代克于 19 世纪著《教育心理学》，使教育心理学从教育学和心理学中分化出来……西方教育学者在市场经济壮大和学校不断发展的过程中，提出了许多理论，尤其是私立教育理论，这些理论引导私立学校不断发展完善，对现代私立教育的发展产生了深远影响。②私立名校多分布在西方。从教育实践来看，由于先进的教育、发达的经济实力，以及不断提升的学校管理水平，西方国家诞生了很多全球知名的私立中小学和私立大学，这些私立教育机构成为全球同行学习的典范，向人们展示了私立教育的成功做法。③当代教育领

域的话语权在很多情况下和经济发展状况密切相关。发达经济体由于在许多方面占据领先地位，其在教育学术文化领域的话语权亦占据鳌头。

在教育国际化浪潮风起云涌、中西教育思想激烈碰撞的时代背景下，我国要旗帜鲜明地发掘我国民办教育实践中蕴藏的理论增长点。越是中国的，越是世界的，办好中国特色民办教育，是保持全球私立教育形态多元化的必要条件。

（一）保持中国特色民办教育的理论定力

办好中国特色民办教育，要扎实立足于中国民办教育实际，以中国民办教育改革发展的生动实践为沃土，以中国民办教育的发展脉络为主线，将中国民办教育发展作为矛盾的主要方面，以促进中国民办教育发展为优先选择，进一步提炼中国的民办教育理论和智慧。

（二）全面考察西方私立教育发展经验和做法

当前，私立教育已经成为促进教育发展、增加受教育机会、促进教育公平等方面的重要力量，各国在保障私立学校办学自主权、创新政府购买私立教育方式、分学段推行税费减免政策等方面积累了先进经验。同时，随着社会经济的发展和民众受教育诉求的变化，西方私立教育的人才培养质量和办学声誉遭到一定质疑，英国、美国、法国、澳大利亚等国部分优质私立学校面临生源不足、学费攀高等困境，这些私立学校不得不回应社会诉求，开展更具实用性的教育改革，开设特色化的学科专业，这些经验同样值得重视。

（三）立足中国文化借鉴西方私立教育理论

中国民办教育的管理者、教育者和受教育者都是中国人，如果一味地用西方私立教育理论来影响中国民办教育实践，容易导致"水土不服"。中国必须用辩证、批判的眼光理性看待西方私立教育，既虚心学习那些与中国民办教育发展阶段相适应的优秀经验，动态关注西方私立教育的发展动向和治理方略，又立足博大精深的中华教育文化传统，加强私立教育的国际比较研究，围绕民办教育核心议题开展实地调查研究，解释民办教育新现象，解决民办教育新问题，不断丰富中国民办教育理论，构建中国特色民办教育理论和办学模式。

三、以丰富生动的民办教育实践为基础

从民办教育理论与实践的关系看，两者的目标、方式和检验标准有所不同。理论研究致力于理论创新，从现象中抽象概念、提炼规律，以不受国界、背景等因素影响的独特范式表达和交流，以公认的期刊、奖项、高级别科研项目等为检验标准；相应地，实践研究重在解决真实问题，需要以实务工作者听得懂的方式交流经验，以最终成效为唯一标准。

当前，民办教育有两种值得关注的"两张皮"表现：①民办教育理论与实践出现脱节，民办教育理论工作者在理论建构时，惯用概括、总结等认识思路，很大程度上忽视了实践的时空性、历史性，忽视了民办教育实践的诸多细节和不确定因素，使教育理论陷入了"实践无知"境地，出现了"为了理论而理论"现象。②民办教育实践的"理性逻辑"有待深化。如果说民办教育理论主要关注超越时空意义上教育现象的来龙去脉，那么民办教育实践则更多地聚焦时间情境下的"当下"。[①]民办教育实践者不得不在紧迫的情境下快速、高效地应对各类问题，无暇对实践活动进行充分的理性反思和重新建构，渐趋形成了"只求经验，不顾理论"的习惯。促进民办教育理论与实践的有机融合，保证民办教育实践活动的预期成效，是民办教育理论创新的必然要求。

（一）理顺民办教育理论与实践的关系

民办教育理论与实践之间的"两张皮"现象，归根结底在于民办教育理论工作者和实践工作者的工作场域不尽相同，各自的工作习惯有所差异。一方面，从民办教育理论工作者的工作场域来看，并非所有的理论工作者都是民办教育活动的亲历者，不少理论工作者对民办学校的具体办学细节了解不够，对民办教育机构的制度、机制、政策等理解不深。因此，他们只能采用归纳和演绎的方法，

---

① 石中英.论教育实践的逻辑.教育研究，2006（1）：3-9.

力争从复杂多变的民办教育实践中寻找普遍、统一的定论；即使采用问卷调查，也是预设了问题，而且一套问卷不能囊括某一领域的所有问题，这些相对割裂的研究很难触及民办教育实践的根本问题，也容易忽视民办教育实践的新问题、新现象，使民办教育理论研究严重滞后于民办教育的丰富实践。另一方面，从民办教育实践工作者的工作场域来看，他们与民办教育实践活动同呼吸、共命运，行动之前并无太多严密规划，更多的是在身体力行的过程中快速应对各种非预期性情况，并逐渐与实践活动建立了坚实、深入的内在关系。实际上，随着民办教育体制机制改革的不断深入，新形势、新情况快速变化，新旧问题交织重叠，改革探索见效缓慢，给民办教育实践工作者带来了巨大挑战，他们不是不需要理论，而是对理论的需求比以前更强，迫切需要相关理论的专业指导与方向引领。

（二）发挥好理论研究的深度支撑作用

高高在上的理论研究难免成为"一潭死水"，贴近实践、服务实践、跟踪实践的理论研究才能生机盎然，理论工作者除了要具备基本的共情和推演能力外，还应带着理论研究的问题意识，将抽象化的理论与具象化的现实问题紧密结合，完善对民办教育理论的认识，提高民办教育理论对实践的服务与指导能力，使民办教育理论体系真正焕发活力。理论工作者要充分尊重民办教育多元复杂的组织形态和步调不一的发展水平，综合运用人文社会科学方法，舍得付出精力和时间成本，长期站在实践工作者的立场考察民办教育问题的形态，按照事物本来的面貌和实践本真需要来建构、完善民办教育理论。尽管这类研究在短期内无法公开发表，或无法解释民办教育实践的所有新问题，但至少适用于某一领域或某所学校，这些研究也需要被包容和接纳。

（三）接受民办教育改革发展效果的延迟性检验

与其他普通教育实践活动相比，民办教育实践活动的变数更多，民办教育改革的非预期性和不确定性较强，民办教育改革的过程中有事前预期、曾经发生的熟悉情境，更多的则是突然出现、不同寻常的陌生问题，使民办教育制度变革创新成为一个持续不断的决策过程，而决策效果常常是未知的、多变的，甚至是滞后的、迟缓的。因此，民办教育理论研究必须注重过程、放眼长远，接受民办教育实践效果延迟性的客观现实，保持以最终的实践效果为考量标准的学术耐力。

四、以中国民办教育发展的特点和规律为核心

梳理中国民办教育的发展特点，提炼中国民办教育的发展规律，一直是学界倍加关注的重要议题，也是民办教育转型发展中难以回避的关键问题。关于民办教育发展的规律性特征，学界的代表性观点如下：①投资办学是我国民办教育前期的本质属性，对我国民办教育的发展产生了历史性影响。有学者认为，投资办学引发了投资人对投资回报的诉求与期待[1]，学生的学费收入成为学校办学资金的主要来源，资金来源单一、匮乏，资金链简单、脆弱，早期的民办学校不得不走上规模扩张和外延发展道路；投资办学基因趋向转换还是继续"发酵"，是民办教育管理升级和实践升华的分水岭。②民办教育办学质量整体不高，社会地位相对较低。西方私立教育，尤其是私立高等教育往往具有以校为单位的独立基金会，能够保证私立教育源源不断的办学资本，也能较大程度上发挥出私立教育的体制机制优势，因此其改革发展的很多方面都远远超过政府的既有预期，不少私立学校都是其国内优质教育的标杆。[2] 而与传统公办教育相比，我国改革开放之后的民办教育质量相对不高，教育教学水平、内部治理机制、社会服务水平等方面的短板较为突出，民办教育在整个教育系统中处于弱势地位，教育界和社会公众对民办教育的评价相对不高。③民办教育涉及较多政府部门，政策失灵现象较为普遍。民办教育是在打破原有体制和利益格局基础上的制度创新。纵向上，中央和地方政府都是促进民办教育发展的责任主体，地方政府的管理风格和执政思路对民办教育的影响尤为关键；横向上，民办教育涉及教育、工商、国土、财政等多个部门，不同部门管理者对同一管理活动和行为有不同的认知和判断，不

---

[1] 邬大光. 投资办学：我国民办教育的本质特征. 浙江树人大学学报，2006（6）：1-4.

[2] 阎凤桥，林静. 商业性的市民社会：一种阐释中国民办高等教育特征的视角. 教育研究，2012（4）：57-63，91.

同的被管理者对同一管理方式的感受会有差异。在全面贯彻落实民办教育新法新政的新起点上，民办教育需胸怀强烈的理论觉醒意识，用实践驱动理论变革，着力打造理论自我更新的长效机制。

（一）深度分析有中国社会和文化特点的民办教育活动渊源

民办教育发展中留给后人解决的投资诉求、法人属性、产权归属等旧问题尚未理顺，新法新政出台实施后民办学校的退出机制、民办教育差别化扶持等新问题接连出现，新旧问题交融混杂，进一步强化了民办教育的复杂样态。政府迫切需要从中国文化价值体系出发，分析我国民办教育的鲜活案例，探究各类举措的适用性和有效性，从中归纳、提炼相关理论。譬如，如何健全民办学校退出机制，保障举办者的合法权益？如何构建营利性和非营利性学校的差别化扶持政策体系，保证分类管理改革的实效？随着政府财政扶持力度的加大和扶持范围的持续扩展，民办学校的经费管理体制有何新特征？社会力量进入教育领域的标准和管理体制是什么？等等。

（二）系统分析民办学校的内在特征及规律

与公办学校相比，我国民办学校还有很大的发展空间。例如，教师权益和专业发展制度仍不健全，学生同等资助政策尚未落实；教育教学质量和办学水平相对不高，优质民办教育资源和品牌相对不足；现代学校制度建设有待加快，违规失序办学行为屡见不鲜等。学者应紧跟时代发展步伐，正视我国民办学校面临的困境和瓶颈，分析和研究民办学校教育教学活动的特点，并探寻这些特点背后的原因，深刻揭示提高民办教育办学质量和影响力的规律，增强民办教育理论的时代适应能力。

（三）探讨东方文化价值体系下的民办教育管理规范

学者应针对我国民办教育实践的特性，围绕不同部门、不同层级管理者对不同政策和不同管理方式的感受差异，积极借鉴社会科学中主流的理论假设驱动研究范式。此外，通过广泛的实地调查研究和大量的文献阅读，了解现有议题的知识体系和研究边界，提出理论研究的真问题，继而从问题出发，在一定理论框架内提出有待检验的理论假设，并通过设计统计模型、收集数据、分析数据验证研究假设，得出能影响最终绩效的研究结论。

五、以建构中国民办教育理论体系为归宿

改革开放以来，中国民办教育取得了一系列丰硕成果，积累了独具中国特色的发展经验，但尚未形成系统、完备的民办教育理论体系，民办教育理论较为零碎、分散，理论建构明显滞后于实践探索。一方面，民办教育学术体系和话语体系水平总体不高。因发展历史不长、理论积淀不足、理论研究力量不强等客观缘由，民办教育很难与公办教育相提并论，加之近代以来中国教育理论在很大程度上沿用了西方的学术范式和话语体系，惯用西式研究范式为中国教育问题"把脉"[①]，中国民办教育的学术体系和话语体系水平相对不高。另一方面，民办教育实践者的理论素养亟待提高。不可否认，民办学校的管理者、举办者、投资人具备丰富的管理经验，但实地调研发现，一些举办者对分类管理改革中的核心概念，如"法人财产权""非营利性""营利性"认识不清，有的举办者认为学校是在他们的辛苦操劳下逐步发展壮大的，学校所有的人、财、物理应归自身所有，有的举办者对分类管理之后的权力范围缺少基本认知，有的举办者不了解原始办学投入和滚动积累资金的概念和界限。这不仅折射出民办教育理论指导的缺位，更揭示出民办教育理论与实践水平的落差。

从现实看，西方学术范式和话语体系对中国民办教育的发展有所助益，西方的先行探索和优秀经验为中国民办教育改革提供了借鉴，但我们必须清醒地认识到，我国民办教育理论自觉亟待超越自发的初级阶段，努力转化为学术话语权的高级阶段。我国民办教育出现诸多新动向——民办教育制度政策不断完善、民办学校运行管理逐步规范、企业家和教育家精神持续积淀、教育公益文明氛围日渐形成。民办学校的外部生存环境和内部治理结构不断优化，为中国民办教育理论体系的构建营造了优良环境，有利于提升中国民办教育理论的层次。2016年，习近平同志在哲学社会科学工作座谈会上强调"这是一个需要理论而且一定能够

---

① 刘旭东 . 教育行动的逻辑与教育理论创新——兼论哈耶克的"必然无知"理论 . 教育研究，2016（10）：11-18.

产生理论的时代"①，实践、制度的不断创新，必然推动理论的创新。

（一）理论工作者勇于担当、主动作为，注重实地调查研究

理论工作者是提高中国民办教育理论自觉水平、实现民办教育理论创新的中坚力量，应广泛开展基于真问题的探究，以一手资料为基础，亲身考察、亲自体验，研判民办教育的实际情况，对接好利益相关主体的客观需求，把理论研究深植于真实的民办教育实践之中，保证民办教育理论的强劲生命力。

（二）立足中国社会文化视角，比照互鉴西方私立教育理论

现有的西方私立教育理论是通过总结提炼西方私立学校数百年发展历史经验产生的，不少理论具有很强的系统性。一方面，这些理论与我国民办教育并非互相排斥的，而是有很多相通之处，我国可结合国情、教情予以有效借鉴。另一方面，它们虽然经过西方私立教育发展过程的筛选和私立学校管理实践的检验，但今天是否依然适用，特别是在中国社会文化视角下有无文化差异性，需要我国学者认真研究和深入讨论，努力探索民办教育理论的融合之道。

（三）健全中国民办教育理论基础、内容要素、框架体系，紧握民办教育理论话语权

构建中国民办教育理论体系，绝非一朝一夕就能完成的，民办教育正走在推动本土化、保持特色化的道路上，但建设性的理论反思还稍显不足，民办教育理论工作者需认真总结民办教育的发展道路，及时归纳民办教育发展历程的重要启示，处理好民办教育与公办教育、民办教育与社会环境的内在关系。若以改革开放为起点，中国民办教育理论至少包含制度环境、法规政策、财政扶持、治理结构、人才培养、师生权益等内容要素。在分类管理改革的新时代，外部制度环境的更新必然带动民办教育理论要素的变化，这就要求民办教育理论工作者时刻秉持致敬实践的理论自觉，用实践检视、完善中国民办教育理论体系，为中国民办教育理论话语权的确立不懈努力。

---

① 新华网. 伟大的时代呼唤伟大的理论.（2016-05-21）[2018-11-09]. http://www.xinhuanet.com//comments/2016-05/21/c_1118906722.htm.

索 引